THE CHOICE FOR LOVE

深愛覺醒

擁抱自己與一切美好關係的
高振動訊息

Entering into a New, Enlightened Relationship with
Yourself, Others & the World

Barbara De Angelis
芭芭拉‧安吉麗思／著

林資香／譯

suncolor
三采文化

謹以此書獻給每個我愛過的人，
不論是在此生或另一世。

謹以此書獻給每個愛過我的人。

謹以此書獻給我所有摯愛的導師們，
不論是在這世上，或在看不見卻深不可測的
神聖之愛的國度裡。

謹以此書獻給你，
因為你選擇踏上這條通往心的崇高道路。

／目錄／
CONTENTS

深愛覺醒

⸺ 作者序 ⸺

愛讓我們聚在一起，共同前行

「通往天堂的道路只有一條，在地球上，我們稱之為愛。」

⸺亨利・大衛・梭羅（Henry David Thoreau）

　　我的高我（Highest self）歡迎你的高我來到這趟愛與覺醒的偉大旅程！

　　我非常高興你找到了這本書、找到我、找到與「愛」的大團聚，那是你一直擁有且未來仍會與之同在的愛。

　　我的高我歡迎你的高我到來，我認可你是一名偉大的追尋者，也尊敬你是一位充滿勇氣的探索者。即使我不知道你的名字，但我知道，如果你選擇讀這本書，毫無疑問的，你就是這條大道上的真誠旅伴。

　　對於你一路走來內心所經歷的漫長旅程，我在此致上深深的敬意。所有的追尋者都必須跋涉並跨越內心無形的遙遠距離，這一段路道阻且長，無法以長度單位來加以丈量，卻是人類經歷中最艱難也最具挑戰的部分——從習慣性地轉身逃避，蛻變成轉過頭來面對的堅持；從老是說「我不想看著自己、我不想面對這些事、我不想有任何感受」的那個膽怯的你，到終於宣稱「為了自由，我會不計代價」的那個勇敢的你。

　　曾經，你許下諾言。承諾在覺醒的意識逐漸在這個星球上復甦時，你會在這裡；承諾在這一世、在這個身體裡，你會記得自己到底是誰；承諾你自己會先覺醒，然後成為指引他人的燈塔，並盡你所能地去提醒他們回家的道路。你承諾自己，要做出愛的選擇。感受這個真理到達你的心中，對它敞開你的心，讓它以滿懷喜悅的認可填滿你的心。

　　此時此刻，如果你正讀著或收聽著這些文字話語，你就是正在實現你的

承諾。我承諾在死去之前記住我是誰；我承諾永遠不會被消極或健忘所誘惑太久；我承諾會記住我是光之子，不管有多少聲音試圖說服我不是；我承諾要走在愛的道路上。

所以，這是我給你的第一個禮物：不論你以為自己多不完美，不論你迷失了多少次，不論你過去或現在的路途有多艱難，不論你現在經歷過或掙扎些什麼，不論你曾經讓多少人失望，不論你擔心自己浪費了多少時間，你始終都信守著承諾。

當你跌倒時，你會爬起來；
當你絕望時，你會伸手抓住希望；
當你忘卻時，你會再次憶起。
你並未背棄你至高的誓言：今生今世要讓靈魂覺醒過來，不再沉睡。

因此，就在這一刻，我希望你能停下腳步，因為你已經走這麼遠了……
同樣的，我也曾經許下一個承諾，承諾要用我的一生來服務愛、臣服於愛、教導愛，以及活出愛。四十多年來，我始終都致力於信守這個靈魂承諾，並幫助其他人信守他們的承諾——去喚醒、憶起及找出他們回歸愛的道路。在這段期間，這本書一直都在等待對的時機誕生；現在，當我謙卑地為你獻上這本《深愛覺醒》時，我得以更進一步地實現了我的承諾。

回到愛的源頭，一天比一天更接近

「我們都是為愛而生的，它是存在的原則，也是唯一的目的。」
　　　　　　——班傑明‧迪斯雷利（Benjamin Disraeli），英國前首相

　　你心中有一股力量，遠比你所能想像的更為強大。這股力量就是愛，它是無限的、崇高的宇宙生命力，為它所碰觸的所有一切帶來意義。

　　當這股愛流入你的人際關係時，會帶來真正親密、完整的連結。
　　當這股愛流入你的工作時，會帶來無限的創造力及遠見。
　　當這股愛流入你的心靈旅程時，會一路陪伴你走向覺醒。

　　當你在人生道路上舉步維艱、遇到意想不到的挑戰，正是這樣的愛成為你的救贖恩典。如今，愛正邀請你重新去發現它的豐富、充實及圓滿，以你認為不可能的方式對它敞開，學習如何置身於愛中，如何以愛活著。
　　你不需要擁有一段親密關係才能去愛，不需要克服恐懼才能去愛，不需要完全療癒你的過去才能去愛。你所要做的，就是去感受這股已經在你內心熊熊燃燒的愛，不論有多少風暴試圖吞沒它的光，愛的火花都不會熄滅。

愛是世間萬物的解藥，
當你碰觸到自己的心，
即便只有片刻，
你就回到了家。

　　不可否認的，我們正身處在地球上一個動盪不安、紛爭不斷的時代，很容易就會感到絕望或退縮，也很輕易就會選擇充耳不聞，並對如此多的嚴酷、仇恨及苦難感到厭煩。許多人也正經歷著突如其來的個人改變、挑戰，或是留給我們更多問題而不是答案的內外事件。

　　如今，比以往任何時候更需要你信守承諾；

如今，比以往任何時候更需要你活出至高無上的意識。

如今，比以往任何時候更需要我們每個人加快自己的轉變、療癒以及覺醒的過程。

如今，比以往任何時候更需要我們的覺醒和覺知。

如今，比以往任何時候更需要我們去學會如何做出愛的選擇。

不論我們認為自己的成長與轉變速度有多快，

我們都可以再快一點。

不論我們認為自己已經療癒得多深入，

都可以再深入一點、再多放下一點。

不論我們認為自己有多愛自己及他人，

都可以再多愛一點。

如今，愛的選擇比以往任何時候都更重要，

它是一項基本的靈性修煉，

對地球及全人類來說，更是一項至高無上的服務。

「屬於我們的智慧不會憑空出現，我們必須經由一趟無人能取代的旅程，自己去發現它。」

——馬塞爾・普魯斯特（Marcel Proust）

對我來說，寫作是一個深刻、奧祕、神聖過程的最後一個階段，而把鮮活的創作漩渦轉化為豐沛能量的，就稱之為「書」。

本書中的文字，不只是文字——

它們是一道道振動的橋梁，為了讓你跨越而設；

它們也是一條條振動的通道，為了讓你穿越而生。

書中這些充滿了生命力的振動內容，將會啟動你最深層的覺醒意識，讓你得以體驗個人的啟示及開展。因此，我邀請你有時間可以多讀幾遍，給自己一個機會去體驗本書所提供的一切，因為只讀過一遍不可能吸收到所有的內容。

就像所有的禮物一樣，這本書也不應該束之高閣欣賞，而是應該拆開包裝、實際閱讀，並把它融入生活中。我將會在書裡提供許多練習和技巧，當你開始運用這些技巧時，就能真正從內到外明白這些訊息，而不只是停留在心智層面的理解。**領悟和覺醒不會因為我的文字而出現，而是來自你將概念化為行動的親身經驗。**

你神聖的朝聖之旅

「靈性旅程只有一條坦途……那就是愛。」

——上師沙迪亞‧賽巴巴（Sathya Sai Baba）

我寫這本書最大的意圖是，讀這本書的經歷對你來說是一次有深遠意義和啟發性的朝聖之旅。朝聖之旅，與純粹的旅行或參觀行程截然不同。當你用雙腳踏上一趟朝聖之旅時，你會來到一個神聖的所在，或是去某個地方朝見一位睿智的導師或聖人。你帶著真誠且崇高的目的：當你從探索中回歸時，你已經完成了由內而外的轉變。你希望回程的你，已經與離開時不一樣，你會煥然一新、浴火重生、充滿靈感、思緒清明，而且以一種永久且不可逆轉的方式徹底改變。

那麼，一本書如何能成為一趟朝聖之旅呢？理由就在於，儘管大部分的朝聖之旅都有訂好的實際時間表及架構，比方說去印度旅行、參觀神聖的大

教堂、在大自然中靜修等等；但真正的轉化之旅及人們希望發生的真正轉變，都只會發生在我們內在。在這個內心之旅的過程中，我們會從遺忘到憶起，從局限到自由，從分離到愛。

這就是我邀請你與我一起同行的紙上朝聖之旅，
而你自己就是神聖目的。
在這趟朝聖之旅中，我們承諾你：
心的智慧與無限的愛將會再次團聚。

　　當我們一起踏上這趟注定的神聖之旅時，我邀請你透過本書的文字來接受書中所要傳達的愛，並允許這些智慧與指引碰觸你、擁抱你，並且溫柔、慈悲地引導你進入內心最深處。

　　願我的文字能在你通往圓融的神聖旅程中給予你指引。

　　願這些文字能啟發你、療癒你、提振你，並指引你回到美好燦爛、無邊無際的愛之海。

　　感謝你信守了你的承諾。

　　謹獻上我至高無上的愛。

芭芭拉・安吉麗思

二〇一六年十月於加州聖塔芭芭拉

PART 1

愛的新關係

A NEW RELATIONSHIP WITH LOVE

第 1 章

愛就是一切
回到心之居所

> 「心是所有神聖所在的樞紐，去那裡並倘佯其中吧。」
> ——巴加‧尼蒂南達（Bhagawan Nityananda），印度上師

從我們出生的那一刻起，甚至在此之前，我們每個人都踏上了一段神祕、神奇的靈魂之旅。不管我們相信自己要去哪裡、想去哪裡或者拚命不想去哪裡，無論我們走了多少冤路、遭遇到多少次無預期的延誤，這條路始終都無可避免地將我們帶往一個所在：精巧細緻的心門。一旦走進這道門，我們將會得到一個驚人的啟示，那就是：我們一直以無數種方式追尋的愛，始終存在於內心深處。

你的整個人生就是一則愛的故事，情節精彩動人。愛是生命中最強大的力量，雖然它看不見、不可測量，也無法理解，卻有如地心引力般讓我們無法抗拒地被吸引過去。

你是由愛孕育並創造出來的，你一到這裡，就開始尋找更多的愛，而且從未停止過。小時候，你第一個有意識的舉動就是伸出手找你的母親。你伸出手去碰觸、去獲取撫慰和滋養。隨著年齡增長，你伸出手去拿玩具、好吃的東西，以及你喜歡或想要的任何東西。你也會伸出手去尋求父母的認可、陪伴在側的友誼、情人的戀慕，還有共度一生的伴侶，並希望子子孫孫都將這樣的愛傳承下去。

我希望你曾經有過許多關於愛的美好體驗。但是，最終你還是必須將「向外」尋求愛轉向成「向內」尋求愛，這樣你才能找到一直等待著你的無價之寶。

　　以下這個故事，講的是你我為何要踏上回歸心之居所的旅程。

　　在遠古時代，我們稱之為上帝的這個至高源頭（Supreme Source）創造了宇宙和宇宙萬物，包括所有物質、動物和植物、恆星、行星、星系，以及祂的得意傑作——人類。上帝一見到人類就生出了源源不絕的愛，那是一種對親生子女的愛；所以，自然會想把所能想到的最好禮物送給祂所寶貝的人類後代，那就是對於他們自身神性的記憶。於是，上帝這麼做了，而每一個人也都知道在人類的外殼之下，隱藏著上帝給予的終極之愛，活得開心又自在。這讓上帝更快樂了，祂坐回自己的寶座上，準備好好欣賞這場生命大戲。

　　上帝才剛想著放鬆一下，突然有一群高階領導人、嚮導以及眾家神靈要求跟祂召開一場緊急會議：

　　「上帝，我們真的麻煩大了。祢讓人類知道了他們擁有真正的神性後，祢知道發生什麼事了嗎？每當人類遇上挑戰或在關係上受挫時，就會聳聳肩說：『等一下——我記得我跟萬有之源（Source of All）本是同根生啊?! 既然這樣，我幹嘛還要去處理這些無意義的世俗事務呢？畢竟，我與上帝同在，我是純粹之愛，身上這個人類軀體只是暫時性的居所而已。這些人生劇本太煩人了，讓人筋疲力竭，為什麼我要費神去跟其他人建立關係呢？我只要坐在這裡，讓自己沉浸在無限的存在之中就好了。』」

　　「這就是他們現在所做的，」與會者繼續說道，「人類一個接一個地表示，他們看不出來假裝自己不是上帝有何意義，而一旦他們認定自己是上帝，就什麼都不做了。他們不學習任何人類的課題，不想成長，也不培養任何的同情心，他們甚至不跟彼此說話了。他們拒絕再玩這場宇宙大戲。」

　　「嗯，這的確是個困擾，」上帝承認。「創造的目的，是為了要讓人類學習如何跨越人性的障礙，找到返回神性的道路。我希望他們擁有宇宙中最珍貴的東西，那就是記住他們至高無上的本質就是愛。但這樣看起來，光是記住這一點，會讓他們對塵世生活毫無興趣。」

　　「這樣的發展必須採取激烈的手段，我們不得不將他們真正是誰的祕密隱藏起來，不讓他們輕易發現，如此他們才會有動力去繼續追尋。」

「我有個主意，」一位神靈說道，「地球上有一些高山，我們可以把這個祕密藏在那裡。」

「這行不通，」上帝答道，「人類擁有一項出色的特質，不管有多困難，只要他們下定決心都一定能完成任務。所以，他們必定會想盡辦法攀上那些高山。」

「把這個祕密藏在海底，人類無法在水面下呼吸。」另一位神靈建議。

「他們會發明潛水艇，」上帝回答，「然後潛到海底找到它。」

「有了！把這個祕密藏在外太空！」另一位天使提議，「他們無法離開地球。」上帝搖了搖頭：「抱歉，我把他們創造得太聰明了，他們的科學將有長足的進展，總有一天會設計出能穿越整個太陽系的太空船。」

「我知道祢可以把它藏在哪裡了。」一個溫柔的聲音怯生生地說。上帝抬頭一看，是一位少女天使。

「你說說看，親愛的，」上帝問她：「你認為我們應該把這個祕密藏在哪裡呢？」

「就藏在人類的內心深處，他們絕對不會去那裡尋找這個神聖的愛。」

上帝笑了，因為祂知道他們找到了藏這個祕密的完美之處。於是，上帝馬上這麼做了，而全世界的人類立刻就忘記了他們的真實身分。從那時起，人類開始尋尋覓覓，卻不知這樣的愛早已藏在他們的內心深處。

這本書要帶你走進一種帶著覺知的新關係，讓你跟宇宙中最強大、最超凡的力量建立關係，這股力量將充實你、療癒你、指引你，並喚醒你對**無限之愛**的覺知。在你的心靈深處，你將會發現這份深藏的宇宙之愛，是你的真正源頭，也是你最初的家。

愛是什麼？我們往往認為愛是我們所體驗到的一種情感，或是我們與親近之人所共有的一種紐帶。為了體驗這種全新的、帶著覺知的新關係，首先

我們對愛的本質必須有一個全新且深刻的理解：

愛不是一種感受、一種行為，甚至也不是你與另一個人之間的聯繫。愛是無限的神聖能量，是一個充滿能量、光明及無限振動的場域。

愛是萬物的能量泉源，也是你存在的本質。愛是動態的、有生命力的，是最不可或缺的振動，也是宇宙的黏合劑。

愛，就是你尋尋覓覓的一切。

大團聚：愛的回歸之旅

「信仰不是天天守著聖殿，而是心靈永無止境的朝聖之旅。」

—— 赫舍爾（Abraham Joshua Heschel），猶太拉比

從古至今，許多宗教與靈性傳統都出現過代表神聖中心的環形符號，用以表示合一與整體性，神聖中心往外輻射、發散，繼而進行創造。例如，四千年前的史前人類建造了石圈；而埃及、德魯伊（Druid）[1]、凱爾特（Celt）[2]、馬雅（Maya）等古文明，也把環形設計納入靈性儀式之中。或許你看過曼陀羅的圖片，美麗的曼陀羅是佛教與印度教常見的靈性符號，原意是圓形或中心，指的是宇宙；一幅完整的曼陀羅，描繪出從宇宙中心到顯化世界一趟由外而內的旅程。

圓圈中心的神聖空間孕育著生命，融合著一切關於存在的真理。從太陽中心散發出來的巨大力量產生光和熱，幾億年來賦予我們生命；沒有它，我們就不會存在。

同樣的，從細胞中心的細胞核往外發展，萬物才得以顯現出來，你也是

1　編按：德魯伊（Druid）是凱爾特社會中地位崇高的階級，他們不僅是僧侶，也是醫生、教師、先知與法官，後來發展為德魯伊教。

2　編按：凱爾特（Celt）是西元前兩千年中葉就開始活躍於歐洲的一個族群。

如此。你從單一個圓形細胞生長成越來越多的細胞，直到發展成你現在的模樣。圓形的神聖幾何圖形隨處可見，從你眼睛的角膜形狀、水結晶、早餐吃的柳橙、雪花到螺旋狀的銀河系，不一而足。天地萬物都始於中心，然後才從中心往外移動。

把一顆小石頭丟進池塘，你就可以看出這個原理如何運行：小石頭的周圍會形成一個小圓圈，這個圓圈與水相互作用後形成了另一個圓圈，然後這個圓圈又形成了另一個圓圈，以此類推，直到許多同心圓從圓心處一圈圈地往外擴散開來。這些圓圈是什麼？它們全都是振動的顯現，天地萬物都是由這樣的振動所創造出來。

這就是你真正的本質。**存在於你核心之中的是相同的神聖火花，是偉大的宇宙智慧，同樣也存在於天地萬物的核心之中**。從這個神聖的源頭，產生了創造性智慧的種種表現，如漣漪般往外擴散開來，直到形成胚胎，然後是你的身體、你的個性、你生命中的事件，以及你所做的與經歷過的事。於是，你總結道：「這些漣漪就是我。」但是，**你真正的身分，絕對不止於此**。

> **你從最初的源頭／光／意識／神性往外擴展開來，**
> **這個起點仍存在於所有漣漪的中心，**
> **仍像池塘中的鵝卵石般，不斷在創造波浪與漣漪。**
> **核心中的核心是純粹之愛的脈動，那就是你的心。**

當我們想到實質性的心臟時，知道它是一種肌肉（即心肌），負責泵動血液流經全身以維持生命。然而，你真正的心卻是一種非實質的、抽象的心；**這個內在的心是最終實相的所在，是靈魂從神聖、無限、源頭能量進入肉身及形體的切入點。形成你的所有漣漪，就是從這裡發散出去**。

這個靈性之心，是神祕主義者與古代靈性文獻所提及的振動空間，著名的印度聖人巴加·尼蒂南達用優美文字描述為「心是所有神聖所在的樞紐」，心位於中間，連結著天堂與人間，也連結著宇宙意識與你的意識。

　　那麼，何謂心的振動呢？答案是，它的本質是**無邊無際的愛之海**。因此，你真正的靈魂之旅，其目的就是返回那個中心的完美與完整；那個中心並非遠在天邊，而是你的源頭與本質。

回歸心的旅程，

就是回到你真正的出生地，回到所有愛的源頭。

它是一次大團聚，也是一趟返家歸鄉之旅。

　　這是所有宗教典籍中都曾經寫到的宇宙經驗，只是以不同的名稱及描述被揭示出來，但傳達的訊息是相同的：

　　在基督教的《聖經》中：

　　　「神的國就在你們心裡。」——《路加福音》

　　　「清心的人有福了！因為他們必得見神。」——《馬太福音》

　　在卡巴拉（Kabbalah）[1]教派的《光輝之書》（*Zohar*）中：

　　　「上帝把自己隱藏在人類的思想中，但顯示在人類的心中。」

　　在印度的《薄伽梵歌》（*Bhagavad Gita*）中：

　　　「我是至高的魂，我安坐於所有生物的心中。」

　　而佛陀說的是：「**道不在天上，道在心中。**」

1　編按：卡巴拉（Kabbalah）是一支猶太教神祕主義派系，探討與猶太哲學觀點有關的思想，主要是界定宇宙、人類的本質以及其他各種本體論。《光輝之書》又稱《光明篇》，是卡巴拉對希伯來聖經的注解，也是卡巴拉教派最長且最重要的一篇文獻。

　　當偉人、聖徒及神祕主義者描述他們的超凡經驗時，通常不會是空泛或蒼白的字句，他們說：「一切都是愛。」有瀕死經驗或有過靈魂離體經驗的人，都說他們曾經進入一個充滿著愛的地方，那樣的愛超乎我們的理解。

　　或許，上面那個故事說得沒錯：我們的心是隱藏終極真理最好的地方，因為到處尋找愛的人，絕大多數不會往自己的內心尋找。

除了內心，你無法在其他地方「找到」愛。
你可以找到一段關係，但找不到愛。
同時，愛的感受與情感無關，
而是跟你與神聖、你與愛的終極場域建立內在連結有關。

關係創造出愛的激盪

「所有的生命都是一體的，差異是膚淺的，只在表面，只在身體之中。只有一個偉大的共同意識以實相形態存在，存在於所有名稱、形式及所有生物之中，不僅是所有人類，也在所有生物之中。」

——拉馬努金（Ramanujan），印度數學家

　　今天，你打開家裡或公寓的水龍頭，水就出來了。你用這些水煮飯、洗澡、清洗碗盤及許多其他用途。你需要水，它讓你可以在生活中體驗到更多的快樂、舒適及享受。

　　那麼，水是如何流入你家的？首先，它來自某個巨大的源頭，然後被收集到一座較小的水庫，再透過一套複雜的水管管線流進你的家中，供你使用。水管把你跟水連結起來，但是，水管等於水嗎？「這是個愚蠢的問題！」你這麼想，「當然不是。」**水管只是創造了你跟水之間的關係，它們供應水，但水管不是水。**

這個比喻將幫助我們回答下一個重要的問題：**如果愛是神聖能量的振動場，那麼愛與關係之間的區別是什麼呢？**

愛就像生命之水，它是一個神聖的、無限的源頭，以無數方式滋養、支持著我們，我們需要它才能生存。我們每個人都有自己的愛之水庫，也就是所謂的「心」。我們的心，就是我們收集及獲取水源的地方。

當兩個人建立關係時，會從各自獨立的心之水庫取用愛。你有自己的一組「水管」，讓你可以連接到你的愛；而對方也有他或她自己的水管，分別連接到他們各自的愛。

一段關係的所有組成部分，包括情感、交流、共同的活動等等，都只是載體或媒介，讓你的愛得以流出並與他人的愛互動，就像是兩股能量流相互作用（想像兩股水流交會時水花飛濺的情形）。但是，愛的源頭只存在於你的**內心**。

關係跟愛不一樣，

愛是一種崇高的、強化生命能量的振動場，

而關係是愛的載體，你要透過它去體驗愛。

關係中的另一個人也是一種載體，透過他或她，你才能體驗到愛。

但是，他們都不是愛的源頭。

愛不是來自你生命之外，它來自你之內。

愛是由內而外的。

所以，當我們說「愛」時，感受到的究竟是什麼？

我們稱為愛的那種「感覺」，是宇宙能量的無限場域進入並穿透我們時，所帶來的振動體驗。這意味著，我們所感受到的任何一種愛，都是神聖之愛！

那麼，為何你會在某個時刻感受到更多的愛呢？以下我盡可能加以說明：

還記得你擁有個人的愛之水庫嗎？也就是你的心。想像一下，你的心就

像你專屬的一座私人海洋，充滿了愛的能量。

1. 有人來到你身邊（可能是你的另一半、孩子或朋友），他們做了或說了一些親密、感人、親切的事情或話語。

2. 他們對你的愛就像風，攪動了你充滿愛之能量的海洋，使其產生振動並湧現出波浪。

3. 一旦對方的振動能量特別強，颳起的風特別強勁，你心中的愛之海洋所升起的波浪就會越大。

你可以用這種深具啟發性的方式去理解所謂的「愛」。當你「感覺」到愛，其實正在體驗的是生命力在你的內心湧動，就像平靜的海洋突然掀起了浪潮。海洋中的水量始終是一樣的，但是一旦形成波浪時就會帶來變化，彷彿海水變多、海洋加大了。**愛始終在你之內，當它在波濤中起伏時，你會像觸動心弦一樣，突然之間「感覺」到了愛。**

因此，或許「我愛你」這句話，更有「靈性」的翻譯是：**我的愛如波浪般湧現**，或是**你的風在我的心之海掀起了美妙的波浪！**

一旦我們對愛與關係有了這種新的理解，事情就變得顯而易見了：

當我們感覺到愛時，從來不是墜入愛河，

而是在愛中升騰。

愛無法「得到」，它永遠源自於你

你有沒有想過：「別人的愛是如何進入我心裡的？」答案是：「不是這樣的！」跟輸血不一樣，沒有人能把愛「輸」給你，或是給你一整瓶的愛讓你飲用，也沒有人會為你注射大量的愛。當你有意識地感覺到了愛，你身上

並沒有任何可以測量得到的「外來物」，這是因為，根本沒有任何東西加諸到你的身上。**自始至終你所擁有的，只有你自己的愛。**

回想一下你曾經擁有過的親密關係，不論最後結果是好是壞，自始至終，你所感受到的愛意，都是來自於你自己內在的愛。有人可能做了或說了能夠觸動你的事或話語，讓你的愛得以湧現。**但事實上，對方並沒有把什麼實質的東西放進你的心裡。他們所做的、所說的，也沒有讓你的愛變多，一切都在於你自己：是你決定讓自己感受到愛，你打開了閘門，讓自己的愛開始湧現出來。那全是你自己的愛。**

> 愛，不是我們可以從其他人身上「得到」的東西；
> 沒有人可以給你任何你不曾擁有的愛，
> 沒有人能讓你擁有你未曾擁有的東西。
> 有時你感覺得到愛，有時你感覺不到，
> 但不管如何，你能感受到的所有愛，都是你自己內在的愛，
> 它們從你的內在升起，從所有愛的源頭湧現。
> 愛，就是它自己的源頭。

我們往往錯以為愛的體驗是別人給我們的，把他們視為愛的源頭。然而，他們從來就不是。當然，親密關係可以為你帶來歡愉、享受、感情及幸福感等種種體驗，因為對方可能是一個很棒的「造浪者」，會讓你的心海掀起浪濤。但是，這些浪潮全都是你的愛，只在你的內在海洋洶湧翻騰。

同樣的，你的愛也不會離開你的心，進入別人的心中去填補他們的空虛。**你的愛可以喚起別人的愛，但無法給予他們不曾擁有的愛。**因此，我們每個人所要學習的，是如何穿越自己的心門，走進那座愛的寶庫——在我們因為某個人而體驗到愛之前，這座寶庫早就在那裡了。

下一次當你跟某個你愛的人在一起時，可以按照下面的建議開始注意這些時刻，觀察你自己的愛意如何湧現：

你正擁抱著你的另一半，或是跟朋友共進午餐，或是看著你的孩子在玩耍，或是靜靜看著你的寵物做某個可愛的動作。

你只需要去覺知到那股能量的振動，也就是你所感受到的愛。它會從你自己的心中湧現出來，讓你能夠感受到它。當你感覺到對方的能量時，請注意那股愛的浪潮是否也隨之升高。

不要刻意想辦法讓自己感受到更多的愛，**在這種時刻，你只要認知到一點：你所感受到的，全部來自你自己的愛。沒有人真的能給你任何東西，是你自己的愛在湧現、翻騰。**

你可以默認這一點並對自己說：

現在，我能感受到自己的愛正在湧現，
在你的心門之前，我的愛之海正在掀起浪潮，
我的浪潮非常喜歡跟你的浪潮交會，
即便如此，我所感受到的，依然是自己的愛。

時時刻刻選擇愛

「我們本為一體，但我們卻想像我們不是。我們要恢復的，是我們原來的一體性。我們必須成為什麼樣的人，就是什麼樣的人。」

—— 多瑪斯・牟敦（Thomas Merton），天主教修士

你能否在生命中的每一刻都體驗到自己的愛充實又圓滿地湧現？
你是否學會了讓自己時時刻刻都「活在愛中」？
你能否成為一個滿溢著愛的強大能量場，祝福每個你所遇到的人？
當你做出愛的選擇時，以上這些就是在前方等待著你的未來。

愛的選擇，是你與愛在能量關係上一種深具變革及啟發性的轉化，邀請你進入一種覺醒的新經驗，體驗到愛以一種振動的狀態存在。

愛的選擇，讓你得以感受到你的心擁有與生俱來、永無止境的充實感與完整性。

愛的選擇，邀請無盡的愛流過你、滿溢你，並透過你來運作、表現，以及服務他人。

愛的選擇，是你跟存在於你之內的愛的能量場，建立起一種有覺知的、堅定又充滿動力的關係。

正如我們將會見到的，愛的選擇並非只是選擇去更愛別人，或是表現出更多的善心及愛心，或是隨時提醒自己要更寬容他人；此外，這本書也不是教你如何去追尋愛，或是教你如何讓別人更愛你。

我們都想要愛，卻往往誤以為需要靠外來的人事物才能帶來愛的體驗。

我們等待著別人的某種表現，讓我們感受到愛。

我們等待著某件事發生，從而激發我們去感受愛。

我們等待著自己有更好的表現及成就，才能感受到對自己的愛。

這些都意味著，我們是等著愛來選擇我們。我們等著愛以某種我們認定的方式展現出來，然後才允許自己去感受愛。但是，愛的選擇剛好相反。

<blockquote>

愛是我們時時刻刻都能做出的一種選擇，

不要等愛來選擇你，任何時候你都可以去選擇愛。

</blockquote>

這是多麼深刻的理解。感受愛，不必等待，就像愛隨時會到來。我們知道愛是第一要務，但事實上，愛不但是我們的第一要務，也是我們的真正本質。因此，為什麼要等待呢？我們只需做出一種新的選擇，而不是尋找愛，也不是等待去接受愛或感覺愛。我們要學會的是如何去選擇，如何找到愛的最高頻率並與它連結。

因此，愛的選擇即意味著去辨識、去重新連結，以及去優游在愛的這片

無限場域中，那是你最基本的振動。

愛的選擇，是你內心那片愛的振動場向外的一種運動；
你選擇把愛帶出那片能量場，
給它方向及目的地。
當你感受到那股愛從你之內往外流動，
你正在體驗的，就是生命力本身的運動。

當我們做出愛的選擇時，將會以揚升的振動來重新校準自己，並允許那股能量在我們的生命中成形。那麼，愛的無限能量會如何表達呢？它會表達為喜樂、熱情、同情、相互連結、創造力、意識、智慧、正直、服務等等，這張清單可以一直寫下去！

你可能想擁有某段關係，也可能沒有。
你可能對目前的自己或生活感覺良好，也可能不是。
但無論如何，你都不用等待愛，
因為你可以主動做出愛的選擇。

擴展對愛的這個新理解，將會從根本上改變並擴展我們體驗愛的方式及可能性。這樣的轉化是從「**我正在愛**」的有限時空，躍升到「**我就是愛**」的無限時空。

一般人對愛的體認通常是：**我正在愛著**……。比如：我正在愛著我的丈夫、我的女兒、我的狗、我的花園，或我的新車等等。

然而，一旦我們出於愛做選擇時，就會開始有一種新的體驗：**我就是愛**。
我就是愛，愛在我之內湧現，透過我來展現愛，流向某個人或某個體驗。

愛成為我們跟整個世界的聯繫方式，不限定是某個特定的人或經驗；我們的愛，不再需要因為某個特定的對象才能湧現。

　　我愛……不論在我人生的道路上出現什麼，我都選擇去愛，都能從中體驗到愛。我就是一座行走中的愛之能量場。

　　我們還可以更進一步：不是你的愛在湧現，也不是你的愛在流出。因為**事實上，只有一個愛，天地萬物只存在著一種愛；就是這個愛在你之內湧現，並透過你往外流動。**

　　這是我們透過這本書，要共同經歷的旅程。接下來你會知道，要做出愛的選擇，你必須學會如何超越個性及環境的限制，找到方法回到你自己的最深處，回到你的神聖本質。你將會發現如何打開那條介於自己與無限宇宙力量之間的通道，並提升自己的能力來持有並傳送更多的能量到這個世界。你將會與那個愛的無限場域重新團聚，並可以自由地做出覺醒的新選擇，選擇你如何與自己及他人相處。你那顆閃閃發亮、滿溢著光的心，將會以愛來祝福這個星球。

活在愛中，是最高的修行

「滿懷愛的人，就是滿懷著上帝。」

——聖奧古斯丁（St. Augustine）

　　當我們開始認識到什麼是真正的愛，就更容易理解那種被他人所吸引的壓倒性欲望。因為把你吸引過來的，是你的無形自我，那就像是一面鏡子映照出你的另一個自我。當我們凝視著對方的心海，並發現對方的愛正在起舞

時，我們會高興會歡喜，感覺到自己的愛也在湧現並與之共舞。

　　愛是最高的修行，我們與他人之間的界線融化了，
　　體驗到什麼才是真正的「我們」，什麼才是真正的合一。
　　愛是人與人之間，神性以具體的方式顯現及流動的方式。
　　這就是人間天堂，因為我們彼此相愛。

　　你是否注視過另一個人的眼睛？你知道你們是截然不同的兩個人，卻有種合而為一的感受在彼此之間流動。於是，邊界感融化了，某種既不是你也不是他的東西出現了：這就是神聖的「我們」。我將會再說明這一點。

　　當你的愛之海與他人的愛之海一起湧現、升騰，愛就會彼此共舞。

　　這是一種帶著覺知的關係：
　　你們同意在同一時間感受到自己的愛。
　　這樣的愛就像一座以歡喜構築的橋梁，來來回回地產生共鳴，
　　將你們的兩顆心連結起來。
　　你們一起歡慶愛的奇蹟，
　　在你們各自的內心生成，也在你們之間共舞。

　　沒有人不喜歡「戀愛」的感覺。「我好希望自己能談個戀愛。」單身的你會這麼期盼著。等到後來，當我們真的擁有了一段親密關係後，就會開始抱怨：「我還記得剛談戀愛的那段時光，真希望我們現在可以更相愛。」

　　以下要告訴你一個驚人的真相：你身上最崇高的部分，就是能夠與愛產生迴響。你的本質就是那樣的愛；因此自始至終，愛一直與你同在！

現在的你，就在愛裡，

而且自始至終，都與愛同在，

你無法離開愛而活著。

你可以切斷感覺不去感受愛；

或是有段時間很難去觸及到愛，

但愛一直都與你同在，因為愛自始至終都在那裡。

它無處不在，它就是一切，無邊無際、無窮無盡。

所以，愛就是你，你就是愛。

愛是神聖能量的無限海洋，你已經倘佯在其中。

事實上，你就是它。

　　我們要明白的一個重點是：在擁有任何一種有意義的關係之前，必須先處於愛的狀態下。學會如何愛上自己、跟自己「戀愛」，將會讓我們第一次體驗到真正的愛。

開悟的解答：如何做出愛的選擇

「我將用愛填滿這世界，創造出人間天堂。」

——瑪哈禮希・瑪赫西・優濟大師（Maharishi Mahesh Yogi）

　　我們生活在一個振動的宇宙中。現代科學告訴我們，宇宙的一切事物都是以不同頻率振動的純粹能量，包括你在內的所有聲音、光線、物質，都是如此。我們看到的固體物質只是看起來像固體，一旦在次原子層面去檢視，它根本不是什麼物質，而是純粹的能量。我們全都是一直在振動的意識。

　　愛是宇宙中至高無上的振動。**當你置身於愛的空間與振動之中，就會自然而然地對準你的高我並與之同步，以你最高的頻率振動。當你做出愛的選**

擇，就是選擇了你的高我。

因此，學習如何做出愛的選擇就是最終的解決之道，也是最終的振動補救方法。沒有任何情況會不因更多的愛而受惠：

> 不論你面對什麼難題與困境，解決之道就是愛。
> 更多的愛，而非更少的愛。
> 更多的愛給你自己，更多的愛給他人，更多的愛給這趟旅程，
> 更多的愛給你的人性，更多的愛給你的挑戰，
> 更多的愛給你的痛苦，
> 更多的愛給你的恐懼，更多的愛給你的奮鬥；
> 也把更多的愛，給那個不想付出更多愛的你。
> 愛，始終是突破所有難題及困境不可缺失的組成要素。

只要帶進一點光，馬上就能驅走黑暗，再也沒有黑暗存在的餘地。愛就是如此，因為神聖能量場的本質就是光。如果把愛帶進來，黑暗會消失。這就是為什麼深懷大愛的人，我們會說他們「在發著光」，看起來就像是從內在散發出光芒，而他們的確如此。當你感受到愛，世界看起來會更明亮，你也更容易看見他人散發出來的光，那是因為在你極目所見的範圍內，充滿了更多的光。

我來講一則蘇菲派（Sufi）的老寓言：

> 曾經有一個黑黝黝的洞穴，位於沒有人到過的地底深處。洞穴從來沒有看過任何的光，因此也無法想像光的存在。
>
> 有一天，偉大的太陽決定邀請洞穴到天上來，看看光是什麼模樣。雖然洞穴不了解「光」這個字的意思，但它不想失禮，因為太陽看起來像是個大人物，所以就接受了太陽的邀請。當洞穴來到雲端高處的天堂時，對自己所見到的事物瞠目結舌；它以前從來沒見

過光，所以一見到輝煌燦爛、不可言喻的壯麗景象，讓它著迷到甚至不想離開。

　　為了回報太陽的善意，洞穴也決定邀請太陽下到它所居住的地底深處，讓太陽體驗什麼是黑暗。太陽從來沒看過「黑暗」，也不知道「黑暗」二字是什麼意思，不過它還是欣然接受了洞穴的邀請。

　　第二天，太陽信守了承諾，進入了洞穴。它開始尋找洞穴所描述的、稱為「黑暗」的東西。但是，不論太陽怎麼找，看到的只有光。於是，太陽轉頭對洞穴說：「原諒我，洞穴，我無意冒犯，但是你所描述的那個跟你一起待在這裡的『黑暗』，到底在哪兒？這裡看起來就跟我住的地方差不多——我看到的只有光。」

愛自帶光芒，
這道光芒會照亮它所碰觸的任何空間。

那麼，我們要如何去做出愛的選擇？

我們選擇愛自己，不論經歷什麼，不論面對什麼。

我們選擇愛自己，不論跌倒或動搖多少次。

我們選擇以悲憫心來愛自己，即使看到自己身上有那麼多的部分不是愛。

我們選擇把愛帶進我們的關係之中，即使困難重重、爭吵不休，或是有種種理由可以停止、切斷、轉身離去、不去愛。

我們選擇去看見他人身上也有至高無上的部分，即使連他們都忘記或背棄了這個部分。

我們選擇把愛帶入所面對的痛苦處境或挑戰中，即使心智一再告訴我們：「沒什麼好愛的」，或是「沒有辦法去愛」。

　　對我來說，做出愛的選擇始終是我自己靈性道路上的基石，而愛也始終

是、仍然是我最基本的修行。在我這一生中，每當不確定該做什麼或如何繼續下去時，每當我被恐懼、焦慮或擔憂的沉重大石壓到喘不過氣時，每當有人使我痛苦、令我失望、傷害我或背叛我時，我都會召喚愛。**我決定要做出愛的選擇，即使一開始，我甚至不知道那是什麼意思，也不知道如何做到。**

　　在這本書中，我們將展開一趟刺激、有力且深具變革性的旅程。除了教導與智慧，我還會提供許多「愛的選擇練習」，以便幫助你能在任何時候都跟愛的最高振動頻率諧振，並與你擴展到最大的心建立連結。

　　下面這個基本但強大的「愛的選擇練習」，可以幫你踏出第一步。

～做出愛的選擇～

在每一時刻都選擇愛，
只要問自己以下這兩個問題：
我如何把更多的愛帶入 ＿＿＿＿＿＿＿＿＿* ？
現在，情況看起來如何？
* 填入或描述你所處的情境。

　　以上這個基本的練習會立即提升你的振動、擴展你的意識，並使愛的能量從你之內往外流動。我在每天的生活中會多次用到這個練習，同時也把這項練習傳授給成千上萬的學員。他們都表示，這改變了他們的生活方式，也讓他們知道如何去愛。

　　這些練習的力量在於，**你並不是問自己：**

> **「在這種情況下，我要如何懲罰他人？」**
> **或**

「我可以做什麼去管理／控制／操縱／避免這種情況？」

或

「其他人可以做些什麼，把更多的愛帶進來？」

相反的，你喚起了自己的高我，同時也做出了愛的選擇。

因為，在你問「我如何把愛帶進來？」的那一刻，

你已經轉變成愛的振動模式，

把更多的愛帶進目前所處的情況了。

在你問「現在，情況看起來如何？」的那一刻，

你已經打開了你的視野，通往另一種新的可能性，

並邀請更高的意識向你示現多種帶著覺知的選擇。

　　重要的是你必須明白，這兩個問題不會像把代幣放進機器裡，就會有獎品跑出來一樣。它們是關於振動的問題，當你提問時就是在重新校準自己。你可能會問：「我怎樣才能把最多的愛帶進眼前的情況？」剛開始你的答案通常是：「我完全不知道！」但別擔心，對你的理性大腦來說，這樣的回答十分正常。繼續問下去，直到一項選擇或一個方向自行出現為止，而且它一定會發生。僅僅是問這兩個問題，你就已經召喚了愛前來示現；而當你開始思索如何回答這些問題時，你已經做出了愛的選擇。

　　當你問這兩個問題時，把**「情境」或「情況」**替換成具體的細節會更有幫助。比如說：

　　我如何能把更多的愛帶入這個專案所面臨的挑戰？現在，看起來的情況又是如何？（要求更多的幫助；慶祝已經取得的進展，而不是責怪自己；列出過去曾經克服的所有挑戰；停止對專案夥伴說長道短，也不再為了把他踢出去而排擠他或暗箭傷人）

　　我如何把更多的愛帶入我們夫妻兩人的這次爭論？（告訴對方，我很感激他願意討論這個問題，而不是因為他不同意我的意見，我就覺得他是錯的；給他一個擁抱；建議暫停討論，出去散散步或休息一下；提醒自己為什

麼愛他，而不是專注在想自己有多討厭他）

「我如何把更多的愛帶入……」可以套用所有的情況，包括我對孩子缺乏耐心／我不想參加這項活動／我即將跟下屬進行艱難的對話／以及任何事？現在，情況看起來如何？

你也可以稍微改動這兩個「愛的選擇」問題，幫你得到更深入的答案。比如說：**「我如何把最多的愛帶入這個情況？」**

當你處於愛的空間與振動中，自然會與你的高我同步，並以你最高的頻率來振動。選擇愛，你就可以活在高我之中；如果你沒有其他指引，就讓這些問題成為你的指南針與地圖，它們會帶領你進入你的內心深處，也帶領你往上來到你最有覺知的意識高度。

敞開自己迎接當下的愛

「我們不僅僅是肉體的存在，更是愛的低語，在微風中翩翩起舞。」

——麥可·蒂爾（Micheal Teal）

我們都在尋求最崇高、最令人歡喜的靈性體驗，我相信其中最神聖的體驗就是愛。愛為我們提供一個體驗神性的機會，這也是我們唯一的機會，得以超越孤單疏離、窺見不可分割的整體，也是我們每個人存在的最終極真相。

你與另一個人之間的愛，

或許是你參與這個偉大祕密的最親密方式。

愛的經驗，讓你跟對方的界線被融化了，

有那麼一刻，你超越了疏離的幻覺，與萬有合而為一，

不只是與另一個人彼此融合，而是與萬物融合。

你成為了愛。

在我這一生中，曾經有好幾個月進行長時間的冥想靜修。首先，是我年輕時跟隨我的第一位老師學習，然後在他退隱後的數十年間，我又在第二位老師的道場靜修。在這些感覺敏銳的時期，我可以完全沉浸在意識深處，每天進行十二到十五個小時的冥想，連續靜修六個月以上，幾乎過著完全靜默的生活。我知道對大部分人來說，這聽起來就像個噩夢，但對我來說，這樣的生活宛如身在天堂。

一九七○年代初期，在某一次長達六個月的靜修期中，我有過一次非常美妙的體驗，我稱之為「愛的靈性啟蒙」。這是一個非常私人的故事，我從未公開分享過，現在我把這個故事放進回歸心靈家園這一章中。

有一天下午，我正在房間冥想，深深潛入一種靜默、無限的狀態中。突然之間，我開始擴展、膨脹；所有的時間、空間及實相邊界都消失了，我完全離開了這個肉身、這個世界以及這個星球。

除了與萬有合一，任何關於芭芭拉的個人特性或感受，都不復存在，我（事實上，當時已經沒有「我」的存在了）只存在於整個大「整體」之中。不是我感受到了愛，而是「我」已經融入了愛，只有愛的存在，愛就是一切。

在那樣的狀態下，唯一的覺知就是宇宙中的一切都是由愛創造出來的，即便看起來不像是愛的東西，也仍然是愛；即便看起來與愛分離的東西，也仍然是愛。除此之外，別無其他。這是當然的，因為到處都是愛，只有愛。

甚至連這樣的認知，也還是愛。這沒有讓我激動興奮，我也沒有任何「哇！我正在經歷一次不可思議的靈性體驗」這種想法，因為那個會思考的芭芭拉已經不存在了，我成了愛的存在，意識到自己就是愛。

我處在這樣的狀態下好幾個小時，在這無限的愛中，到了某個時刻開始出現最細微的波動，那個「我」的意識發出微光。逐漸的，「我」開始意識到了自己：「我是一具活在地球上的凡俗肉身，我現在必須回到那個肉身上。」即便如此，這種體驗還是愛在呼吸，是愛在回到肉身，是愛在穿戴回芭芭拉的衣服，是愛在呈現出一個特定的形體。

最後，我發現自己回到了芭芭拉的身體中，坐在芭芭拉的房間裡。

　　當我從那次經驗走出來後，我永遠且徹底地改變了。**有生以來第一次，我知道了我是誰。我體驗到我真正的傳承**，而這改變了一切──我就是愛，而且我知道其他人也一樣。

　　那天晚上，當我離開房間去用晚餐時，每件事看起來都不一樣了，或者說感覺不一樣了，從那時到今天，一直都是如此。

　　這個經驗改變了我的生命。現在，我知道愛是唯一的要務，也是萬物的源頭，包括我在內。我開始時時刻刻去感受愛、辨識愛的蹤跡，也將自己的振動頻率調整成與愛的振動一致，然後去找出在任何情況下都可以讓自己回歸到愛的方法。

　　這個經驗還帶給我另一份無價的禮物，讓我有了真正的理解：當我們與愛連結，即便只有一秒鐘，也會接受到所有的愛。換句話說，一旦與愛接上線，即便只是一眨眼，我們就能進入所有的愛及其源頭之中。這是我要分享這個故事的理由，因為它告訴我們，任何一次愛的選擇，都會帶來比我們所能想像的更加深遠的影響。

> **每一小滴的愛都可以發揮愛的完整力量。**
> **你在一瞬間體驗到的愛，就是一切的愛，**
> **你在某個人身上體驗到的愛，就是所有人的愛。**
> **對任何事物的愛，就是對上帝、靈性及偉大源頭的愛。**

　　你可能也有過類似的特殊時刻，當你的正常現實漸漸淡出後，突然有一股愛的巨大浪潮在心中湧現。或許那時候，你正在擁抱你的另一半，或是看著你熟睡的孩子，或是在教堂做禮拜或專心一意地禱告，或是體驗大自然的神祕之美。在那個電光石火的一刻，你恍然大悟，意識到你一直在告訴自己

的關於不被愛或不夠好的事，還有你所有的故事和模式，完全都是幻覺。在那個瞬間，你深受局限的自我，連同它所有企圖去證明你與靈性毫不相干的證據、理由，看起來就像是一個愚蠢又惱人的小丑意圖阻礙你的幸福！在那一刻，你知道愛是真實存在的。

　　做出愛的選擇，會為我們鋪設出一條靈性道路，引領我們回歸到完整。首先，我們會學著感受自己無限的愛，對它敞開心房、臣服於它，並在它的療癒光芒下沐浴我們的傷口，讓我們得以成為一個純淨的容器，去接受並傳遞那樣的愛。

　　然後，我們才能在自己的心之殿堂浴愛重生，將那樣的愛往外散播給這個世界。

　　當你發現自己內在有取之不盡、用之不竭的愛，你會開始體驗到一種令人陶醉的自由。不論誰愛你或不愛你，你都可以自由地優游於這樣的愛之中，自由地暢飲並注滿自己的愛，自由地歡慶你心中存在著這個神祕奇蹟。

沒有人可以拿走的愛，從你的自我中浮現，

邀請他人進入你的愛。

你就是愛的源頭。

記住，其他人可能會來到你的心海游泳，

但那終究是你的海水！

愛，永遠歡迎你回家

　　在我們這趟旅程的第一段路程，我想再送你一份智慧的紀念品，那就是「愛的選擇：重新校準箴言」（Choice for Love Recalibration Mantra）：

～愛的選擇：重新校準箴言～

我敞開自己迎接存在我之內的愛

任何時候只要你願意，都可以把這句箴言帶入覺知之中。當你閉目靜坐、散步、睡前或任何你必須更專注或更擴展的時候，可能會想要將這句話放進覺知中。你也可以把這句話寫下來，貼在冰箱、電腦、車子或是浴室的鏡子上，隨時提醒你。不同於肯定語，這句箴言可以做為振動的入口，會在你的內心創造出一個開口，而不只是在心智上留下一個印象。有了「開口」，就意味著你創造出了一個能量空間，讓某件事得以發生。你做出的選擇是去體驗你內在的愛，而不是被動地等待愛找上你，因為你選擇了愛。

「存在」意味著愛已經在你的心中，不必從其他地方來。它早就在等著你去體驗，你不必等待愛的到來，或希望它會出現；愛就在那裡，一直都在等著你。

「在我之內」則是提醒你，你所尋找的愛不是存在於你之外，而是存在於你之內，那就是愛的源頭。

榮耀這愛的存在，就像榮耀你自己的愛，如同那是唯一的愛。

切記，你就是愛……

我敞開自己迎接內在的愛，
願愛現在就對我顯現，
願愛掀起壯麗的波浪，
願愛歡迎我回家。

❀❀❀

第 2 章

大融化
療癒你與愛的關係

「我們總是浪費時間尋找完美的愛人，卻未曾努力經營一份完美的愛。」
——湯姆·羅賓斯（Tom Robbins），小說家

　　你有一段可能已經忘記的關係，甚至沒有意識到它的存在，即使它是你曾經有過的最重要關係。事實上，你所有的其他親密關係都要仰賴它才能存在，包括你與另一半、你與孩子、你與父母、你與朋友、你與同事的關係。這個重中之重的關係，就是你跟愛的關係。

　　你與愛的關係無關乎情愛，而是關於你與愛的源頭能量如何相處。就像你跟夥伴或某個人的關係一樣，你們之間的交往模式是以你的態度、言行及選擇來決定，你與愛的能量之間，同樣也有一種實際的互動關係。

　　那麼，你跟愛究竟是什麼關係呢？有可能是一種合作關係，或是一種充滿爭議的關係；也可能是一種和諧的關係，或是一種敵對的關係。不管是有意識或無意識，每個當下你都在選擇如何跟你內在那份愛的無限能量相處。

當你與另一個人建立起關係時，
事實上，你正在三人行！
因為你同時擁有兩段關係：
你與對方的關係，以及你與愛的能量之間的關係。

　　我喜歡說「愛總是動個不停」，物理學告訴我們，物質的本質是能量，而能量的本質是移動。就如我們所見，愛是能量的至高源頭。因此，愛會想

要流動、想要表達自己，這就是愛的本質。想像一下，幾個月大的小寶寶會伸手要求抱抱，會用小手抓住你的手指頭，會把頭靠在你的身上。等他們再長大一點，會開始把愛送給每個人：他們會撫摸狗狗、親吻兄弟姊妹、抱著他們的泰迪熊，把他們的餅乾分送給陌生人，也會在你走進房間時跑來擁抱你。他們不會把愛保留起來或私藏起來，他們會讓愛傾瀉而出。這就是愛的移動本質。

　　　　　　　　愛的本質不是抑制或停滯不動，
　　　　　　　　　　　而是往外奔流。
　　　　　　　我們都有過愛流向我們的經驗，
　　　　也有過要關心的對象，包括我們的另一半、孩子或朋友，
　　　　　　　這樣的體驗是愛與生俱來的渴望，
　　　　　　　渴望去體驗更多與愛有關的快樂。

　　大多數人會這樣想：「聽起來太棒了，我當然希望有生之年盡可能擁有最多的愛──越多越好。我樂意去感受無限的愛、喜悅以及擴展！」

　　然而，對很多人來說，真實的情況並非如此。我們會干擾生命力的流動，而不是允許愛的能量去盡情發揮它的本質；我們會企圖去控制、管理、調節愛的流動。

　　　　　　　我們往往不是為了愛去做選擇，
　　　　　　而是為了不去感受，並限制我們的心去體驗。
　　　　　　　一旦我們試圖去控制對愛的所有感受，
　　　　　　唯一的結果，就是推開我們渴望已久的愛。

情感強度的拉鋸戰

　　我的母親是個受到祝福的神奇女子，她跟那個世代的女人一樣，年紀很大時才學會開車。基本上，她的開車風格是一隻腳踩著油門，而另一隻腳幾乎同時踩著煞車。她喜歡開快車，所以她會踩下油門；但馬上因為太緊張，又接著踩煞車，使得車子在減速時左右搖擺。然後，她繼續踩油門加速，接著踩煞車減速，不斷地加速、踩煞車、加速、踩煞車。

　　我母親喜歡開快車的強度，但不喜歡車子加速時的失控感，這種情形我稱之為「與強度的衝突關係」。我會分享這個可愛的故事，是因為在理解並改變你與愛的關係時，最重要的關鍵之一，就是深入認識你自己與情感強度的關係。

　　大部分的人都想要的，包括更多的愛、更富足、更成功、更多的機會，以及與靈性有更多的連結，這些都無可避免地會將更多能量帶入我們的生活。更多的能量進入，意味著更高的強度。當我們說某事讓我們感覺到精神緊繃時，我們是什麼意思？這意味著，我們體驗到了大量振動的能量。這是一種以深入的方式加速流向我們的生命力。

　　「那次的坦誠對話，讓我們夫妻的關係變得很緊張」、「去醫院看望父親，讓我感到很緊張」、「我的前女友要結婚了，我的反應很強烈」，這一類的情況都會自然而然地激起強烈的情緒。**當我們對某個人事物產生強烈的情緒時，代表流向我們的振動能量正在增加。**

　　如果我們不習慣處理情緒來勢洶洶的振動能量，就會處於緊張狀態。為什麼？因為我們所感受到的能量跟我們所感受到的不適之間，存在著一場拉鋸戰。**問題不在於感受的強度，而在於我們對這種感受強度的抗拒。**

> **如果我們不習慣這種強度，就可能會演變成一場拉鋸戰：**
> **一邊是我們對更多的愛與親密感的渴望，**
> **另一邊是我們對這種情感強度的抗拒。**

也就是說，我們一方面想體驗更多的愛，
但另一方面，我們沒那麼喜歡激烈的情感強度。

　　或許你也擺脫不了這種「振動的拉鋸戰」：我想往前衝，但也想讓一切都在控制中；我想要成長、擴展，但也想管控一切；我想體驗靈性與神聖的愛，但不想被排山倒海而來的能量壓垮；我想親近你，但不想讓自己需要你。

　　以下是一個新觀點：跟我們所想的不同，你會覺得不適並不是來自感受本身，而是因為你抗拒去擁有這個感受。當我們感覺事情變得過於強烈或緊繃時，必須理解一點，導致問題的並不是這種體驗，而是我們對能量的增加感到不適及抗拒，以至於在我們的內在製造出緊張感。

　　如果你能讓感覺流動，就像讓水從密閉處流出來，那麼隨著它的移動，壓力就會跟著消退。只有在你企圖去抗拒感受時，你才會陷入麻煩。

　　要壓抑你的愛必須付出極大的能量，因為愛就是生命力。你要切記的是，愛想要也需要往外移動並顯現出來。當你試圖抑制、積存、控制、阻礙或忽視愛，你就是把自己對愛的感受當成了敵人；而且，這場仗你必輸無疑。不可避免的內在衝突一旦爆發，就會在內心製造出極端緊張的狀態。

愛不會帶來不適，是你跟愛的拉鋸戰造成了不適。
當你試圖去壓抑愛，等於是向自己的心宣戰。
愛的選擇就是允許愛自由流動，
並學著快樂地參與生命力之舞，
讓愛流過你、成為你，並在你與他人之間流動。

　　你的關係強度不只會影響你與他人的親密關係，也會對你的成功及創造力產生重大且顯著的影響。這種例子屢見不鮮：有人想變得更放得開、想要更成功，但達到某個門檻就停步不前了。造成這種情況的原因很多，其中一個原因是，他們在不知不覺中縮手了，其中有些人是因為知道自己無法處理

增加的情感強度，以及隨之而來的更多責任、更高的曝光度，以及更大的成就。他們害怕這樣的強度太高，會令他們感到不適或不自在，因此就在他們真正要開始擴展、往前衝時，反而會突然退縮並放慢速度。

你知道有多少人也跟你一樣在追求個人的成長及轉型？我們開始前進並覺得進展越來越快、改變得越來越多，然後我們突然覺得失去了掌控，我們會想：「老天，這進展快得讓我太緊張了。」於是，就像我可愛的母親一樣，我們會對「意識之車」踩煞車，試著讓速度慢下來，即便是在我們覺得應該加速的時候。接著我們開始納悶，為什麼我們無法走得更遠。

你有過多少次類似這樣的想法：「**我處理不了更多的……**（比如愛、責任、機會、揭露的真相、決定、建議或付出的時間）」但事實上，你可以！認為你已經到達自己的極限，那只是幻覺。在下一章中，我會進一步說明如何擴展你的能力來容納大量的愛、智慧及力量，這有點像是餐廳因容納不下而開放新座位區，或是為你的電腦增加新的記憶體。

我希望你已經開始理解你與愛的關係了。現在，好好想想這個與「愛的選擇」有關的重新校準問題（Recalibration Question）：**我與情感強度的關係如何？**

內戰：你對愛感到恐懼嗎？

「愛摘下了我們的面具，使我們不再擔心失去面具就活不下去，並讓我們知道躲在面具下才會活不下去。」
　　　　　　——詹姆斯・亞瑟・鮑德溫（James Arthur Baldwin），美國作家

愛為什麼會如此濃烈？

我們又為何會與一件我們迫切需要並渴求的東西交戰？

當我們終於擁有一直在追求的親密連結，為什麼往往還會竭盡所能地去

切斷這些連結？

　　親密關係有什麼可怕之處，讓我們寧願冒著失去它的風險，也不願臣服於它？

　　你是否曾納悶自己為何會害怕親密關係？試著想像一下，你跟你很愛的那個人在一起，或許你們正在分享著彼此內心最深處的想法；或許你們正安靜地躺著，牽著彼此的手欣賞夕陽，或是凝視著在床上酣然入睡的孩子們？這些時刻把你們拉得越來越近，你們開始感受到某種比你們還要大的能量，那是一種合而為一的強大能量。你開始因為某個人而沉醉，你們一起墜入了強烈的愛之漩渦中。

　　剛開始，你可能會愛上這樣的感覺，你非常高興能夠擁有與另一個人深入連結的體驗。接著，你可能注意到自己開始焦慮並失控。你的個人界線融化了，你不確定你最後的底線在哪裡，而你愛人的底線又在哪裡；你熟悉的保護措施已然崩解，你突然覺得自己變得脆弱、更容易受到傷害，就像你已不堪負荷，卻無法停下來。

　　如果你無法維持那麼多的振動強度，你可能會在這一刻退縮逃避，因為你害怕會在愛中迷失自我。你可能會覺得自己需要一些空間，或是想辦法把對方推開以避開親密的接觸，並阻止更多的親密時刻。你可能迫切地想要遠離你的另一半，而在某些極端的情況下，你甚至想放棄這段關係，卻不明白為什麼。

　　這樣的時刻，你到底在害怕什麼？答案是：你害怕淹沒在自己的愛之海中，失去你的獨立性，被挾持進入一種合而為一的經驗，毫無空間可以保留自己的個性。因為你介意得太多、需求得太多、感受太多，也愛得太多。

> **如果控制與自我保護是你的首要之務，**
> **你可能會發現自己害怕真正深刻的愛，**
> **害怕在那些情感強烈的時刻，需要你去臣服，**
> **因此，你會想辦法找到逃離的方法。**

無論對方是你的愛人、朋友、孩子或是寵物，合而為一的體驗始終都是強大的。有時候，這種愛的強度及邊界感消失會嚇到我們；因此，我們會試著去控制愛的強度與渴望，其中一個方法就是告訴自己：「我不是真的需要它。」我們的需求變成了我們的敵人，而我們試圖去否認、忽視它們，並使自己對它們的感覺變得麻木。

這種無形的纏鬥，很多人幾乎窮盡一生都在內心進行著。我們成為控制與調節情感強度的專家，而且對象不限於我們親密的伴侶，還包括我們的朋友、家人，甚至是子女。

多數時候，我們沒有意識到自己正在參與這場拉鋸戰。「我愛我的丈夫，也珍惜我最好的朋友，我為什麼要把他們推開，哪怕只有一分鐘？」你很納悶地問。然而，我們私底下也在懷疑，自己是不是真的這樣做了？或許你認出某個你關心的人正好符合這個描述，而你愛的某個人似乎也很難全心去感受愛。

當我們有意識或無意識地拒絕付出愛，
真正拒絕的不是任何人，而是我們自己。
沒有人比我們更想念愛，沒有人比我們更痛苦；
也沒有人像我們一樣，被剝奪了那麼多。
一旦我們決定去管理並調節愛，就永遠是個輸家。
而當我們真正去愛，不論結果如何，
我們永遠都不會輸。

你為什麼要限制自己去感受愛？愛始終是一份珍貴的禮物。你的愛會使你的眼睛變得明亮澄澈，洗去視野中的殘骸碎片。當你透過愛的眼睛去看世界時，每個人都變得更美好；反之，當你不允許愛流動時，所有事物看起來都是蒼白平淡的。愛，能使世界更美麗。

你的心海有多大？

「當你感到痛苦時，當你陷入軟弱時，去愛的水池中泡一泡。」

——梅赫·巴巴（Meher Baba），印度靈性導師

想像你與朋友正在度假，想要去游泳。這個度假村有兩座泳池可供選擇，你走到第一座泳池，注意到它的水位下降，池底只有幾英尺高的水。「他們真的認為有人會在這裡游泳嗎？」你不敢置信地對朋友說道。然後你決定去看看第二座泳池，你一看就很高興，因為泳池的水滿溢到邊緣，而且水質清澈、波光粼粼。

所以，你會選擇哪一座泳池？你會跳進只有半滿水的那座泳池嗎？你不會，你只會選擇在池水滿溢的那一座泳池裡游泳。

我們每個人的心海就像是一座愛之泳池。問題是：**你是哪一種愛之泳池**？是裝滿了愛，讓每個人都想跳進去？或是只裝了一半的愛，讓別人不禁懷疑：「你想要我跳進這座泳池？我可能會受傷吧？」

是什麼裝滿了我們心中的那座泳池？我們能感受到的愛或是能取用的愛，是無限的；我們只需要打開那個控制宇宙生命力的閥門，願意體驗多少的愛，都能盡情體驗。

數年前我去夏威夷旅行時，剛好遇到海嘯警報。當時紐西蘭大地震，科學家就警告夏威夷群島可能會發生大海嘯。我還記得那時心裡想著：「這也太神奇了，夏威夷群島距離紐西蘭不下五千英里，而震波的能量卻可以一路傳送到這裡。」考慮到作為能量導體的物質大小，這種波浪能量的運動是可能發生的——想想那可是一座巨大的海洋啊！

把石頭丟進水池，會產生一圈圈的漣漪。如果這座水池有邊緣，波浪的

能量在撞擊到邊緣時，就會停止往外擴展；反之，如果你是在廣闊無邊的水域製造出這樣的擾動，波浪能量將會持續前進，因為有更多的空間可以讓它不斷往前移動。

　　同樣的道理，如果你的心池很小，你傳送的愛、智慧或意圖的波浪，就只能往前走一小段路，影響也有限。但如果你的心池更大，像一座湖泊那樣呢？如果像一座無邊無際的海洋那麼大呢？**如果你的心擴大了，你對他人及世界所發送出去的愛、靈感以及激勵的波浪，就可以不斷產生一波波的漣漪，所造成的影響不容小覷。**

　　有些人患有「深水恐懼症」，寧可待在愛的淺水區，深怕走進深水區後會發生什麼事。他們說：「我怕自己會被太多的感情淹死」、「我不知道如何在深情中泅泳」，或是「我怕我會迷失或失控」。

你不會因為太多的愛、太多的感受而溺斃。
沒有它們，你才真的會溺斃。

　　你是否曾經帶著雀躍的心情去泳池或池塘游泳，結果卻發現水面被軟泥、苔蘚或枯葉覆蓋而深感失望？問問自己，你的心池是否仍被情感的殘骸碎屑所堵塞？當你邀請人們跳進去，卻沒有事先清除那些漂浮已久的垃圾？或者，你邀請別人到你的心池一游，但池子上卻還罩著「情感的泳池蓋」？他們即便知道罩蓋下面有涼爽的池水，也渴望沉浸其中，卻不得其門而入。

　　愛的選擇，就是選擇成為一泓清澈、令人無法抗拒的愛之池水。當你選擇重新校準你的振動，就像打開了一個強大的過濾系統，開始將所有舊垃圾帶出，並將殘骸碎屑從心的振動空間清除出來。一旦你疏通了這個系統，更多的愛就會湧進來填滿你。你當然希望自己的愛之池永保清新、未受汙染且注滿了水，讓別人動心到只想迫不及待地縱身一躍。

當愛的海洋凍結成冰

「你越是吝於對別人敞開你的心，你的心就會越痛苦。」

——狄帕克‧喬布拉（Deepak Chopra）

我們滿懷著愛來到這個世界，成為愛的使者，傳遞愛的訊息給周遭的每個人。把新生的小寶寶抱在懷裡，馬上就能感受到愛的純淨能量開始湧進你的心。小寶寶確實擁有超凡脫俗的魔法，可以看出他們具備了某種我們欠缺的東西，那是我們曾經擁有，卻早已失落的珍寶。我們驚奇地注視著他們，沉浸在每一個可愛燦爛的笑容中，為每一個惹人憐愛的目光陶醉，驚嘆於這些小生命以某種神祕的方式展現出人意表的奇蹟——我們的心因為他們怦然心動，裂開了一道縫隙。

我所描述的「他們」，也是以前的你。在你還沒有因為傷害及失望而傷痕累累之前，在你明白不是每個人都能看到你的靈魂之光，也不是每個人都會善待你之前，也曾經如此毫不設防，如此純真。生命的考驗與試煉，讓你內在的光芒逐漸黯然失色。

那麼，你內在的愛又如何呢？沒有改變，因為它是我們真正的本質，也是流向我們、等同於我們的神聖能量。然而，人類的本能會教我們不計一切代價生存下去，保護自己免受痛苦。**因此，每當我們被人傷害、信任被濫用、善意被拒絕，就像凍結了一部分的愛一樣，讓愛無法再自由流動。**

把那些未被療癒的情感以及未解決的問題，想像成一塊塊巨大的冰塊。我們就這樣，逐漸把自己關在冰塊築成的高牆之內，用這些冰牆把愛堵住。剛開始，如果只有幾塊這樣的障礙物，我們還可以想辦法通過，其他人也還可以想辦法進來。但是，每當我們說「我不想處理這件事」，不去感受、不去面對、也不去療癒應該面對的人事物，這些冰塊就會開始成倍增加。

為了「凍結」我們的感受、麻痺我們的內心而去做的任何事，都會進一步強化這些冰牆，包括藥物、酒精、工作過度、暴飲暴食等等。這些事物會

暫時平息我們的不適或舒緩我們的不快樂，但是到最後，卻會使我們與療癒及愛所需要的生命力分離開來。

> 屏蔽你的感受，永遠無法保護你免受傷害；
> 凍結你的感受，也不會讓你免於痛苦。
> 相反的，它們會在你跟所渴求的愛、親密感及真正連結之間
> 築出一堵麻木的冰牆。

最終，我們可能會發現自己被困在凍結的模式及情感堡壘之中。我們想要自由去愛，想要過一種充實又快樂的生活，但我們被困住了，自我保護成了囚禁我們自己的牢籠。

你還記得曾經試圖接近某人，但不論你怎麼做，就是無法打破對方的心防？就像你一次次地把自己撞向一堵無法穿透的高牆，卻只是白費力氣而已。沒錯，就是如此，因為那是他們用來保護自己的冰牆。

當你讀到這段描述時可能會恍然大悟，然後懊惱地說：「原來，這就是我常常帶給其他人的感受。」如果你的心是一座愛之池，那麼想想如果大部分的你被「凍結」，愛之池會怎樣？它會結凍得跟岩石一樣堅硬。想像某個愛你的人想跳進你的心時，會出現什麼情況——他們會受傷。

> 凍結自己是生命的敵人，也是愛的敵人；
> 它會阻止愛的流動，將愛變成一條冰河。
> 我們該如何逃離自己內在的冰封地牢？那些冰需要被融化，
> 一塊接著一塊，一種情感接著一種情感，
> 一個傷口接著一個傷口，一個真相接著一個真相。
> 我們所要做的，就是做出解凍的選擇。

大融化：解凍你的心

如果你住在一個冬天會下雪結冰的地方，你會知道當溫度上升、水開始流動時，冰雪也會開始被消蝕、融解。很快的，所有被凍結的東西都不復存在了，取而代之的是一條漂浮著碎冰與融雪的河流。

同理，我們也是一點一點地融化。每當我們做出愛的選擇，愛的「熱度」就會幫助我們解凍舊有模式、無意識狀態以及麻木感，讓我們提高覺知，學會如何與自己及他人相處。最重要的是，當愛的能量試著進入、貫穿我們的時候，要跟這股能量連結起來。然後，包圍住我們心房的那些冰牆會一層接著一層開始融化，變成雪泥後逐漸消失。**現在，所有我們用來保持冰雪盔甲完好無損的力量與能量都已經釋出為我們所用，所有被困在裡面的愛也能自由流動了。**

你是否參加過婚禮或成年禮的宴席，或是曾在遊輪上享受豐盛的自助餐？如果有的話，你應該看過形形色色的各種裝飾性冰雕，像是天鵝、魚、愛情鳥、金字塔、足球、獨角獸等等。這些精美的冰雕都非常出色，但幾個小時後，會從表面開始融化，原本堅硬的完整性外殼開始消失，雄偉的老鷹開始變得懶洋洋，就像一隻滴著水的母雞，最後糊成了一團。

水分子開始凍結後，移動會非常緩慢，它們會固結在一起形成冰。當這些黏著在一起的分子暴露於溫暖的環境下（比如室內溫暖的空氣），就會更快速地移動而不會繼續待在一起。我們看到的冰融現象，其實就是水分子之間越來越遠離彼此，這使得它們改變了形狀與方向。宴會桌上殘留的那一灘水，就是已經可以自由移動、擺脫原來凍結形狀與特性的水分子。

這也是你開始進行「情感解凍」會出現的情形：感情模式的僵化外形開始融化，自我保護的堅硬外緣慢慢變模糊；你對自己和生命的尖銳批判及自我設限的信念，也逐漸軟化。你對愛的強大「熱度」越是開放，所有事物的改變就會越大。很快的，就像萎縮的冰雕一樣，你的模式也會變得無法辨識，然後從此消失。

愛的選擇就是大融化的選擇，
用來解凍你內心每一個堅硬、凍結的角落。
大融化，讓你得以體驗大愛！

　　當我對學員們解釋我稱之為「大融化」的這個工具時，他們都會大大地鬆了一口氣。當我們這些認真的追尋者開始加速成長的時候，往往會經歷大幅度的改變與重組（或者可以說是融化）時期，以至於無法真正確定發生了什麼事，或者如同我所說的：「我們對這樣的新風景還很陌生。」上個月，一位女學員聽到我談到這個過程的機制時，她跟我分享了一些話，我聽了很喜歡。她是這樣說的：「我剛獲得了一個大啟示，**原來我不是崩潰，我是正在解凍！**」

情緒游泳課：想法與感受的區別

「我們都精通心的語言，只是不常說。」

—— 芭芭拉·安吉麗思博士

　　去年，我有兩個學員結婚，還添了一對美麗的雙胞胎，而我則成了這對雙胞胎的靈性教母。我跟小亞倫及小蘇菲亞之間有某種特殊的連結，在最近的一次拜訪中，還一起度過了許多愉快的時光。這對雙胞胎快六個月大了，當然他們還不會說話，但我可以感受到他們對我的愛。我們會默默地凝視著彼此，我們之間的能量流動如此明顯，我的心充滿了喜悅。

　　在這些特別的靈魂還無法以言語自我表達時，我如何去體會他們的愛？答案是：**我可以感受愛的振動，從他們的心流向我的心。他們從來沒有想過自己對我有什麼感覺，他們只是單純地去感受。**

　　你知道想法與感受的區別嗎？你可能認為自己知道。但是，許多人往往

花時間思考他們的情緒，而不是真正去感受它們。對情感的任何想法都是心智所做的描述，為種種情緒貼上了不同的標籤，但這些想法中不存在著任何能量振動的成分。

那麼，我們如何知道自己正在體驗的是想法或感受？答案是：真正的情緒不會在你的腦袋中產生，在你腦袋中的是對種種感受的想法，情緒只能在情緒體（emotional body）及能量體（energy body）中被體驗。

**想法與感受大不同，
前者是坐在泳池畔描述水的感覺，
後者是真正跳進水中、弄濕身體。**

當人們體驗到某種感受時，他們不僅僅是訴諸言語來描述，同時也在以特定的能量參與振動，你可以感覺到他們與平常不一樣。在那一刻，他們有沒有大聲表達出來，又有什麼關係呢？如果他們沒有告訴你，你也能分辨出來他們的感受嗎？沒錯，你當然可以，就像我知道小亞倫和小蘇菲亞的感受。**你所察覺到的，是他們的心所發出的振動，而不僅是出自他們腦袋的話語。**

你是這樣的人嗎？在正常情況下，表現得理智又有邏輯，但在某些情緒狀況下，卻表現得混亂、荒腔走板、失去平衡？**原因很可能是，在你這一生的大部分時候，你始終都錯把識別情感的想法當成了感受。**這就是為什麼當你突然體驗到某種強烈的情緒時，會讓你難以承受。對於那種尚未經過理智分析並提煉為訊息的真實感受，它們強烈的振動強度你還不習慣。從某種意義上來說，你對真實感受的容忍度非常低，而這些真實感受當然也包括愛。

回想一下，是否曾經有人跟你談到情感話題時，你卻無法跟對方感同身受。他們說：「我當然愛你」或「我也想念你」，但你聽起來卻乾巴巴的，情緒完全沒有被帶動。**這是因為他們告訴你的，是他們對情感的想法，而不是真正發自內心的感受。也因此，你完全接收不到他們的能量振動；也就是說，他們切斷了自己的「情緒體」，完全用理性思維去描述感受。他們沒有**

處在愛中，而是處在愛的想法中。

　　想像一個新聞記者就站在悲劇發生的現場進行轉播，即便他心裡感到震驚或悲傷，但專業的素養要求他情緒不能外露，因此他選擇不帶任何情感地報導事實。這就是我們身上會發生的事，我們已經養成了用理智去對待感受的習慣，而不是單純去體驗情緒。我們很難如實地表達自己的情緒，但我們善於「描述」情緒；我們會告訴自己，這是在進行溝通、交流。由於我們只分享內容，卻不允許自己去感受，所以我們並未傳遞出振動的實相。

　　那麼，這會對我們的另一半／朋友／孩子／傾聽者造成什麼樣的影響呢？他們會聽見、理解我們，卻無法跟我們感同身受。

你必須先如實、完整地感受自己，才能讓別人充分地感受到你。
如果你是用腦袋來描述情緒，而不是用心去體驗，
人們就會這樣想：「我聽到你說的了，
但我無法跟你感同身受，因為你沒有如實地去感受自己。」

　　愛的選擇，不是要你去選擇對於愛的新想法、新態度或新哲理，而是選擇以共振方式去體驗無限的愛，去打開你內心所蘊藏的、深不可測的寶藏。

跟著情緒振動的麵包屑走

　　最近，加州的天氣異常溫暖。有天早上我醒來，發現一夜之間竟然有一支快速移動的螞蟻雄兵湧進屋內來躲避高溫，在廚房裡爬來爬去。我必須承認，雖然我尊敬大大小小的生物，但我還真的不喜歡自己的房子被螞蟻入侵。我知道一旦牠們喜歡這個新棲地，就會透過心電感應傳送訊息給成千上萬的親朋好友，很快的，成群結隊的螞蟻雄兵就會從所有你能想像得到的縫隙侵門踏戶而來。

這不是我第一次面對螞蟻大軍的入侵，因此我知道，消滅肉眼可見的螞蟻只是治標不治本的做法。我必須打給害蟲防治公司，找出問題的根源或蟻穴，否則情況很快就會失控。

有時候，當強烈的情緒在我們內心升起時，感覺就像是「情緒入侵」，我們最初的反應也跟發現螞蟻蹤跡一樣，一心只想著如何擺脫。我敢肯定地說，如果有人發明了防情緒噴霧劑，一定會大受歡迎！

但在這個當下，重要的是去想到：你的情緒不適並不是隨便冒出來的，必然事出有因。你不會突然緊張起來，也不會莫名地發脾氣或感到害怕。每一種情緒都有出處，不管你相不相信，它們都帶著善意的目的（除了把你搞瘋之外！）

你的情緒是從心發送出來的訊息，希望能讓你注意到某件需要加以關注的事物。舉例來說，如果你積存了大量過去未曾解決的怒氣，最終它會透過你人格結構上的小裂縫找到出路，看起來就像是情緒沒來由地突然發作。為什麼會這樣？因為情緒想要被解決、被療癒，並想要轉化成同情及愛。

我們後面會探討所謂的「情緒程式」（emotional programming）。在此，重要的是去做出愛的選擇並關注你的感受，而不是逃避或壓抑它們。我喜歡把情緒視為某種交通工具，載著你在一條特定的道路上行駛。如果你遵循它們，它們會引導你走向一些有意義的終點，例如一個啟示、一次路線修正，或者是一個重要的決定。

> **你的情緒是內心發送出來的簡訊，**
> **不要把它們刪除了。**

我的經驗是，一旦你注意到這些升起的情緒，看到它們試圖向你展示的訊息，這些強烈情緒就不再有存在的必要了，因為它們已經完成了任務。於是很快的，你會注意到它們自然而然地消失，留下的是更深層次的療癒及理解。你越是能療癒心中的情感創傷，你的情緒就會越趨穩定。

情緒不是為了被修復而存在，而是為了被感受而存在。
情緒是振動的麵包屑，跟著它們走向源頭，
看看它們想提醒你去注意或療癒什麼。
情緒只是信使，別急著消除它們，
傾耳聽聽它們要說什麼。

有時候，一些深具「靈性」的人會對這種指引不以為然，特別是在他們對自己人性的那一面特別反感時。他們可能會說：「我不會去感受不舒服的情緒，我只會祝福我所有的情緒。如果我現在很生氣，我不會去想我為什麼生氣，我只會祝福我的憤怒。」我的回答是，升起憤怒、哀傷或悲痛的情緒是有原因的，它們不是需要我們去祈禱的敵人，而是某個部分的你試圖在告訴你一些真相。

你不僅是祝福你的憤怒，你還要解開它、拆散它、打開它，抽絲剝繭去追查源頭，直到你找出需要你去學習的功課是什麼。伴隨著所有不想要的、不愉快的情緒而來的不適感，正是需要被轉化的能量。當我們去關注這些感受，就是做出了愛的選擇。

療癒過程是這樣運作的：
凡是該來的，都會自己冒出頭。

當我們試著阻止自己去感受已經存在的那些情緒，事實上只會打斷我們自己的療癒過程；就像正在努力生小寶寶的產婦，被打斷生產過程一樣。你的情緒是一種動能，它們會流動，最終把你帶到內心深處，讓你去體驗自己的自由以及真正的滿足感。

讀到這裡的你，已經比大多數人都走在前頭了。身為先進的人類，你的任務不是去限制自己的感受，而是去療癒你與心的關係，讓你得以擁有更強大、更深刻的感受。

身為先進的人類，我們有義務讓自己保持清明。
清明並不意味著你沒有任何問題、挑戰或擔憂，
也不意味著你不必與不愉快的情緒交戰，
更不意味著你會理解或喜歡發生在身心上的所有一切。
讓自己保持清明，代表的是在任何情況下，
你都不會切斷或關閉自己的感受。

　　選擇轉向你的心而不是轉過頭逃避，這需要極大的勇氣，也需要強烈的決心才能做出以下的決定：不再接受任何部分的你被心牆隔開、關閉或凍結起來。

成為愛的完美容器

「我的心是我的黃金容器，終其一生我要以此容器來服侍我的造物主。」
　　　　　　　　　　——猶太文本《哈加達》（*Pesach Haggadah*）

　　多年前，我讀到一本以印度為背景的靈性短篇寓言集，受到它的啟發，我寫了一個關於心的故事，命名為：**「純潔的心與謙卑的容器」**。故事是這樣的：

　　古代的人認為，眾神因為發現了「瓊漿玉露」（Amrita）的長生不老藥，才能擁有驚人的力量、體驗天堂的至樂以及永生不死。這個神奇甘露的故事傳到了人間，只需要喝上一滴就足以讓人類永生不朽且快樂。但是當然，他們只是人類，永遠無法喝到這種神聖甘露。

　　有一天，眾神宣布了一個驚人的消息：七個月之後，祂們將會帶著這種「瓊漿玉露」來到人間，讓人類也可以飲用，這對人類來說是一大福音。唯

一的條件是，每個人都必須自備容器。如果他們的容器能夠盛裝甘露，就可以飲用「瓊漿玉露」並永生不死。

當時有一位權勢鼎盛的國王，極目所見的土地都是他的，國庫裡還有堆得像山一樣高的黃金珠寶。這位強大的統治者擁有人人渴望的財富，只除了一件事——他渴望開悟與永生。國王並非不仁慈，但非常驕傲，知道諸神擁有他沒有的東西，讓他非常氣憤。「看看我是多麼地無所不能！」他自吹自擂地說，「為什麼眾神看不出來我有資格跟祂們分享永生甘露，有資格躋身於眾神之列呢？」

因此，當國王聽到眾神宣布即將降臨人間並分送瓊漿玉露給人類時，簡直欣喜若狂。「終於，我就要永生不朽了，眾神一定聽到了我對祂們的不滿，專程為我而來。」

國王命令他的僕人們製造出一只最大、最精巧的甕，用來盛裝神奇甘露。「我不在乎你們是否必須清空國庫，也不在乎人民是否挨餓，」他告訴大臣們，「該花則花，不必節省任何開支！」他從最遙遠的礦區買來最堅硬的鐵，要求工人不分日夜地打造大甕；當大甕完成那天，他還要求在甕上覆蓋三寸厚的黃金，然後以金庫中最價值連城的珠寶來裝飾，包括葡萄柚般大小的鑽石、紅到發亮的紅寶石以及深綠色的翡翠。

為了打造那只華麗的大甕，國王幾乎賣掉了一切財物，讓他的臣民們沒有足夠的糧食及物資度過寒冷的冬天。但是，一心忙於打造大甕的國王，完全沒有注意到人民的痛苦。

最後終於完工的大甕，確實是難得一見。「我敢保證，眾神一定會嘆為觀止！」他興奮地對著大臣們喊道，「世界上沒有人比我更偉大，因此他們不可能建造出一個如此華麗的容器。只有我的容器才配得到永生不死的甘露。最後，一定是我勝出！」

當時在一個很偏遠的地方，有一個沒人聞問的貧窮小村落，村裡住著一位謙卑的信徒，是當地寺廟的看守人，他也聽到了關於「瓊漿玉露」的消息。他十分虔誠且謙卑，一輩子都在祈禱能夠有幸得見神聖的眾神一眼。因

此，想到眾神真的要蒞臨人間，他非常欣喜。「雖然我一無所有，也知道沒有機會打造出一只合適的容器。」他難過地得出結論，「但為了榮耀這件吉祥而神聖的盛事，我至少要嘗試一下。」

這個虔誠的信徒原本每天就花了很長時間在廟裡，現在，他更是早早就在凌晨三點起床，將硬擠出來的每分鐘都用來打造容器。他沒有錢買材料，只能收集樹葉及花朵，把它們壓碎跟泥巴混合做成濕黏的泥團。他在碎紙片上寫禱詞，然後跟泥團一層層交疊，如此做出了他自己的容器。打掃金匠的地板時，他在塵土與廢棄物中撿到了十一片細薄的小金片，他恭敬地將每一個小金片貼在容器上。全部的製作過程中，他會一邊工作一邊吟唱著神聖的咒語來頌讚眾神。

最後，他終於完成了這只簡單的容器。他看著這個奇形怪狀、一點都不好看的成品，心不禁往下沉。事實上，這個甕看起來更像是垃圾堆裡的廢棄品。儘管如此，他還是決定去參加這場偉大的盛會，心想就算只能窺見一眼他敬愛的眾神也很好了。

眾神來訪的日子終於到了。國王提前一個星期到眾神指定的地點，確保他可以站在最前面的好位置；他還帶了一千名士兵與達官顯要同行。現在，人們開始從四面八方湧過來，大多數的人都因為心懷敬畏而不敢參加，只是想來見證他們所希望的奇蹟。

突然間，在一道超自然的閃光中，眾神現身了。祂們帶著耀眼的天堂光輝從天而降，人們在驚嘆聲中紛紛跪倒。眾神舉起一朵神奇的大蓮花，每個人都知道，長生不老藥就藏在這朵蓮花的花瓣中。

第一個走上前來的人，是一位驍勇善戰的戰士。他騎在叫聲如雷鳴的神駒上，示意他的士兵把容器抬上前，那是擺放在車輪上的一個大石缸，由於非常笨重，需要用上一百匹馬才能拉動。有位神仙伸出了手，將一小滴的神奇液體倒入大石缸中，每個人都屏氣凝神地注視著。不久後，石缸傳來一聲巨響，接著爆炸成無數的碎片，石塊往四面八方飛散，人們到處逃竄。

圍觀群眾驚訝得倒抽了一口氣。只是一小滴甘露，就摧毀了這麼巨大的

一個石缸。

　　接著，一位公主走上前來，她以冷酷無情的聰敏決斷聞名於世。她砍掉了整座稀有樹木的神聖森林，只提取每根樹幹最堅硬的一小部分用來編織一個堅固的特殊容器，並以最嬌慣的皇家蜜蜂所生產的蜂蜜來密封。一位神明走出來，把一滴甘露倒進木製容器中，頃刻間，容器迸出火焰，幾秒內就燒化成一團灰燼。一向高傲自大的公主羞愧得當場哭了出來。

　　現在，輪到國王的甕上場了。國王目睹前面兩個皇親貴族都沒能成功地取回永生不老藥，他一點都不擔心。他十分有把握那只無與倫比的大甕一定能讓眾神目眩神迷，並且承受得起神奇魔藥所產生的任何變化。他示意搬運工人把金光閃閃的大甕抬上來，四周馬上響起了人們驚喜的吶喊聲，因為眼前這件寶物，是他們畢生所見最壯觀也最華麗的東西了。

　　「偉大的眾神，歡迎祢們到來！」國王大聲喊道，好讓所有人都能聽見。「我為祢們打造了一只最華美的容器，由地球上三百層最堅不可摧的鐵所鑄成，外面以黃金包覆，內外都裝飾著成千上萬件價值連城的珠寶，等著盛接永生不朽的甘露。」

　　一位神仙走上前把手中的蓮花傾斜，一小滴的液體往下滴入珠光寶氣的容器中。過了幾秒，什麼都沒發生；緊接著，一股黑色毒氣開始從容器中飄出來，然後眨眼之間，那滴甘露就像硫酸一樣融解了國王的大甕、珠寶，最後除了還在嘶嘶作響的黑色灰燼之外，什麼都沒留下。

　　國王踉蹌地往後退，被嚇得說不出話來。這怎麼可能呢？他把整個王國的財富都押在這個容器上，一滴甘露怎麼可能就把它完全毀掉了呢？

　　圍觀群眾也被嚇到呆若木雞，再沒有人敢拿出自己的容器。他們都害怕這股超自然的力量，難道眾神下凡是為了愚弄及羞辱他們嗎？

　　這時候，從群眾後方有個人正在往前擠。每個人都睜大眼睛想看清楚這個人是誰，以及他手中拿著什麼容器。「他是誰啊？」有人大聲問道。「誰都不是，只是一個無名小卒。」另一個人回答，「他只是低賤的寺廟看守人，來自我那一區的貧窮村子。你看，他甚至連件像樣的衣服都沒有，而且

他的容器真的太醜了！」人們開始嘲笑這個可憐又無知的傻瓜，竟然膽敢帶著那個粗陋不堪的小容器來到眾神面前。

這位寺廟的服務者在眾神面前顫抖地跪了下來，他流著眼淚，謙卑地低垂著頭說道：「偉大的眾神，我知道我不配得到祢們的永生不老藥，這個粗陋的容器也不值得祢們一哂。儘管如此，我還是滿懷敬畏地來到祢們面前。」他以顫抖的雙手呈上了怪模怪樣、令人發笑的小碗。

就像前面幾位一樣，有個神明把蓮花中的一滴甘露倒入小碗中，圍觀者都屏息以待，看著那一滴閃閃發亮的甘露流進容器內。過了好一會兒，神明又倒了另一滴甘露進去，接著一滴又一滴，直到小碗盛滿了神奇的液體。這真是個奇蹟啊！那個不完美的小容器竟然禁得住考驗，他得到了這份神聖的禮物！震驚又困惑的群眾開始大聲喊了起來。

此時，一位光芒四射的天神走向前來說話：「安靜！這是我們要給你們所有人的訊息：**其他容器都無法盛裝力量強大的永生不老藥，這是因為它們都不夠純淨。容器的強度不是由材料或花費的錢財所決定的，而是看製造者的內心而定。**」

「顯然，這個人的心中只有愛，因此他的心非常純淨。只有愛，能使一個人的心乾淨、強大到足以擁有及容納任何事物，包括永生不老的甘露。」

天神轉向這位虔誠的信徒，說道：「從現在開始，你被賜名為『達什瓦納』（Darshwana），意思是『純潔的心』，而且你將永遠生活在極樂之中。」

當這個故事出現在我的意識中時，我享受著創造它的過程，並把它當成是關於愛的力量的一項重要教誨。故事中的容器比喻的是我們的心，而甘露則代表神聖的能量、智慧以及愛。

就像故事中的人物一樣，我們也想要獲得強大生命力的完整能量。為什麼我們無法體驗到更多這樣的能量呢？**問題不在於它無法為我們所用，因為**

這不是供應問題，而是容器問題！

當我們的心不純淨，被舊情緒的殘骸及尚未療癒的能量所占據後，心就會變得像篩子一樣：無論我們得到多少的愛、智慧或任何事物，都無法留住它們。

愛想要在你之內升起並流向你，
你的任務就是成為一個好容器，
能夠接受、留住並傳遞更多的宇宙能量。

我們要怎麼做呢？首先，**我們要解凍那些凍結已久的痛苦，拆除自己立下的高牆，淨化所有的能量並濾除那些不屬於最高振動的能量。然後，我們才能完全接收及容納愛與神聖能量，允許它們不受干擾地流經我們。**如此一來，我們就能成為一個會走動、會呼吸的愛之傳遞系統！

想像一下，如果故事中那個信徒的小碗破了個洞，即使他能獲得神聖的永生不死靈藥，這些瓊漿玉露還是會白白浪費掉。事實上，這經常發生在我們身上，我們常在無意中錯過了愛、機會或內在智慧。如果我們的容器年久失修或是有裂縫，不管我們接受到的事物多麼有價值、多麼珍貴，都無法留住它們。

這趟改變自己的旅程，實際目的就是修復你的容器，以便讓想要傾注在你身上的每個東西都可以進入，同時也讓流向你的東西不會在路途中流失，沒有任何一滴的愛會被白白地浪費掉。

當你成為一個完美的容器，
就會有超乎想像的事物等著要交託給你，
並透過你來傳遞。

從我到我們：能量場的互動擴散

「當我們試圖去挑揀出任何一件東西時，總會發現它被無數剪不斷的隱形繩索及宇宙萬物牢牢綑綁在一起。」

——約翰‧繆爾（John Muir），現代環保運動先驅

當你允諾去踐行愛的選擇及療癒，會為這個星球帶來超乎你能想像的重大影響。這是因為我們所有人都息息相關，只要一個小改變就能產生蝴蝶效應。我們活在一個無限的能量漩渦之中，同時也是這個生命能量漩渦的一部分，因此，我們時時刻刻都在以振動形態連結在一起。

每一天，你都在用你的心改變世界，這個真相是否讓你感到驚訝？**你的心是一座強大的電磁場**，即便我們認定發出振波的是大腦或心智，但事實上，比起心的巨大能量，大腦的所有能量根本微不足道。在強度上，心的電磁場是大腦電磁場的五千倍，而振幅也幾乎是大腦電磁場的六十倍。

心的電磁能量不僅會影響你身上包括大腦在內的每個細胞，還會影響你周遭的空間。科學家估計，從你的心所輻射出來的實際電磁能量，會觸及到你周圍八到十英尺內（約二‧五到三公尺）的所有人事物，還會以更微妙的方式與範圍之外的人事物互動。

心振動所發出的電磁信號，始終都會以深刻的方式與周遭的每個人交流，並改變他們的能量。同時，你也會接收到他人心中所發送出來的電磁能量波。我們的身體會記錄這些傳入的能量波，並將這些能量波與所體驗到的情緒連結起來：

> 當你愛的人走進房間，你可以「感覺到」自己的心是打開的，而且是愉悅的。
>
> 當你討厭的人走進房間，你可以「感覺到」情緒緊繃與焦慮。
>
> 一走進辦公室，你馬上就可以「感覺到」它的氛圍如何。

開會時，你立即就能「感覺到」危機四伏並保持警覺。

你的另一半平靜地說他沒事，但你就是可以感覺到他在生氣。

這些振動反應都跟你的想法無關，它們是心能量場的電磁變化。你的心會如實地解讀那些發送過來的電磁訊息，告訴你發生了什麼事。

我們每個人的心都有它自己的電磁場，
每當有人送出能量波而影響到你的電磁場時，
它會被標記成一種情緒，讓你產生「某種感受」，
這樣的感受不只存在於大腦中，也發生在心的能量場。
這是一種真實的振動體驗，
來自其他人心海的振動波，
會在你的心海中創造出振動波。

當你自己心中的波動處於諧振狀態時，它們會把和諧一致的振動傳送到大氣中。因此，當你以愛的能量來重新校準自己的能量振動場時，你周遭所有的生命形態都會以電磁方式感受到這些振動，同時也被這些振動確實改變，從而自發性地以同樣的高頻開始振動。

就像天線會接收及記錄信號一樣，
心的能量場也會接收周遭人們從內心散發出來的電磁能量，
同樣的，他人的心能量場也會接收到你的電磁訊息。
你的心一直都在跟其他的每一顆心交流。

這是改變生命的嶄新理解：我們無時無刻不在改變其他人的振動藍圖。我們能發送出和諧或不和諧的能量，也發送出批判的能量或悲憫的能量。我們內在發生的任何事以及產生的能量形態，都無可避免地會影響並改變周遭

所有人的內在頻率。

　　切記，並不是我們有意識地決定要發送能量到人們的心海中，這完全是自發性的，因為我們都活在同一個無限的振動漩渦中。

愛的選擇，就是選擇為你周遭的世界

帶來強而有力、令人振奮、深具覺知的電磁衝擊波。

愛，永遠是正確的選擇

　　提問者：我們要如何對待別人？

　　拉瑪那・馬哈希（Ramana Maharshi）：根本沒有別人。

　　隨著在情感與靈性上的逐漸成長與進化，我們也必須開始從「我」的意識轉化成「我們」的意識。「我們」的意識不只是善待他人或關心世界的意圖，而是一種認知，真正意識到你會影響每個人和每件事，而他們也同樣會影響著你。

　　一九五〇年二月十二日，發現相對論的傑出物理學家愛因斯坦，在以下這封私人信函中提到，身為人類，「我們」是一個必然的結論。這段話說明了人類的真正本質。

　　　　「人是整體（亦即我們稱之為『宇宙』）的一部分，也是有限時間與有限空間的一部分。他以為他自己、他的想法及感受都可以與其他事物分離開來，然而，這只是一種意識錯覺。」

　　　　「努力擺脫這種錯覺，是宗教的一個真正議題。不鼓勵這種錯覺，而是設法克服，這才是達成內心平靜的一個可行方法。」

不是我，而是我們。

關於「我們」的這個意識不是一種靈性態度，

它不是有意識地選擇去感受自己是整體的一部分，

而是認可「我們」的真理，

理解你已經不可避免地成為偉大的「我們」、

地球的「我們」、人類的「我們」、愛的「我們」之中的一部分。

根本沒有別人，只有我們。

　　「我們」的意識是有覺知的開悟，是一種覺醒的意識，也是萬物真正的實相。

　　正如愛因斯坦所說的，「我」的意識是一種錯覺：除非你是在真空中運作，你內心所發生的一切才不會以非常具體的方式去影響他人。

　　我們的小我會試圖說服自己：「我可以自主選擇是否要跟他人交流自己的體驗。」**我會想讓你知道我的感受嗎？我應該壓抑自己的情緒嗎？我可以坦承我是在生你的氣嗎？即使我明明在乎，也應該告訴你我不在乎嗎？即使我真的很生氣，也應該露出微笑嗎？如果我很擅長掩飾自己的感受，就能隱瞞事實嗎？**

　　依據現有關於振動的真相，我們可以看出以上這些情感策略有多麼荒謬。這些都是無關緊要的決定，而事實上，這些問題都是錯覺。**我們可能在真實的時空中將這些選擇付諸行動，也可能不會，但無論我們是否有意識地決定交流，我們的感受必然都會以振動的形態傳送出去。**這就像一個在玩捉迷藏的孩子，他遮住自己的眼睛說：「現在你們都看不見我了！」

　　愛的選擇，就是選擇去承認已經發生的事；但是，**你無法選擇「不去」影響其他人或不受其他人影響，這是一個既定的事實。**誤以為只要沒有人知道，你就可以沉溺於任何不帶有愛的情緒或行為之中，或是盡可能地擺脫高我去行事，這一類的錯誤想法忽略了一個事實：你無時無刻不在對所有人產生影響；換句話說，每個「我」都在對「我們」發揮影響力。

想像一下，你正站在海灘上，雙腳浸泡在海水中。你周圍的細碎浪花，是由數千英里外的海水運動所造成。你看不到那些來自遙遠港口的風浪，也不曾經歷那場導致大海翻騰的風暴，儘管如此，你卻能感受到世界另一端發生的事件正在衝擊著你的身體。

在這片深不可測的意識海洋，在這個廣闊無垠的振動之海中，我們每個人都是獨立的波浪。但是，同屬一個團體的一體性，卻是不可否認也無可辯駁的事實。因此，除了愛的最高選擇之外，任何選擇都是自毀性的。傷害他人，就等於在傷害自己。

愛的選擇，就是認同我們共同的親密振動關係，已經超越了準則、倫理及道德。它帶我們走向一種個人及社會責任的新關係，這種新關係不是基於義務、內疚或政治正確，而是源自於愛。

現在，我們可以更清楚地知道，為什麼療癒心靈、解凍情緒的工作會如此重要了。因為它們會阻止我們去充分感受，會阻止我們去清除妨礙重新建立連結的老舊模式，也讓我們的情緒狀態無法保持清明。**你做這些不是只為了你自己，也是為了這個世界。**

愛帶來光明與恩典，
為你打開那扇通往永恆自由的大門。
別試圖去抵抗它、逃避它、控制它，
也別假裝它不存在。否則，你將會錯失這份禮物。
你要意識到愛，轉向它、歡迎它、接受它，
對它敞開，臣服於它，讚美它。

回歸你的愛之海

「揭開遮蔽心靈的面紗，你將會找到你要尋找的。」

　　　　　　　——迦比羅（Kabir），印度神祕主義詩人

　　要重新校準心的電磁場，最強大的方法之一就是軟化我們的邊界、高牆及障礙物。**軟化是重新校準振動的一種練習，讓我們心中不必要的分裂重新融化，教導我們如何保有一個更開放、更有彈性的能量空間。**它會消除禁錮在舊情緒之中的僵化障礙，讓這些情緒與當下的意識互動，獲得療癒，並支持我們開始體驗何謂「我們」的意識。

　　軟化可以立即創造出延伸及擴展的空間。就像一條長方形的硬奶油，軟化時馬上就會顯得更大，占用更多的空間。同樣的道理，你的軟化也會立即加深並擴大你內心深處的愛之池。

　　軟化不等於軟弱，許多人往往會把軟化與軟弱、缺乏力量、危險或被利用的舊情緒程式聯想在一起。事實上，軟化的能力正好跟無能為力相反，**它賦予我們重塑自我的力量。當事物被軟化時，就可以被改變，從一種形狀轉變成另一種形狀。**

　　軟化黏土時，可以用來揉捏成各種造型；軟化金屬時，可以用來打造工具；甚至就連卵子也必須軟化才能與精子結合，創造新生命。軟化必須先發生，所有的新生與改變才能隨之出現。

　　仔細想想，在你的生命中有哪些地方需要被軟化。是態度？是習慣？還是責備、批判、內疚或悲痛等情緒需要被軟化？每當你感覺到被困住、沮喪或偏離中心時，不妨問問自己：**「現在，我需要軟化什麼？」**

愛的選擇練習：軟化你的心

　　以下是一個簡單卻強大的振動療癒練習。在本書中，我提供了兩種類型的練習，一種是「愛的選擇練習」，另一種是「愛的選擇冥想」，而這個練習能夠幫你學習如何由內而外地轉化自己的能量，並在你心中擴展出更大的空間。這樣的擴展，會把強而有力、令人振奮的振動波往外傳送至這個世界。

　　「心的軟化練習」，邀請你的能量重新自我校準，從僵硬、卡住或抗拒的狀態，轉變為融化、流動及柔軟的狀態。 你將會請求，所有不再為你所用的東西都要被融化及分解。

　　這是一個非常有用、有效的技巧，每當你感到沮喪、懊惱、失望、批判或憤怒時，不論是針對他人或針對自己，隨時都可以做這個實用的練習。你也可以定期運用這個技巧去拆解某些情緒高牆，以免在你盡力擴展自己時限制了你。這個練習還能解凍更深層的麻木感，不讓它們削減你優游在愛的能量場的能力。

▎愛的選擇：心的軟化練習

　　自行做這個練習時，可以閉上眼睛。現在，隨著指示練習，並讓你的能量稍微沉澱下來。肩膀放鬆，先做幾次深呼吸並放慢呼吸速度，深深吸入、徹底呼出……

　　持續放鬆肩膀，釋出身體的所有緊繃感。

　　讓你的覺知往外擴展，一直延伸至周遭數英尺之外。輕鬆地坐著，不要去想或做任何事，充分感受你自己及周圍的空間。

　　現在，用一個微妙的意圖來軟化你的能量，溫和平靜地把「**願我軟化**」這句話放進你的意識中。

　　讓這句短語持續漂浮在意識之中，不要只是機械化地重複，也別試圖去理解它的意思或一直去想它，只要讓它待在那裡就好。如果對你有幫助的話，也可以把手放在心口上。

　　觀想你內心所有堅硬部分正在融化。你或許想在這句短語中添加一些字句，更有針對性地反映你想要療癒的問題。比如說：

　　　　　願我軟化我的抗拒，願我軟化我的困惑，
　　　　　願我軟化我的頑固，願我軟化我的驕傲，
　　　　　願我軟化我的指責，願我軟化我的怒氣，
　　　　　願我軟化我的否定，願我軟化我的悲痛，
　　　　　願我軟化我的內疚，願我軟化我的恐懼。

　　你所要做的，就是去想像你的心軟化了、你的心智軟化了，曾經讓你感覺到焦慮不安的所有事情也都軟化了。

　　在你具體表達了以上這些意圖後，你還可以給出一個通用性質的意圖：「願所有需要被軟化的，都開始消融。」

　　把你目前生命中所有需要被軟化的事物一一點名，然後感覺最深處的那個你正在軟化。注意，隨著你的軟化，你會開始感覺到更加擴展，也更為平靜。

　　你還可以給出以下這個意圖：「凡是我心中所凍結的，都開始融化。」

　　感覺在你的最深處，所有曾經阻礙你的事物都在融化。

　　接著，當你準備就緒後，可以把這兩句短語放進意識中：「我正在軟化」、「我正在融化」。

　　靜靜坐著，與「我正在軟化，我正在融化」的念頭所產生的振

動共處片刻。當你想著這兩句話時，感覺身體的邊緣正在融入周遭的空氣中，感覺意識正在你的腦袋外融化。想像你心中所有被凍結的能量或堅硬之處都被融化了，想像有一道愛的瀑布從你的胸腔傾瀉而下。

　　你可以在這股擴展的愉悅能量中盡情漂浮，想待多久都行。

　　只要你覺得夠了，就可以結束這個練習。如果你全程都閉著眼睛，現在可以睜開了。注意當下的你是否變得更開放、更平靜，也更柔軟了。

　　願你心中所有曾被凍結的地方，都已軟化、消融了。
現在，完整的愛得以湧現，並自由地流向你自己、
流向他人，也流向這個世界。
願你的愛之池擴展再擴展，
直到變成一座充滿喜樂與歡喜的遼闊海洋。

第 3 章

解開心弦
接通你的神聖電路

「當你的心靈與俗世的供應源頭都來自無限性靈（Infinite Spirit），你的供應將取之不盡，永不枯竭。」

——亨利・托馬斯・漢布林（Henry T. Hamblin）

　　我們的宇宙中存在著一種至高無上的力量泉源，使我們的宇宙得以運行，也讓萬物得以生存。**這股終極能量與愛，是我們真正的能量。**人類這種卓越的創造物，具備了以愛、智慧及和平等形式去體驗這種終極能量的驚人能力。**本質上，我們自己的意識就像一個家或一座建築物，已經鋪設好了所有的線路準備去接受最大的電壓。這種意識的中心，就在於我們稱之為心靈或形而上的內心深處。**

　　諷刺的是，我們卻試圖透過控制、給他人留下深刻的印象、尋求認可等種種費力的方式來變得強大。**事實上，一個無限的力量泉源早就等著為我們所用，而且就在我們之內，提供我們想要獲取或體驗的任何事物，不是外在世界所能比得上的。**我們不需要向外去尋求任何事物，因為我們早就擁有一張全面通行的貴賓證了！

　　想像一下，有人送給你一盞美麗的燈，它不像你見過的任何東西，對方還告訴你，這盞燈價值連城，燈罩是以巴黎最稀有的絲綢縫製而成，燈座用水晶與珠寶鑲嵌，而燈泡則是新發明，可以散發出令人陶醉、最具有療癒能量的光。你把這盞神奇的燈擺放在客廳的桌子上，但是似乎一直沒能物盡其用，無法充分發揮出它應有的潛力。「我的燈一定出了什麼問題，」你嘆息說道，「它無法發光，或許原本就是個瑕疵品。」

　　究竟還需要什麼，才能讓這盞燈開始運作呢？首先，你必須插上插頭，接通電源。除非能夠正確接上電源，否則這盞燈再怎麼精美都沒有作用。

　　同樣的道理，我們每個人都是一盞燈，是一個獨立又獨一無二的載具，讓終極的力量泉源透過我們去示現。不管是燈或其他器具，都必須要有電路讓電流流過才能正常運轉，而我們的身體也有一套出色的振動電路系統，讓愛與生命力得以流經我們。

你已預先被設定好線路，

要成為燦爛又強大的光之發射器；

然而，你與生俱來的能力需要展現出它全部的潛力，

才能成為一個傳送神聖能量、智慧及愛的管道。

　　我有個朋友很喜歡購買及翻新鄉間老房子，他最常遇到的問題之一，就是屋子的電線線路太老舊，無法安全又穩定地傳送電力。因此，燈光會閃爍不定、保險絲常燒斷、電路接線處會鬆脫、開關的面板發熱燙手，反正就是無法提供穩定可靠的電力。

　　雖然供應這些老房子的電力充足，但老舊的線路卻難以負荷，無法同時開啟好幾種電器，燈泡也無法以設定好的瓦數發光。一直等到我朋友重新鋪設好線路後，所有問題都解決了，老房子變得現代化，燈火通明。

　　就像這些老房子，流進你身體的能量也從來不短缺。你先天上確實擁有一定的能力，可以讓那股力量在你的「情緒與精神線路」上運行。不過，一旦你有電路上的問題，就無法體驗及展現你可以成就的完整潛力。你可以被「點燃」的亮度，會比你「出廠」時的完整亮度更昏暗；你能體驗到的愛、力量、智慧及熱情，也會比你原來預期的要少得多。

你可以處理多少情緒和精神電壓？

「宇宙是由基本力及能量場構成，就像是無形的神經系統延伸遍布於整個空間，並持續地以每秒數萬億次的速度在振動、變化。」

——約瑟·萊（Joseph Rain），英國作家

　　我們可以用電壓（單位是伏特）來描述及解釋宇宙能量，這是能量、生命力、愛、基督意識（Christ Consciousness）、光、夏克提（Shakti）[1]及氣（Chi）的另一種表達方式。現在的問題是：**如果宇宙存在著巨大的能量流，為什麼它無法完全為我所用，究竟是什麼阻礙了我跟它的連結？**

　　多年前，同樣的問題讓我開始了追隨靈性導師、智慧及覺知的旅程。我知道這個供電的「大插座」一定在某個地方，而我迫切地想跟它建立連結。不知何故，我早就知道如果想實現自己為眾生服務的夢想，就必須接上插頭、隨時保持連線狀態，以及提高我處理「電壓」的能力。

　　幾乎每個人都渴望得到更多：**我想要更多的愛、我想要更多的創造力、我想變得更富足、我想要與靈性有更多的連結……**然而，請記住，所有物質都是以特定頻率振動的能量，因此正如我們所見，想要得到更多，本質上就是想要更高的強度，相當於我們現在所理解的電壓。

當你要求更多的能量流經你，
本質上，你就是在要求更高的電壓。
當你希望生命中擁有更多的愛與親密感，
你就是在要求更高的電壓；
當你想要獲得更多的創造力及洞察力，
你就是在要求更高的電壓；

---

1 編按：夏克提是神聖的女性創造力量，而濕婆（Shiva）則是神聖的男性創造力量。

當你想擁有崇高的靈性經驗與啟示，
你就是在要求更高的電壓。

即使我們已經預先鋪設好線路，以便發揮最大的能力來接收最多的宇宙能量、智慧、創造力及愛，但有些人的電路可能目前還無法正常運作，因此處理最高電壓的能力是有限的。至於你的電路能承受多少能量，則取決於它們的暢通或阻塞程度。先前我曾說明愛的強度與你之間的關係，現在我們又往前跨了一步，明白了所謂的情緒強度，其實就是我們心中所感受到的「振動電壓」。

你是否有能力處理增加的能量或電壓？如果你處理不了過高的電壓，會出現什麼狀況？

一九六九年我十八歲時，在法國的格勒諾勃（Grenoble）以交換生身分度過了一個暑假。那是我第一次一個人出國，也盡力做足了萬全的準備。當時，我對於出國旅行還一知半解，而我最擔心的事情之一，就是如何吹乾我那頭濃密的長髮。我跟朋友借了一個吹風機專用的轉接頭，她再三跟我保證上回出國旅行時已經用過了，完全沒有問題。

第一天早上，我在寄宿家庭洗完澡後，把吹風機跟轉接頭一起插進牆上的插座。一打開吹風機，我就注意到聲音聽起來比平常要大了兩倍，而且吹風筒越來越燙，不過我沒有很在意。一分鐘後，吹風機吹出來的熱風開始帶著燒焦味，接著我聽到啪的一聲，不僅吹風機停止了運作，整個公寓也都斷電了。我聽到樓下餐廳傳來法語的咒罵聲，我的房東正在那裡吃早餐。

我當時羞愧到無地自容。我做了什麼？我驚慌又氣餒。在做了一些研究之後，我才恍然大悟：朋友借給我的是轉接頭而不是變壓器，無法將二百二十伏特的電壓轉換成吹風機可以使用的一百一十伏特電壓。因此，我的吹風

機被注入了電路所能承受的兩倍電壓，結果吹風機被燒壞了，而公寓的斷路器為了安全切斷了電源，讓整個公寓斷電了。

我只好用我學了八年的法語一再地跟寄宿家庭的人道歉，當天就去買了新的法國吹風機。當然，這不僅是一個十八歲女孩運氣欠佳的故事，更是與電壓有關的一個教訓。

電壓可以驅動能量的流動，而所有的能量都會移動，並與路徑上的任何事物產生交互作用。當過多的電壓進入機器或設備時遇上阻力，就會在電線**與電路上產生額外的「壓力」，這樣的摩擦會產生熱，從而引發火災或爆炸。**為了防止過熱導致電器、房子或建築物受損，都會安裝斷路器或斷路器系統。一旦斷路器偵測到過高的電流強度或能量，就會切斷與電源的連結，防止發生危險的火災。

我希望你已經看出這個比喻要告訴我們什麼：

當我們天生的能量電路不能充分運作時，
就無法處理增加的電壓與電力。
於是，愛的電壓、智慧的電壓、創造力的電壓及富足的電壓
就無法順利注入並流經我們。

如何判斷你的振動是否短路？

或許你從來不知道自己身上有一個「振動的斷路器」。就像你使用的電器、你的住家、公寓或城市電網中的斷路器，一旦偵測到過多能量流進系統時，就會自動切斷電源；你身上的振動斷路器也是如此運作，當它偵測到你情緒上的電壓或能量遠高於你所習慣接受的振動強度時，不論是正面或負面的振動，只要超載，振動斷路器就會自行啟動。

你如何分辨自己發生了短路？

你會封閉自己	你變得煩躁易怒且不耐煩
你會鬧罷工	你忽略了責任與任務
你變得麻木	你沉迷於令人分心的事物
你茫然無措	你自我孤立並迫切需要空間
你筋疲力竭	你感覺激動焦慮、躁動不安
你渴求食物、酒精以及可使意識變遲鈍的物質	

這是怎麼回事？這些行為或內在選擇是你對能量超載的無意識反應，是你試圖「切斷」與能量的連結，好讓自己能感覺舒服點。

以下是幾個常見的例子：

• **你的關係短路了**：你展開了一段新關係，開始跟你的對象變得親密。如果你沒有足夠的容量來承受高電壓的愛，這種連結及親密感可能會開始讓你不自在，如同我們在前面討論過的情況。你可能會發現自己想轉身走開、自我封閉、開始吹毛求疵，這些都不是你的真實感受，而是行為的斷路器在發揮作用：你正無意識地試圖減少並控制注入你內心的愛／能量／生命力。

• **你的事業短路了**：你的事業才剛起飛，大量的能量以注意力、金錢、尊重、責任及壓力等形式湧進你的生活。所有這一切，都是你努力及夢想的目標。如果你沒有足夠的能力去處理成功的高電壓能量，你可能會發現自己不知所措、恐慌或被壓垮，甚至做出蓄意傷害自己的事。

我們經常在新聞中看到這方面的報導：突然致富或一夕成名的人，過沒多久卻開始自毀或變成癮君子；某個成功的知名運動員，突然之間開始表現不佳、破壞自己好不容易得來的名聲；數百萬美元樂透彩的得主，短短幾年就揮霍一空，毀了自己的生活。看到這些新聞事件時，我們會想：「這種事怎麼可能發生？完全沒有道理。如果是我獲得這樣的名聲／成功／金錢，我才不會跟他們一樣毀了一切。」

專家對這種情況的解釋，通常是認為這些人的自我價值有問題，無法承受自己遇到的好事。雖然其中有些論點可能沒錯，但我仍把這種情況視為是電路問題：**湧入他們系統中的能量電壓大幅增加，在這個過程中，炸毀了他們的健康、聲譽或生命。**一個人處理愛或富足能量的能力，如果在一開始就有所不足或受到阻礙，面對突然來勢洶洶的這麼多能量，即便是好的感受，也難免會氾濫成災到無法應付。結果就像將一台小家電的插頭插到核能發電機一樣，這台電器自然無法避免報銷的下場。

這也有助於我們更加了解成癮行為的運作機制。

不管是毒品、酒精、處方藥、香菸、性愛、賭博或飲食成癮，
都是非常強大、暫時有效、極其危險的斷路器。
人們經常在情緒太過強烈、
電壓過高以至於電路無法承受時，
使用它們來封閉、麻痺、鈍化或轉移自己的能量。

當內心的情感過於洶湧、發現的真相難以承受或身體非常不舒服時，人們往往會選擇暫時性地麻醉自己。即便他們說「我覺得好多了」，真實的情況卻是，他們已經堵住或拔掉了幾十條電路，好讓自己不用清醒地面對現實。

所有這些「斷電」行為，不管是從最溫和的情感麻木到最極端的成癮，根本的問題都不在於行為本身，而是個人系統無法正常運作，以至於處理不了進入該系統的大量能量。遺憾的是，成癮會帶來許許多多的問題，其中之一就是這些成癮行為會製造出更多的振動干擾、阻塞及損害，使得這個人的電路更難以處理高能量的愛、成功或靈性覺醒。

　　我曾經幫助過許多一輩子都在譴責自己、認為自己有問題的人，他們似乎總是在破壞自己的幸福與成功。他們的結論通常是：「我一定恨死自己了，否則不會每展開一段新關係，很快就把它搞砸」、「每當我賺了一些錢，就會莫名地做出把錢全輸光的事情」，或是「每當我努力地快要達到目標時，總會做出錯誤的決定，然後再度失敗」。

　　我會向他們說明這樣的一個概念：有好事上門時，流進他們系統的能量會大幅增加。然後，我會指出他們之所以會被貼上「自毀」的標籤，是因為他們的系統不想讓電路「超載」，而讓他們感覺到自己像是換了一個腦袋一樣。幾個星期前，我才跟我的一位學員說明這一點，他是心臟病專家，他一直認為自己是蓄意破壞親密關係的慣犯。聽完我的解釋後，他的眼神發亮，整個理解完全改變了。

　　「一切都合理了！」他驚呼，「我從小就欠缺表達及調節情緒的能力，我父母之間沒有什麼感情，給我的親情也少之又少。因此，我對情緒能量的容忍度顯然不高。照你所說的，親密關係會讓我的系統超載，這就是我一直以來的感覺。我一直告訴自己，我需要空間、不想安頓下來，但事實是，我渴望親密感。我現在明白了，這就像一個心臟健康的病人，只是動脈被堵塞了。如果我能夠敞開自己，就能承受得起愛情帶來的高伏特電壓。」

　　我欣慰地看著對方的臉，很高興他終於明白是因為他的「情緒動脈」阻塞了，愛才無法順暢地流入與流出。他不是有意去破壞自己的感情生活。

　　與其覺得自己有問題，不如試著理解你是如何在心理及情感上去處理大量的宇宙能量。這將幫助你不再怪罪自己，而是真正意識到你處理振動電壓的能力才是問題所在。

你或許不是在自毀，
而是電路故障了。

疏通能量振動的交通堵塞

為什麼我們無法承受大量的愛、成功、富足、力量及靈性能量？究竟是什麼阻礙了我們？本質上，任何會干擾流動並阻礙無限能量流經你身體的事物，都會妨礙能量的自由傳輸。這些事物可能是尚未被療癒的舊模式、被卡住的情緒能量，或是被凍結的感受。

要理解這點的一個好方法，就是把它想像成是一種「振動的交通堵塞」。你的神經系統就像一條美好的高速公路，原本是用來處理流量極大的交通，一旦路上有了障礙物，就會導致堵塞而影響了車流或能量流。

想像愛、力量及智慧都想流向你，
卻因此路不通而作罷。
你的情緒問題以及未處理的能量舊殘骸，通通阻塞住了，
就像一輛卡車把所載運的農產品撒落在整條公路上。

我喜歡這幅想像的畫面：在往返於我們內心的那條高速公路上，散落著我們未被療癒的情緒及舊模式的殘骸碎片，就像從載運農產品的貨車掉落下來的甘藍菜、洋蔥及馬鈴薯，導致後方車輛必須減速或停下來。正如我們所見，我們都有一些從來沒能徹底清理乾淨的舊情緒散落或滿溢出來，它們可能會減慢我們意識高速公路上的能量流動。

另一個理解振動障礙或堵塞的方法，是將它們視為電線上打的結，這些死結會中斷能量的傳輸。我的手機上連著一條有線耳機，我經常會解開這條線，把它順平、拉直。不知何故，只要把它放進手提包中一、兩天，它就會神祕地打上幾十個結。就好像手提包裡住了個專找麻煩的小精靈一樣，只要我把這條線解開，他就會淘氣地把它又纏結在一起。這些結卡死在耳機線上，讓能量無法暢行無阻。除非我把線上的結解開，否則它們就會妨礙聲音的接收及傳輸過程。

你情緒上的「結」，包括憤怒的結、責備的結、悲傷的結、自我批判的結，都會減慢或甚至阻礙大量的愛及振動電壓流進你的生命。這就是我們要努力達成的轉變：學習如何去辨識、解開這些情緒上的結，疏通並融化你的障礙物，讓你得以接收宇宙提供給你的一切，包括從你內心湧現的能量，以及從外界流向你的能量。

許多年前，當我還在上大學時，跟三個朋友一起租了一棟小屋。這棟小屋建於一九四〇年代，因為老舊破敗，我們這些窮學生才能負擔得起。小屋最大的問題是老舊的電路布線完全不符合現代標準，因為在大部分現代化電器設備發明之前，這些線路就已經安裝完成了。

小屋的電線磨損得非常嚴重，幾乎無法在不燒斷保險絲的情況下，承受任何流入的電力。如果有人正使用吸塵器，我們就得停下手邊任何需要用電的設備；如果有人開暖氣，我們幾乎得把每盞燈都關掉；如果有人想看電視，就得先出聲警告，禁止任何人在這段時間使用烤麵包機或果汁機。

我們就這麼悲慘地過了好幾個月。有一天，我那一位異想天開又勤奮用功的室友終於覺得受夠了，他告訴我們，我們的鄰居有現代化的電路布線及充足的電力，而且他們白天都出門上班了。「我只是『借』一點電來用。」他解釋。第二天，我們的鄰居前腳剛出門去上班，他就偷偷地從我們的廚房窗戶拉出一條很長的延長線，穿越小院子，連接到鄰居後陽台的電源插座上。接下來的六個小時，我們的電路系統終於得到了充分的擴充，那種感覺就像是暴發戶一樣！然後，在鄰居回家之前，他再度神不知鬼不覺地拔掉延長線。接下來的那段日子，每天早上他都如法炮製。

幾個禮拜後有個鄰居提早回家，我們就當場被逮到了。於是，我們又回到先前的悲慘生活，使用遠不足於我們所需的電力供應，湊合著過日子！

我們很多人都是以這種方式來解決電路故障的問題，也就是**去外頭尋找**

可以偷電的地方，而不是修理自家阻塞的電路。我們試圖從外部補充我們的電力，不去糾結我們自己的匱乏與不足。我和室友後來逐漸適應了電力不足的生活，犧牲生活的舒適度，降低我們對正常用電的期望，也習慣了諸多的不便之處。過了一段時間後，這種情況好像變得更理所當然了。

聽起來是否很熟悉？因為許多人都已適應這種功能失調的運作模式。我們**習慣了以較少的愛、力量、清明、智慧、能量過日子，最終，我們甚至忘記了這種狀況其實是不正常的。然後，我們會從他人身上、從各種互動以及在各種情況下，尋找可以獲取暫時力量的方法。**

下面這幾個例子中，可能有幾個你會覺得心有戚戚焉。在你尚未完全連上你自己的力量源頭時，你很可能會試圖去找外部力量來應急。

從外部獲取暫時性力量與能量的幾種方式

我們會不斷尋求他人言語的肯定或讚賞。

我們會尋求關注，需要眾人把焦點放在我們身上而非他人身上。

我們會扮演茫然無助的角色，讓他人照顧我們或為我們做事。

我們會在口頭上故意貶低自己，好讓他人一直誇獎、讚美我們。

我們會要求他人向我們再三保證，好消除疑慮。

我們會記錄他人給了我們什麼或為我們做什麼，或者我們為他人做了什麼。

我們需要控制他人，從他人那裡得到想要的東西，或者能操縱並管控他們。

我們會拿自己跟別人比較，而且渴望自己比別人好或比別人優秀。

我們會評斷及批評他人，不論他們是否意識到這一點。

我們會要求其他人同意我們的看法。

我們讓其他人費盡力氣才能親近我們，並謹慎地與他們保持距離。

我們變得喜歡逞口舌之快，總是挑起爭端，試圖靠嘴巴取勝。
我們覺得自己需要擁有某個東西、做某些事，或以特定方式看待
事物，才能自我感覺良好。

以上這些有意識或無意識的行為或模式，是我們在尚未連結上自己的力量時會出現的其中幾個例子。事實上，這份清單你可以一直寫下去。不管你是否表現出上述任何一種行為模式，顯而易見的，**所有這些都是小我所耍的手段：試圖借用外部事物，來讓自己感受到更有力量、更強大。**

然而，這些選擇只能提供曇花一現的力量，讓你得到暫時的快感。問題是，就像從鄰居偷電一樣，這些體驗都無法讓我們與自己的力量、自尊、自愛及宇宙的能量源頭產生真正的連結；而當這些瞬間的感受消退後，我們就得一次次地重複這些行為。

愛的選擇，就是承認
我們自己是不可思議的存在，
具備神聖電路，能夠以愛、智慧、創造力等形式
接收並傳送無限的能量。
現在，我們必須找出並移除阻礙能量流動的障礙物。

你沒有必要認為自己不夠強大，而特地去做某些事或獲取某個事物來壯大自己。你要明白的是，終極力量（Ultimate Power）已經努力地在接近我們。

不要問自己：「我要怎麼做才能獲取力量？」
你要問的是：「我要怎麼做才能恢復我的內在連結，
以取用我已然擁有、準備為我所用的力量與愛？」

為何與心切斷連結：你過著低壓生活嗎？

「如果安於現狀，生命就會失去應有的熱情。」
　　　　　　　　　　——曼德拉（Nelson Mandela），南非前總統

　　我住在加州四十多年，經歷過好幾次嚴重的地震。我們學到的首要安全守則之一，就是地震時要拔掉所有電器的插頭，並關閉所謂的「電源總開關」來切斷整間屋子的電力。這是為了預防電力恢復時，瞬間的功率波動造成電器損壞或甚至引發火災。這些瞬間湧入的電力相當危險，會給電路帶來過大的壓力。

　　生而為人，許多人都體驗過情緒的大起大落：童年或成人的某些時刻，我們的系統曾經因為創傷事件或痛苦、恐懼、悲傷、焦慮的強烈情緒而超載。這些情緒能量的超載就像電壓過高的突波，會給我們帶來內在的壓力。

　　舉例來說，如果你在一個壓力緊繃、爭吵、充滿怒氣的不幸福家庭長大，對你年幼的電路系統來說，這些過多的情緒能量可能會難以負荷。同理，成人之後的你如果經歷了巨大的失去或難以忍受的心碎事件，某些情緒電路上可能會呈現「切斷連結」的狀態，以免被過高的情緒強度給壓垮。從某種意義來說，這就是在「保護」自己，避免被不適能量的突波給衝擊到。

**感覺太過痛苦時，
為了活下去，我們會無意識地切斷某些電路。
我們成了自己的斷路器，
拔掉了能量與情緒上那些容易受傷害的電路、
那些洞徹一切的電路，
以及能夠去愛與建立親密關係的電路。
然後，我們忘了自己切斷了與這些電路的連結，
而做出了這樣的結論：「我就是這樣，這就是我。」**

我們關掉了自己的某些部分，忘了把它們重新打開。

斷開能量電路後，如果沒有再重新連上線，結果就會過著一種我稱之為「低電壓的生活」（low-voltage life）。這是很多人過日子的方式，他們建構了自己的整個人格、調整自己的習慣與關係，以適應他們不想要有太多振動能量進入的事實。情感上，他們已經切斷了許多保有能量的能力，因此，他們必須管理好自己能夠承受多少的電壓。

我有一個很棒的學員莫妮卡，剛認識她時，她就是這種情況的典型例子。莫妮卡聰明又迷人，是一位非常成功的商業攝影師，她對我坦承，很多時候她都覺得自己活得空虛又沮喪。「我真的不是一個情緒化、情感脆弱的人，」她堅稱，「我看到其他人有這麼多在乎的事、有這麼多在意的人，我就是覺得無法認同，還有點惱火。」

沒花多少時間，我就知道莫妮卡是怎麼回事了。她的童年過得相當混亂，母親疏遠、冷漠，父親是個酒鬼。打從很小開始，她就覺得自己彷彿不存在，也被如此漠然對待。這種痛苦是如此巨大，以至於她只能退縮回自己的繪畫與素描世界，把心門關上。

一個人得花許多能量及操控的力氣，才能在內心還存在著大量情感的狀態下把心門緊閉起來。**莫妮卡是高電壓類型的人，卻決定過著低電壓的生活；而就像她下定決心要做到的每一件事，這件事她也做得很成功。**她沒有真正親近的朋友，從來不曾建立起一段認真的親密關係，她會推開變得太親近的人，並告訴自己，她就是喜歡這樣。但這不是真的，事實是，她感到很孤獨。

由於莫妮卡切斷了許多感受及維持能量的能力，以至於幾乎無法容忍任何流向她的情感電壓。「打個比方來說，你操作的電路系統是來自烏干達的某個偏遠村落，但實際上，你的電路線連接的是東京的規格。」我告訴她，「難怪你會莫名感到沮喪，你錯過了所有的愛與光明。」慶幸的是，她很信任我，肯讓我幫她把情緒電路再重新打開。現在，莫妮卡已經有個幸福的婚

姻生活，不再做出切斷電路的選擇，而是做出了愛的選擇。

如果你感覺到失去了動力，
或是感受不到有足夠的愛、光、創造力或智慧流經你，
你不能歸咎電源，因為宇宙電源從不停電。
你要做的是，回頭面對自己。

做出愛的選擇，意味著除了愛自己及保護自己之外，你要探頭出去看看你是在哪裡中斷了連結。

愛的選擇：重新校準問題

問問自己：
我何時斷開了自己的某些電路？
我是否經歷過痛苦的能量突波（亦即創傷性事件），所以才拔掉
了電路？
我不想感受的是什麼？
我的電源沒有完全插上，這是否影響了我的生活及人際關係？
在哪些方面，我無意識地決定過一種低電壓的生活？

你帶著十億瓦特容量的這副身體被送到這個世界，你是否把它運作得彷彿你只是一盞六十瓦的小燈泡？如果你的確如此，難怪有時候會感覺沮喪抑鬱，會感覺自己沒有完全發揮潛能，還感覺到自己似乎渾身不得勁。

你假裝自己只是一盞小夜燈，

而實際上你的亮度，卻足以照亮

一座可容納十萬個座位的大體育場，

從外太空都能看到這道明亮的光芒！

你需要找出被自己斷開的電路，

將它們重新打開。

「宇宙中的所有力量已經為我們所有，我們把雙手遮住眼睛，卻哭喊著眼前一片漆黑。」

——斯瓦米·維韋卡南達（Swami Vivekananda）

　　身為作家、導師及演講人，我經常前往不同的城市舉辦研討會和演說。就像許多人一樣，每當我走進旅館房間，要做的第一件事就是尋找電源插座。看看是否有足夠的電源插座，可以供我的手機、平板電腦以及其他現代設備同時使用？這些插座是明顯可見，還是隱藏在無法移動的笨重床架或衣櫃後面？在我發現旅館房間配備著許多插座時，我會非常興奮：「現在，我可以把所有電器用品插上電，一直保持連線了！」我欣慰地鬆了一口氣。

　　正如我們所知，當人們一踏進你的能量場的那一刻起，他們就能感受到從你的心發送出來的電磁場。就像我們發現旅館房間有許多插座後安心地鬆了一口氣，同樣的，人們在遇到你時也會無意識地察看及尋找你的電路系統，就像在問：「你身上是否有個地方可以讓我充個電？」人們可以感覺到你是否以充足的電力在運作，當他們看到你電力飽滿、渾身發亮，也會安心地鬆了一口氣。

　　有誰會想成為一間沒有任何可見插座或只有一個插座的旅館房間？誰都不想。

　　還有一種更糟的情形是，在人們連接上你的電路系統後，因為你的電壓不穩定且出現深具破壞性的突波，而讓他們本身的系統險些崩潰。你當然更不希望會發生這種情形。

　　你是否認識這樣的人，待在他們身邊時，你需要一個「突波保護器」來自我防護，只因為他們的能量太飄忽不定？你希望人們對你的感覺也是這樣嗎？那真是糟透了！

　　你會希望人們在加入你的電路系統後說：**「哇！我只想和這個人待在一起，不想離去，因為我感覺得到滿滿的能量、活力及愛，彷彿只要我把自己的電路連上對方，就有最棒的能量在我全身上下運行。」**

　　當你神聖的電路系統被打開時，會有更多的、大量的愛流向你。你會開始由內而外輻射出愛與光。在你遇到偉大的靈性導師、聖人或聖徒時，就能領受到這樣的真實體驗：他們從內而外散發出光芒，因為他們已完全連上了總電源，內在的光源也被打開了。

　　當你努力踐行愛的選擇，奉行其原則與智慧，你也會成為一個發光體，看起來就像是一座閃耀著數百萬盞燦爛燈光的城市，而不再只是一顆閃爍不定的小燈泡。

你越是努力疏導你的電路系統、
修復你的線路，
宇宙的電力就越能暢行無阻地流向你，
於是，你得以從單一個電源插座
擴展為一座巨大的電網，
傳送出無限的愛、光及能量給你認識的每個人。

你的能量甘美多汁嗎？

現在正值加州的桃子產季，我一直期待著能再次品嘗新鮮的桃子。上週我去店家時，欣喜地發現店裡展示著許多看來甜美多汁的黃桃，於是我買了幾顆色澤完美的熟透桃子，迫不及待地帶回家大飽口福。

我開車回到家，迅速地把食品雜貨歸位，然後挑了一顆桃子，坐到外頭我最喜歡的那個椅子上。我閉上眼睛滿懷著期待、慢慢地咬了一口，立刻就知道不對勁：果肉粉粉柴柴，真的是大失所望。這顆桃子看起來很漂亮，卻少了一個使它成為一顆美味桃子的要件：一點都不甜美多汁。

我分享這個小故事，是想說明一個重點。某種意義上，人生就像一間大型超市，購物者在店中穿梭來去，尋找他們想要或需要的東西，選擇多得不得了。很多時候你也是待價而沽的商品，你當然希望能被挑選上，不論是在愛情、友情或商業夥伴各方面。你很努力地讓自己看起來很棒、聽起來很棒，好成為別人的夥伴、潛在客戶，或任何人都樂意挑選的人。

你想成為一顆乾澀的桃子嗎？你不會希望人們是因為你的外表令人印象深刻、有魅力而被你吸引，到頭來卻發現你的內在如那顆金玉其外的黃桃一樣，中看不中吃。你應該會希望自己的振動與情感都能甘甜多汁，人們只要看到你、與你說話、和你做生意或是跟你談戀愛，都會說：「**太棒了，這真是一顆甜美多汁的好桃子！**」

是什麼讓你成為人人歡迎的好桃子？你應該知道答案。

愛，讓你的振動魅力無法擋。

當你完全沉浸在愛不可抵擋的能量中時，你就是甘甜多汁的，這是你的本質。

你本來就配備了神聖的電路系統，

你本來就甘甜多汁！
為了讓你體驗到無限的愛、無限的喜樂、
無限的智慧，以及無限的自由，
你神聖的電路系統必須清除障礙、完全打開，
才能讓愛與靈性的高電流在你身上流動。

　　你必須盡可能地敞開心、盡可能地擴展，廣開大門來容納那些難以想像、深不可測的偉大事物。這就是我們正在努力的功課。你要開始讓自己恢復成你的原廠設定，如此一來，你就能感受到一切、接收到一切，也熱愛一切，並且明白你與萬物是連結在一起的。

　　這就是愛的選擇之所以如此強大的原因。僅僅是愛，就能開啟你越來越多的電路系統，而為你帶來立即的回報。你的神經系統會適應更強大的電壓／生命力／宇宙能量，更高層次的振動強度將透過你來運作，呈現出更富足、更強大的能量，讓更多的可能性出現。接著，在你把愛、智慧、創造力及力量都傳遞出去後，它們自然而然地就會自動增強。

做出愛的選擇，
確實會在你內心創造出更多的振動電路；
你愛得越多，情感上和精神上的聯繫就越緊密。
愛會立刻啟發你及喚醒你。

解開你的心弦

「何不把你的身體完全變成一根弦，讓電磁場演奏出振動音樂，再把這樣的創造力投射到另一個人的心中？」

——哈比揚・辛格大師（Harbhajan Singh Yogi）

　　從我記事起，就很喜歡風鈴。最早的風鈴，據說是五千多年前在東南亞地區用貝殼、骨頭和石頭製成的，目的是抵禦邪靈。古埃及人在西元兩千年前以青銅鑄造風鈴，一千年後的中國人也做出了有音樂曲調的風鈴，常用於宗教儀式，或作為驅散負能量的一種風水改運方法。在中國、日本及峇里島，會在廟宇與神社的屋簷上懸掛風鈴，據說可以保護或吸引善神。

　　我有各種造型、大小不同的風鈴，就懸掛在屋子外面；有些懸掛在樹枝上，有些則掛在屋簷下。我的住家隨時都有微風吹拂，不是從海洋吹向山丘，就是從山丘往下吹向海洋，因此美妙的風鈴聲幾乎沒有斷過。在聖塔芭芭拉的微風擁抱下，每個風鈴都歡愉地擺動並歡唱著獨一無二的曲調。

　　有天早上我還躺在床上時，突然有種奇怪的感覺，總覺得有什麼地方不對勁。突然之間，我意識到不是有什麼事發生，而是沒有什麼事發生：外面**完全聽不到風鈴聲**。我走出臥室來到外面的院子，我最喜愛的一個風鈴就掛在酪梨樹的樹幹上。這個風鈴每天早上會以小夜曲喚我醒來，每天晚上以叮叮噹噹的搖籃曲伴我入眠。

　　一看到那個風鈴，我就知道發生什麼事了。前一個晚上的風絞住風鈴的弦線，纏繞成一團亂麻，風鈴動彈不得，當然就無法發出任何聲音。

　　接下來的十五分鐘，我一直在解開那些緊緊纏繞的弦網及金屬管，讓它們可以再度發出悠揚的樂音。弄好時，突然起了一陣風，吹過院子時，風鈴響起了一陣柔緩而清脆的合奏，彷彿在感謝我解放了它們，讓它們能夠再度隨風搖曳，發出美妙清揚的樂音。

　　我閉上眼睛，讓諧振的風鈴聲宛如浪潮般沖刷過我的心。在這個當下，這些風鈴幫我上了一課，啟發我以一個新方式來闡明這項重要的教誨：

我們每個人生來就是一首鮮活的神聖之歌，
從你內心開始，愛的振動源源不絕傾瀉而出，
振奮、療癒、調和人心。
就像一組風鈴在隨風起舞之前，

必須先解開糾結的弦線。

　　我們所有人都曾經被失望的風、心碎的風、創傷的風、痛苦與受苦的風纏上，這些無情的風像風暴一樣，席捲了我們的生活，扭曲、糾纏著我們，以至於源頭的能量無法自由地流經我們。於是，我們不再與這個世界分享最美好的智慧、愛及喜悅之歌，我們變得封閉、糾結，無法再隨風輕盈起舞。

　　當我走近外頭懸掛在樹上的風鈴時，我做出了愛的選擇。我沒有對風生氣，也沒有責備風鈴為什麼纏結成一團，我只是耐心地解開每一束弦線的結、鬆開每一根金屬管。我對風鈴說：「很抱歉，讓你們被狂風吹得亂七八糟。不過，你們很快就能再自由地演奏音樂了。」

　　這就是我們身為追尋者要走的道路。我們渴望狂喜、渴望智慧、渴望愛，我們堅定此一願景，堅決而勇敢地找出我們混亂的纏結及斷開的電路，然後我們解開、重新整頓、重新連結那條通往覺醒的道路。

你就是一切！與萬有連結！
你像奇蹟般被創造出來，體驗這所有一切！
重新往那個源頭充電，
重新打開你的心，
準備大開眼界吧！

 第 **4** 章

大覺醒
用愛喚醒你的大腦

「我們看到的事物並不是它們本來的樣子，只是我們想要看的模樣。」
——阿涅絲·尼恩（Anaïs Nin），美國女作家

　　愛、親密、幸福、滿足、歡樂、喜悅、平和、大腦……等一等，**大腦**為什麼被放進來？大腦與愛和幸福有什麼關係？答案是：關係很密切！現在，我們可以好好了解一下，大腦的程式為何會限制我們的感受、我們的付出，以及我們可以接受多少愛。

　　你的大腦是什麼？它是一個神奇、神祕、三磅重的奇蹟。這個不可思議的器官，事實上是一台精巧複雜的電腦，與你所認知的「你」連接互動。那個部分的你說，你是一個獨立的實體，有別於你周遭眼見的一切，包括其他人及這個世界。那個你還說，你叫大衛、蒂芬妮、瑪麗亞或你認為自己是誰的任何人。因為你的大腦，你才能讀懂這些字句，也才知道冷天要添衣——你的大腦會傳送信號給你，讓你知道你的身體覺得冷。當你不得不做決定時，也是你的大腦收集並建立相關的資訊「文件檔」，讓你可以從中加以選擇。

　　你的大腦包含許多不同的腦區，每個腦區各自負責不同的功能來維持你的生命。言歸正傳，我們要先來檢視一下大腦的「線路」，它們是由一千億個稱為「神經元」的細胞所組成的複雜溝通網絡，就跟電腦的線路一樣。神經元會收集並分析來自你內心以及來自周遭世界的訊息，並透過稱為突觸的連接器系統彼此交流；你的大腦中有數兆個突觸，扮演著神經元之間的交會點，還有一種稱為神經傳導物質的化學物質，讓這些細胞可以彼此溝通。

　　以下，才是真正讓人驚訝的事實：

發生在你身上的每件事，你看到的每件事，
你聽到的每句話，以及你曾體驗過的所有情緒，
都儲存在你的大腦裡。

　　舉例來說，你的大腦告訴你不要走進車陣裡，否則你會受傷；別把手放在火上，別亂吃東西，打人是不好的事，還有其他數百萬個指令。現在看來，這些指令是再清楚不過了，但是當你還是個小嬰兒時，你並不知道這些。你從父母告訴你的話去學習，或是吃到苦頭受到教訓，於是你知道了有些行為或活動是不對的，而你的大腦就會把這些訊息儲存起來備用。

　　你是否想過，為什麼做某件事做了足夠多次後，就可以熟能生巧？即便是需要高度專心的困難任務，到了某個時候也會突然變成無意識的習慣動作？還記得你第一次開車的情形嗎？那麼多的規則要記、要遵守，包括何時加速、眼睛應該往哪裡看等等，複雜到讓你覺得非常挫敗。到了現在，你一坐進車子裡，換檔開車一氣呵成，甚至連想都不用想。你的職業、你的愛好或體育活動，可能都會用上許多技能，你剛開始學習時，它們可能非常難以掌握；但是現在，它們已成為你的例行公事。你可以輕鬆處理這一切，都要感謝大腦如此天才的構造！

　　「每個人類大腦中的神經元，數量就像已知宇宙中的銀河星系那麼多，大約有一千億個，由一萬種不同的細胞組成。這些細胞之間的神經連線更多達數兆。記憶是由灰質所構成，靈感與想像也是。」

　　　　　　　　——羅伯特‧李‧霍茲（Robert Lee Hotz），科學專欄作家

　　我們如何學習？一九四九年，公認為神經心理學之父的唐納德‧赫布（Donald Hebb）提出了一個新發現；如今，該發現已成為神經科學領域不

可或缺的一部分。簡單來說，就是：**一起放電的神經元會串連在一起。**

研究人員發現，當大腦中的神經元與其他神經元同時放電或主動交流時，到最後，它們會開始串連在一起。你的神經元來回傳遞訊息的交流過程，被稱為「神經元放電」（neuronal firing）。**當腦細胞進行頻繁交流時，它們之間的連結會被加強；隨著時間推移，在大腦中於同一路徑反覆傳送的訊息會逐漸加快傳遞，到最後只要重複次數夠多，傳送動作就會變得不假思索而被自動執行。**

當我們說：「我站在滑雪坡道時，幾乎想都沒想就動作了，就像是處於自動導航的狀態。」或是「生第一個孩子時，我非常專心做好每件事，以確保有做對；等到我有了三個孩子，不管是洗澡、穿衣、準備上學，幾乎都是不假思索地手到擒來。」以上就是答案。

越是頻繁使用的神經路徑，越會被強化，有點像是清除障礙物而暢行無阻的道路；反之，不常使用的神經路徑，其功能則會越來越弱化、衰退。這種現象有個很新奇的專門術語，稱為**「經驗依賴型神經可塑性」**（experience-dependent neuroplasticity）。

> **即便你完全沒有意識到，**
> **你腦中的想法與體驗，每天仍會經過再程式化。**
> **這意味著，你生命中的每一天**
> **都在轉變成另一個不同的人。**
> **因此，想要轉變你自己以及你的關係，**
> **你必須先轉變你的大腦。**

當心智處於「自動導航」狀態時，我們可以毫不費力地開車去某個熟悉的地方或執行某些例行差事，不用全神貫注就能完成任務，這對我們來說似乎不成問題。然而，如果這種狀態會影響到我們對自己、對所愛的人以及對我們周遭世界的體驗時，問題可就不能等閒視之了。正如我們將會看到的，

這會帶我們搭上情緒的雲霄飛車。

為什麼你大腦中的情感軟體會過時？

「歷史不會重演，但必有相似之處。」

—— 馬克・吐溫（Mark Twain）

　　最近我買了一個新的 Wi-Fi 放大器，可以接收我的主數據機信號，然後將網際網路的連線擴展至家中的其他地方。我的數據機已經用了好幾年，但仍然運作良好，所以添購放大器只是為了當無線網路的訊號延伸器使用。我試著自己安裝這個新設備，先前我做過好幾次了，但這一次無論怎麼試都無法成功。於是，我聯絡了技術人員，花了令人惱火的好幾個小時，跟幾位努力嘗試但仍無法解決問題的人員講電話。最後，我堅持要跟他們所能找到的最資深主管通話。幾分鐘她就搞清楚怎麼回事了：**我原本的舊路由器使用的是已經不再需要的複雜程式，但是它不想放手！**

　　「情況是這樣的，」她解釋，「你買了第一個路由器之後，技術已經有了大幅進展。我們要安裝的這個新設備，正努力跟舊的那個對話，告訴它，它不必再工作得那麼辛苦，中間也不必再經過那麼多步驟。它原本的設計程式就是要以特定的方式去完成這些事，而且它從未更新過。你可以這樣說，它被困在過去，這就是為什麼你無法進一步擴展你的網路連線。」

　　「解決方法是什麼？」我問她。

　　「我們必須試著去重新啟動及訓練你的路由器，直到它合作為止。」她回答。

　　很快的，系統就能良好運作了，我的氣惱也變成了感激。我意識到，這次的經驗是一個理想的比喻，說明我們的大腦為何需要更新和重啟，因為這樣一來，我們才能體驗到更多的愛、更多的智慧，以及更多的自由。

❀

　　你的大腦就像一部電腦或智慧型手機，或是任何程式中有預設值與操作系統的設備。你或許在去年已經為你的筆電或手機下載了更新版本，因為你不想使用過時的軟體。以下就是這件事要引領我們去思考的幾個重點：

　　你上次更新大腦的程式是什麼時候？
　　你還在使用已有數十年歷史的舊操作系統嗎？
　　你知道嗎？如果你的大腦沒有被「更新」，它會讓你停留在「舊的情感預設值」，你就無法體驗到你應得的愛。

　　當你開啟你的設備，它們的預設值就會開始運作，因為你對它們的設定就是這個樣子。你選好了螢幕桌布，決定電腦多久會自動存檔一次、文件備份的頻率，以及你打字輸入時所使用的字體。你還選好了手機的來電鈴聲，以及在接收簡訊時是否有通知音效。
　　同樣的，你的大腦程式也是如此設計的，當你有某個特定的經驗時，大腦會自動連結至其他經驗，這就是你大腦的預設值。
　　這些預設值以及神經元的串連，你每天都要經歷上千次：

　　　　你覺得有點沮喪，於是你突然很想吃冰淇淋，即使現在是早上十點鐘。
　　　　你看到某人，他讓你想起前男友，於是悲傷突然湧了上來，彷彿你的心也在隱隱作痛，即使你現在的婚姻幸福美滿。
　　　　你想到週末要參加的一場烤肉趴，於是你突然很想吃漢堡，即使你才剛吃完一頓大餐。
　　　　你走下幾階樓梯，你曾經在這裡因為結冰而滑倒，於是你的肌肉馬上緊縮了起來，即使外頭豔陽高照。

　　這是怎麼回事？不論你正在做什麼事，你的大腦都會提供給你它「記得」的相關經驗，還會把當時的情緒與反應一起呈現給你。小時候，你母親會買冰淇淋來安慰你，所以長大後的你每當沮喪時，你的神經元就會為你抓出「冰淇淋」的訊息，因為它把悲傷及撫慰聯繫在一起。**我心情不好，我需要愛，而愛等於冰淇淋。因此，我需要吃冰淇淋。**

> **我們許多的情緒性經驗與反應，**
> **都跟我們的想法、理解及信念亦步亦趨，**
> **這是大腦程式在我們甚至沒有意識到的情況下，**
> **根據我們的生命經驗自行運作而產生的副產品。**
> **如果我們沒有更新這些訊息，**
> **我們的大腦就會停留在過去，我們的情緒也是如此。**

情緒的回溯重現：大腦如何以過時的訊息來唬弄你

「你以為你已將過去拋諸腦後，其實你從來沒有。」
　　　　——凱薩琳・安・波特（Katherine Anne Porter），美國小說家

　　幾天前我在超市購物時，廣播放出的一首歌讓我停下了腳步。在我還是個十幾歲的少女時，這是我真正喜愛的第一首歌：一九六〇年代美國知名歌手布萊恩・海蘭（Brian Hyland）的〈以吻封緘〉（*Sealed with a Kiss*）。年紀大點的人可能還記得這首歌，歌詞感嘆著暑假時你不得不跟你的甜心道別，要等到秋天開學才能再見。這首歌發行時，我大概才十三歲，我非常著迷，在小唱機上一遍又一遍地播放，有時甚至連續聽好幾個小時。那是我生命中一段相當痛苦的時期，父母才剛離婚，我自己又跟同學格格不入，而且也沒什麼自信。

那天在超市聽見這首歌時，我不僅想起了過去，情緒也倒流回從前，彷彿又重新經歷了五十年前的那段時光。往日重現，我恍惚聞到了男友的古龍水香味，甚至歷歷如繪地看到了我那間小臥室。一下子，我就成了一個悲傷、孤獨的十三歲女孩。

我敢保證，類似的往日重現也曾經發生在你身上。比如，你找到一封舊情書，看著熟悉的筆跡，往日情感就湧上了心頭，回到了初戀那種羞澀又美好的少女情懷。或者是，你聞到了某個特定品牌的防曬乳味道，一下子就勾動你的回憶，讓你記起自己曾在沙灘上度過的快樂時光。

就在昨天，我又經歷了一次強烈的情感回溯經驗。我打開一個多年不見的盒子，裡面放著一把塑膠梳子，我以前用它來幫我的兩隻寶貝狗狗梳毛（牠們已經不在了）。我一看到梳子上殘留的白色軟毛時，一下子就熱淚盈眶，我想起了自己有多愛牠們、有多想念牠們，從而**產生了一種情感重現的振動，彷彿牠們溫暖的小身軀就蜷曲在我雙手的撫觸之下，我可以觸摸到牠們、聞嗅到牠們。**

為什麼法國吐司的味道，會讓你感覺祖母就站在身旁？

為什麼聽到一首老歌，會讓你宛如搭上時光機回到從前，在短短幾分鐘內就能重溫曾經的感受？

為什麼僅僅是觸摸狗梳子，就會讓我恍惚聞到牠們的氣味、觸摸到牠們溫暖的小身子，而且感覺如此真實？

答案是：是你的大腦提供給你過時的訊息，它把這些經驗的線路「串連」在一起，而且從來沒有「拆解」過。

當然，大多數的人並不介意這種情感的回溯重現。事實上，我們可能還頗為享受這些時刻，讓我們得以重溫這些珍貴的時光。然而，並非所有情感回溯的振動都是愉悅的：

開車經過醫院，想起有位朋友或親戚就在那家醫院病逝，你突然感到一陣悲傷的浪潮席捲了過來。

某個曾經傷害過你的人，只是聽到對方的名字，你的身體就會因恐懼而僵硬，彷彿害怕會再度被傷害。

聽了另一半說了些挑剔、批評的話，一股悲傷突然排山倒海而來，彷彿又變成那個五歲的孩童，面對著父親嚴厲的批評，害怕他不再愛你。

以下是幾個真實的例子，可以看出過去的經歷如何給現在的我們帶來情感上的挑戰：

蘇珊還是個小女孩時，她的父親很少會去關注她。他把大部分的時間都花在看電視及看球賽，無視妻兒的存在。最後，他和妻子離了婚，也離開了她們。二十年過去了，蘇珊有個忠誠且關愛她的丈夫，不過每當她先生下班後想一個人靜靜地看電視或是對她的話題不感興趣時，她就會發現自己陷入一種神經質的情感回溯之中，覺得被拋棄、孤獨、絕望，於是開始指責丈夫不關心她。

蘇珊兒時「缺乏關注」的經歷與「離棄」的迴路串連在一起，只要有人稍微忽略她，即便只有幾分鐘，她也會產生恐懼與被拒絕的感受。

羅勃是獨子，由單親媽媽扶養長大。在他還小時，只要想多講幾句話或是發揮創意，筋疲力竭、快被焦慮壓垮的母親就會變得不耐煩，讓他安靜。於是現在，每當羅勃在做簡報或在派對中跟女性談話時，都會感到非常焦慮不安，深怕被拒絕。

童年反覆發生的事，讓羅勃把**「表達自我」的行為與「害怕被拒絕」的情感迴路串連在一起**，因此只要一想到要和別人交流，他就會緊張得快崩潰。

莎拉的母親在她很小時就過世了，她的父親很快再婚，繼母對她的期望很高、要求嚴苛，讓莎拉覺得自己不管做什麼事都不夠好。長大後的莎拉如今不管身處在什麼情境下，都覺得她有義務讓每個人都開心快樂、把一切都做到完美、為別人犧牲自己，而且永遠不跟別人唱反調。

莎拉**「想要被愛」的經歷與「必須表現完美」的情感迴路串連在一起**，因此她非常在意別人對她的看法、害怕犯錯，也害怕任何人對她的言行不高興或不滿意。

你看出來了嗎？是反覆的神經程式造成了這些情感模式。

對蘇珊來說，因為愛的神經元與被拋棄的神經元一起放電的次數太頻繁了，以至於串連在一起，而形成**不被關注等於被拋棄。於是，只要她覺得被忽視，即使程度非常輕微，也會感到失落與絕望。**

對羅勃來說，他的溝通神經元與被拒絕的神經元一起放電的次數如此頻繁，以至於串連在一起，而形成**溝通等於恐懼。於是，只要他必須跟人溝通時，都會害怕被非難、被拒絕。**

對莎拉來說，則是愛的神經元與表現壓力的神經元一起放電的次數如此頻繁，以至於串連在一起，而形成**得到愛等於表現。於是，只要她想得到認可或贊同時，就會覺得自己必須表現完美，為每個人做好所有的事。**

問題在於，當我們有這些經歷時，它們感覺不像是某種心理聯想或大腦程式，而是**像當下正在發生的真實情感。**

還記得我的那個小故事嗎？聽到了一首十幾歲時最愛的歌曲，馬上就經歷了一場回到童年的振動旅程，而且還被孩提時代的孤獨和不安全感所淹沒，甚至可以聞到窗外新割的青草氣味，以及我母親在廚房裡煮雞肉的味道，歷歷如繪地看到我那台舊唱機。一切是那麼真實，因為我大腦的神經系統正在上演一場回溯重現的大戲！

這是下一個要理解的重點：當你的神經元開始一起放電，你的大腦會經

歷一個舊的神經聯想。它透過你的神經系統，把想法和情感當成訊息發送出去，讓你在心裡感受到它們。即使這些訊息根據的是一條過時的神經路徑，但你在體驗到這些訊息時，它們卻像是當下正在發生的那樣真實。**你正在看一場即時的情感重播。**

通常當我們經歷情感／神經的回溯重現時，
我們並不知道它正在發生；
我們的想法及感受為我們創造出的實相是那樣真實，
彷彿就發生在當下。

在我們甚至沒有意識到的情況下，我們的大腦經常上演著「舊日經典片段」的戲碼！這就是為什麼我總是告訴我的學員這句話：**我們總是透過自己的問題看世界。**

你大腦中交流繁忙的神經路徑，就像城市中尖峰時刻的公路或街道，而資訊就是行進緩慢的冗長車隊，用心理與情感的訊息不斷轟炸你，讓你應接不暇，以至於任何時候你都很難在完全不受舊訊息的影響下，以新方式去反應、感受或是解讀現實的情況。你是透過自己的問題與大腦程式（或說神經路徑）去體驗現實。**因此，正如我們所解釋的，你所經歷的許多事情根本不是「真的」！事實上，我直接就把它們稱為虛妄（Unreal）。**

脫離你的情感牢籠

「你的心智可以是你的監獄，也可以是你的宮殿。你要讓它變成哪一個，端視你的決定。」

——伯納德・凱文・克萊夫（Bernard Kelvin Clive）

　　我二十多歲時住在舊金山灣區，每天從米爾谷（Mill Valley）的小公寓開車進市區的路上，都會看到阿爾卡特拉斯島（Alcatraz Island）。阿爾卡特拉斯島現在是一座公園，但在將近三十年前是惡名昭彰的聯邦監獄，關的都是美國史上一些聲名狼藉的銀行搶匪及殺人犯，其中也包括黑幫大佬艾爾·卡彭（Al Capone）。有惡魔島之稱的阿爾卡特拉斯島以絕對不可能成功越獄而聞名，在它作為聯邦監獄的二十九年間，也確實沒有人成功逃脫，試圖逃獄而被淹死的囚犯倒是不少。

　　每當我經過惡魔島時，總是有毛骨悚然的感覺，而且會聯想到這個殘酷的諷刺：它就坐落在全世界景色最優美的地方之一。我想像那些囚犯終其一生都被禁錮在島上，坐以待斃地被迫每天看著外頭的美景：他們可以看到鳥兒自由飛翔，卻知道自己永遠沒有機會逃脫；他們可以看到波光粼粼的海水、神奇的北加州之光、風景如畫的帆船，卻知道自己的人生永遠失去了歡笑；他們可以看到宏偉壯麗的橋梁承載著車輛前往各個去處，卻知道自己哪裡也去不了。**置身於永遠無法逃離的地獄，卻看到天堂般的美好事物，必然是一種痛苦至極的折磨。**

　　從某種意義來說，當我們囚禁在自己的情感牢籠時，以上就是我們的生活。我們可以看到外頭的美好事物，卻無法自由逃離。我們會這麼想：「如果我自由了，我可以跨過那座橋，我可以優游於愛之海，我可以像鳥兒一樣有力地飛翔。」但是，我們不知道要如何放手，去享受這一切。

不論程度如何，只要我們無法自由地
在每一刻都成為高我，
或是被過去啟動的反應鏈所束縛，
或是被鎖在無法逃脫的痛苦情緒中，
我們就是住在情感的牢籠裡。

　　這個比喻給我們帶來好消息，也帶來壞消息。好消息是，這不是真的監

獄，而是神經系統的牢籠，也就是我們的大腦程式及預設值不允許我們自由地反應與行動。壞消息是，情感牢籠不像惡魔島是一座固定不動的監獄，而是隨身帶著走的，我們拖著它們到處跑，就像一台「情緒野營車」。我們開著這台野營車去工作，把它停靠在人際關係的車道上。我們知道這輛車子笨重又占空間，卻捨不得放手。

　　為了不讓其他人注意到我們的情感牢籠，甚至避免我們自己承認它們的存在，我們努力掩飾、偽裝的技巧已達爐火純青的地步。而這些偽裝卻往往被誤認為是我們所謂的「個性」。舉例來說：

　　　　我們會以友善、有趣的個性，來掩飾憤怒。
　　　　我們會以活躍、高生產力的 A 型人格，來掩飾對失敗的恐懼。
　　　　我們會以冷靜、獨立的個性，來掩飾對親密關係的恐懼。
　　　　我們會以樂於助人及自我犧牲的個性，來掩飾對被遺棄的恐懼。

　　當然，不是我們所有面向的個性都是偽裝的，**但如果我們經常表裡不一，就會驚訝地發現自己身上有多少部分是被包裹在偽裝的戲服下，並希望沒有人會看到戲服下的恐懼、脆弱、不安、羞愧、憤怒或絕望。**
　　我們可能會這麼說：

　　　　「我就是這樣的人，這就是我。」
　　　　「我不是疏離，我只是不喜歡依賴任何人。」
　　　　「我不是沒脾氣，我只是天生熱情。」
　　　　「我不認為自己喜歡討好別人，我只是心胸寬大。」

　　我們甚至讓我們身邊的人，也跟著一起住進了我們的情感牢籠；而我們會越來越嫻熟於掩飾自己的情感牢籠，以至於連自己都能騙倒，說它們看起來一點都不像是一座監獄。

你是否開始意識到並理解自己的某些情感迴路？你是否已經開始能夠辨識自己一直生活在情感牢籠裡，也開始能看清某些你信以為真的「虛妄」？我希望如此，因為**認清這個事實，意味著你已經為你的大腦提供了新訊息，而且這些新訊息正在改變你的大腦。**

沒有人想要擁有這些情感模式，我們甚至不知道它們的存在。我們以為自己就是會這樣做，但並非如此。它們只是我們大腦中無意識的預設值，卻決定了我們幾十年來的思考與感受方式。只要理解這一點，就能領悟到非常令人興奮的一些事實：

你的許多情緒、行為和習慣

並非與生俱來的人格特質，

而是大腦中舊有的情緒程式，

你甚至沒有意識到它們的運作。

幸運的是，這些大腦程式可以被重新設定！

愛是你的新操作系統

「不要效法這個世界，只要心意更新而變化。」

——《羅馬書》（*Romans*）第十二章第二節

你是否曾經在你的手機或平板電腦上點選瀏覽新聞，卻驚訝地發現那早已是好幾天前發生的事件了？然後你想起了：你尚未重新整理瀏覽器！你的設備還停留在過去，等到你點了重新整理鍵，它才會更新成現在的新聞。

大腦的運作也一樣。我們的大腦仍然在提供我們舊資訊，它提供給我們的故事，是我們在二十歲、三十歲、四十歲時所認為的我們是誰、我們必須如何運作，以及什麼是真、什麼是假：「我不再相信愛。對我來說，表達自

己、流露真實的情感並不安全；我不相信人們會接受真正的我；如果我不想受傷，就必須掌控一切；我不喜歡親密感；我必須討好每個人，這樣他們才不會對我生氣；我不聰明，我將來只可能一事無成；我是個內向的人；我不該向任何人索取東西，否則他們就能掌控我了。」

這些與情感有關的頭條新聞或許曾經是對的，但今日，它們已經是你的「舊聞」了。

這也是為什麼有這麼多真誠的追尋者會被困住，並且一再受挫的原因。我們想在自己身上下功夫，觀察我們想要改變的模式或行為，並且實實在在去做改變。我們對改變既有積極想法，又肯努力實踐，但不知何故，我們最後總是一遍遍地回到同樣的舊模式窠臼。為什麼？從某種意義來說，答案是：我們的大腦卡住了，一起放電的神經元被綑鎖在一起了。但現在，它們必須被斷開連結。如果我們沒能按下重新設定鍵去整理我們的意識，就會陷入情感時間扭曲、錯位的困境之中。

你可能會得出這樣的結論：「我知道了，問題在於我的大腦。為什麼它就不能停止向我提供這些舊訊息呢？為什麼它要一直用這些讓我心煩意亂的想法塞滿我的腦袋呢？為什麼它不能更有用、更有創意，也更聰明點呢？」在你為自己的許多問題責怪你的大腦之前，我想提供你一種全新的思考方式：**在這種情況之下，你的大腦已經盡可能為你做到最好了。**

那麼，這種情況指的是什麼樣的情況呢？以下舉幾個例子：

花在編寫你大腦程式的數十萬個小時，是根據你持續到現在所做出的無數個「離覺知甚遠」的選擇；然而，當你的大腦無法以你所希望的方式運作時，你卻反過來責怪它的程式不當，即使你才是採取行動的那個人。

你習慣性地以衝突的命令與矛盾的訊息使你的大腦超載，混淆它並摧毀

它找出解決方案的能力，進而「傷害」你的大腦。然而，你卻納悶你的大腦為什麼不能在你需要時，立即提供你所有的答案。

你不願接受一致的意識，因此到最後，你做出不健康的決定並讓自己在情感上受苦，然後以積壓的負面情緒來淹沒你的大腦，並要求它去處理。然而，你卻再一次地為此去責怪你的大腦。

你選擇用物質來麻痺、麻醉或傷害你大腦的神經網絡，使它無法正常運作；更糟的是，這些物質會使你的大腦萎縮、殺死它的細胞，並造成永久性損傷，使它必須更費力地運作。

還需要我繼續舉例嗎？

我的重點在於，是你讓你的大腦無法以它原本的設定去正常運作、發揮它強大的能力。你可憐的大腦已經盡了它所能地做到最好，全面考量了你加諸於它的艱鉅負擔，最後，它反而必須為你的問題被你指責！

關於你的大腦，最神奇的地方是，它的連線並不是固定不變的。事實上，它原本的設定就是可以持續改變、學習及改善。你所做的每件事，你所擁有的每個經驗、想法或情感，以及你所做出的每一個選擇，都會實質地改變你的大腦。因此，當你抱怨說，希望你的大腦可以幫你變得更聰明、更快樂、更成功時，事實卻恰恰相反：

你希望你的大腦變得更好，

但你的大腦需要你的幫助，才能變得更好！

你必須開始去愛你的大腦，讓它早日覺醒。

前面我曾提過一個電腦與路由器的親身經歷，不管是電腦或路由器都需要我的幫助，才能以它們原本的設定為我服務；我才是那個需要去改變設定、清除那些拖慢速度的「電子殘骸」、重新整理並重新啟動操作系統的人。一旦我這麼做了，我的設備就能開始完美運作。我幾乎可以想像它們會

這麼說：「感謝你的幫助，芭芭拉！我們真的很想讓你快樂，我們是天才，但我們不是主事者──**你才是那個掌控我們做什麼事的人。**」

那麼，我們如何重新啟動大腦呢？重新啟動這件事，跟聰明才智無關。

你無法從哲學及理性上去改變，

你必須從經驗與振動上去改變。

只有真正以全新方式去做事，

你的大腦才可以被重新連結。

不論何時，只要我們做出愛的選擇，

就是在愛我們的大腦。

〜做出愛的選擇，如何重新啟動你的大腦〜

重新啟動你自己和你的大腦，

意味著當思考、感受及行為的慣性模式發生時，

你必須辨認出它們，

並且時時刻刻、分分秒秒都做出愛的新選擇，

如此一來，你的所有程式將會被重新編寫，

並幫助你的大腦開創出有覺知的新路徑。

關於重新啟動，你要了解的是，你不能光說不練，而是必須隨時隨地都這麼做，而且是每一件事。你不能只是說：「我打算重新啟動我對表達自己的恐懼，因此現在我宣布我想自在地表達自己。我明白這種恐懼從何而來，也明白我從小就害怕自我表達，因為結果往往就是被羞辱。但現在，我知道自我表達是安全的。我今天在工作時已嘗試過了，所以現在我已經改變了。」

你的確改變了，但只限那一次的經驗。你在自我表達與愛之間建立了新的神經路徑，一條「新生兒」路徑。但第二天，當你要跟親密的另一半展開一場艱難對話時，你有另一個機會繼續練習；第三天，當你的親人來訪時，你又有另一個練習機會。

你所有的舊選擇都必須被重新啟動，一遍又一遍。在這種情況下重新啟動，在那種情況下重新啟動，在你疲累不堪時重新啟動，在你精神振奮時重新啟動，在你害怕時重新啟動，在你充滿勇氣時重新啟動——直到某個時刻，新的程式咔嗒一聲精準卡入，新的迴路也終於穩固地建立了起來。

> **你的程式不是由你過去的想法創造出來的，**
> **而是用實際的振動經驗編寫的。**
> **因此，你無法光靠想法就創造出你的程式，**
> **你必須以振動方式去創造它出來。**
> **要重塑你的大腦，你需要積極、正向、嶄新的振動經驗，**
> **也就是，你必須做出愛的選擇。**

還記得前面提到的莎拉嗎？她想要被愛，因此以為自己必須取悅每個人。想像莎拉為了改變自己為愛所表現的強迫性模式，決定開始建立起關於自己的正面想法。她一遍遍地想：「本來的我就是一個會討人喜歡的完美模樣。」在當下，這個正面的想法會讓她感覺良好，也絕對會提高她的振動，為她帶來全面性、整體性的良好作用。

然而，下一次當莎拉真的體驗到了她一直想要的愛的感覺時，她那條連結「愛」與「表現」的神經路徑，將會像尖峰時刻滿眼車燈的公路一樣，在她的大腦中被全線點亮！她將會被無數的神經訊息轟炸，告訴她必須表現良好才能被愛，於是她會開始說笑話，會恭維每個她遇到的人，會莫名地開始緊張和焦慮。

莎拉正在回應的是來自她大腦的舊指令。她的大腦開始給她發送訊息，

就像是在智慧型手機上彈出的警告簡訊：**「緊急情況：你正處於一個想要被愛與被認可的情況，你必須馬上執行。你要表現良好、討人喜歡，你要讓每個人都高興。」**

舊的神經慣性，壓倒了她可能試圖覆蓋或改寫這種情況的正向想法，因為她已養成了習慣。那麼，莎拉該如何重塑她的情感迴路呢？答案是：

她不僅要有正向的新想法，
還必須做出正向的、全新的振動選擇。

每當她遇到一個人，就必須選擇去表現出真實的自我，並為此而得到認可，從而創造出一條新的神經路徑：「當我做自己時，我是被愛的；**真實等於愛。**」她不是去試著相信這件事，而是去體驗這件事，因此她的大腦也會確確實實地開始改變。

我希望你會因為有機會重塑大腦而感到興奮。你如何辦到？有一個驚人的新技術，保證可以有效地重新編寫你的神經模式並療癒你的心：這個新技術就叫做「愛」！

- **當你做出足夠多的「愛自己」選擇，就會開始以截然不同的方式去做事、行動、溝通，以及與他人相處。**
- **你會開始辨識出對你無益的模式，並時時刻刻做出截然不同的、有覺知的新選擇。**

舉例來說：

原本你很害怕大聲說出自己的想法，現在你開始表達自己的感受，並以自己的勇氣為榮。

原本你很害怕讓他人看見真正的你，現在你開始把真實的自己呈現在眾人面前。

原本你很害怕停止自我犧牲與討好的行為，現在你開始向他人要求你想要的東西，而且在覺得自己沒錯的時候向他人說不。

如此一來，那些決定你如何表現、如何說話、如何看待自己以及如何面對人生的舊神經溝槽，就會不知不覺開始消失。從大腦之內的神經路徑，一直到表現在外的想法與行為，你確實由內而外地重塑了你自己！

在接下來的篇章中，我會不斷分享許多更實用的方法讓你重新啟動、重新改寫自己，並創造出積極正向的全新振動經驗，提供你的大腦與意識關於你自己及這個世界的新訊息。**這些最新的訊息將會實實在在地改變你的大腦，使你擺脫對你來說已然不適用的那些舊行為、舊反應及舊習慣的束縛。**

於是，在你意識到之前，這些神經線上的「舊日經典片刻」早就停止在你的大腦中上演了。堅持改變、保持耐心，你的大腦需要時間來趕上現實！

選擇再選擇，建立新的覺醒大腦

「愛是偉大的奇蹟療法。」

——露易絲‧賀（Louise Hay），美國勵志作家

今天的你，吃了某些東西、去了某些地方、體驗了某些事情、被某些人影響，這些都是今天確實發生在你身上的事。如果我問你：「你是你午餐所吃的沙拉嗎？你是你停下來買阿斯匹靈的那間藥局嗎？你是你在健身房舉起的啞鈴嗎？你是你跟你朋友之間的對話嗎？」你的答案應該是：「當然不是！這些問題傻透了。這些是我做過的事，它們發生在我身上，但它們並『不是』我！」

當然，你是對的。我們不是那些發生在自己身上的事件，然而，這卻是我們許多人用來辨識及認同自己的方法，也是我們經常會有的感受。

所有人在一生中都會經歷一些可怕的事，這是我們生活的這個人類學校

不可避免的。沒有人能逃離心碎、失去、悲傷或痛苦，這些事必然會發生在你我身上。它們或許導致了某些我們正在檢視的情感與神經程式，**但它們並不是你**。我們必須謹慎以對的是，即便認可我們的經歷，坦然面對我們在這個宇宙教室發生了哪些深具挑戰的事件，我們也不能以過去來定義自己。

> **你不是發生在你身上的那些事件，**
> **你不是你的情緒程式，**
> **你不是大腦裡的神經路徑，**
> **你也不是你的情感牢籠。**
> **你是體驗這些事件的意識，**
> **你是以人形展現的浩瀚無垠的愛。**

我們允許自己拋開舊模式與情緒戲服，就像丟棄一件舊衣服。這件衣服曾經是我們最喜愛的款式，但已經完全過時且不再合身了。我們不會因為自己穿著這件舊衣服而苛責自己，我們只是承認它已經過時，是時候該放手了。

別忘了：

> **你的情感模式及程式並無好壞之別，**
> **它們只是過時而不再被需要了。**
> **承認並放手，不要去指責或感到內疚。**
> **就讓它們隨愛消逝吧。**

每次當你做出與高我一致的愛的選擇時，就會創造出一個正向、嶄新的振動經驗。新的神經元組合會開始一起放電並串連在一起，當你開拓全新的神經路徑、改寫你對自己與現實經驗的程式時，這些更新的訊息將會確實改變你的大腦，你將由內而外地轉變。

這是真正自由的開始：擺脫不再適用的舊行為、舊反應及舊習慣的自由，

從過去徹底過渡到現在的自由，以及帶著盡可能多的愛與喜悅生活的自由。

> 你現在所認為的你，是還活在過去的你。
> 真正的你，是一個等待被發掘的寶藏。
> 一刻接著一刻，一個選擇接著一個選擇，
> 深愛我們的大腦，直到它覺醒；
> 深愛我們自己，直到邁向自由。

❀ ❀ ❀

PART **2**

心的根本療癒

ESSENTIAL HEALING FOR YOUR HEART

第 5 章

必要的放手
解開你靈性修煉的大關卡

「以其終不自為大，故能成其大。」

——《道德經》

有一個著名的故事，講的是在世界的某個偏遠地區獵猴者如何誘捕猴子。獵人們把香蕉放在玻璃罐裡，然後藏在灌木叢中，等著猴子過來找。猴子看到香蕉想吃，牠把手伸進玻璃罐。當牠想縮回手時，就會發現抓著香蕉的手沒辦法通過狹窄的罐口。

要讓手抽出來，所有猴子必須且只需做的一件事是：放開香蕉。但是，猴子往往會固執地不肯放手，牠會緊抓著香蕉不放。獵人們就是這樣找到猴子並捕獲牠們的。

大部分時候，當我們想到做出愛的選擇時，都會被要求伸出手去接觸、去連結、去堅持。然而，每個人幾乎都會遭遇到生命中的某些時刻，愛的選擇有時並不意味著去做某件事，反而是必須停止去做什麼；也就是說，你要選擇的不是繼續、不是堅持，而是放手。

我們需要做出捨棄的選擇。

在所有靈性傳統中，所有偉大的導師總是把通往自由的道路視為一條不斷捨棄的道路。捨棄是高尚、艱難的修行。在通往情緒自由與靈性自由的道路上，我們必然會走到一條有如瓶頸般的窄道，我們想要前進，但又緊緊抓住非常重大的東西，譬如小我、自己的故事、驕傲、頑固、指責、反抗或悔恨。要順利通過這個狹窄的開口，進入我們自己的覺醒與掌控之境，就必須捨棄這一大捆的東西。但是，我們往往不想放手。我們的心智會抱怨：「我

不知道如何一面前進，一面緊抓著自我／習性／情緒／關係的舊模式不放，因為我是如此依戀它們。」答案是，你的確做不到。

　　毫無疑問的，你是到了該捨棄及放手的時候了，不論是親密關係、工作、朋友、家庭或是你內心深處的夢想，你要學著當斷則斷。放手這些人事物當然是痛苦又艱難的決定，但我認為，捨棄那些不再對你有用的內在習性會更困難。

在靈魂之旅的路途上，

有許多時候需要放手及臣服。

你被要求捨棄的，不是身外之物，而是身內之物。

包括思考的方式、小我的模式、情緒的習性；

把你禁錮為人質的固執或態度，

讓你困在狹小格局的信念，或是使你淪為奴隸的上癮。

你不斷告訴自己與他人的老故事，

你的人生故事，其實是不準確的。

你被要求捨棄這些東西，是因為它們束縛了你，

就像故事中的猴子與香蕉，你也是緊抓著它們不放。

但是要往前邁進，你必須放手。

　　在這些時候，我們很容易驚慌失措。那個有覺知的你會對你低語：「你知道自己必須放手，不是嗎？是時候了，你必須面對它。你必須改變，不能再逃避了。」

　　但是你的小我，也就是那個深受限制、過時的你在聽到後，會開始感到深受威脅而哀號：「我不想放手。」彷彿你這麼做了之後，你珍視的某個部分將會消失。「**如果我放棄了這個模式、這個身分、這種行為方式、試圖控制一切的態度、保護自我的方式，那麼我會變成誰呢？沒了這些，我會死的！**」當然，事實正好相反，繼續擁有這些，你會永遠無法通過那條窄道邁

向自由，也永遠無法活出完整的人生與愛。你必須放開你的香蕉。

　　捨棄、放手都是強有力的字眼。我們往往把捨棄、放手的舉動與損失的後果聯想在一起，譬如「他捨棄了他的權力」或是「她被勒令要放棄對孩子的監護權」。我喜歡研究單字的起源，好更深入去挖掘其中的智慧；而 re-linquishment（捨棄）一字源自拉丁字根 relinquere，意思是「留下」、「遺棄」或「投降」。「捨棄」意味著某種有意識的放棄或獻出，而不僅僅是一種被迫的、單純的或隨意的放棄。

　　舉例來說，如果我跟某人握手後放開他的手，我不會說：「我捨棄了他的手。」如果我拿出錢去買食品雜貨，我也不會說：「我把錢捨棄給了收銀員。」對於這類單純的活動而言，這些說法都不是準確的描述。

　　捨棄，不僅僅是簡單的放手或放下而已。捨棄是去釋出某些東西，是一種意義深刻的舉動，有臣服的重要意味在裡面。我們所做的，是一個停止偏執的情感選擇。

　　身為追尋者的我們，為什麼理解捨棄會這麼重要呢？想想這一點：如果你跟大多數人一樣，或許會傾向於去搞清楚該做什麼以及如何做到，才能讓你變得更成功、在一段關係中更快樂，或是改變你自己。心智幫你做出的結論是，你想要的越多，就越需要去「做」某些事或「獲取」某些東西。但切記：你已一切具足、完整無缺。那麼，倘若你什麼都不缺，而且知道你沒有發揮應有的潛力去活出精彩的人生，那麼隨之而來的問題就是：**或許不是你「沒有」什麼，而是「有」什麼！**

　　這是一個大哉問，也是千真萬確的事實：

限制並制約你的，不是你所缺失的東西，

而是在你通往自由的道路上尚未放手

但必須捨棄的習性、程式及模式；
重點不是更多的得，而是更多的捨。
與其問：「我可以再多做點什麼？」
不如問自己：「我必須停止去做什麼？」

跑步時，如果你想站住不動，不需要去做任何事，而是**必須停止做某件事**，也就是停止繼續移動。又或者，你每天忙得團團轉，很想要休息一下，此時不需要你去做任何事，而是必須停止做某件事，也就是停止接受其他工作，或停止對每個人說「好，沒問題」。

同樣的，我們除了做更多正向、擴展及療癒的事情之外，也需要停止去做那些會阻礙高我出現的事。

「愛是最好的學校，但學費高昂，功課吃力繁重。」

——黛安・艾克曼（Diane Ackerman）

這一章的標題是「必要的放手」，對許多人來說，我們的難題也是從這裡開始：到底什麼東西對我們來說是不必要的，讓我們必須放手捨棄它？對小我、自我設限的信念來說，每一種模式、保護以及投射是完全不可或缺的。「我需要它們全部，缺一不可！」小我對有覺知的自我堅持說道，「我需要憤怒才能感覺到強大，我需要高牆來保護自己，我需要情緒來提醒我不會再度受傷。」正如我們在檢視大腦如何重塑時所見的，你的心智的確相信你需要有高牆、程式、策略才能被愛，但事實恰好相反：

我們那褊狹、受到限制的自我
認為要熬過情緒低潮必須抓緊的那些東西，
事實上不僅沒有必要，還會阻礙我們獲得
真正的幸福、力量及滿足感。

　　或許你已經窺見了其中的要義。你設定了一個不再遵循舊行為模式的意圖，卻驚訝地發現，如果你不再像以往那樣理所當然地行事，或是不再做出平常自我封閉的選擇，或是放棄對事情應該如何發展的期望，一個全新的你就會赫然出現！我的一個學員史蒂芬妮，在最近寄給我的電子郵件中完美地描述了這一點：

　　「上個月我去找我妹妹時，就事先打定了主意，我決定不再努力表現得更好（這是我屢試屢敗的一件事），而是試試看你剛教我們的練習，也就是捨棄一些舊的行為模式，例如對於控制、評判的需求，以及放下我需要拉她一把的心態。我不再試著去表現出我有多愛她或我的覺知有多高，而是只專注於不做我平常會做的那些事（就像你建議的那樣）。我忍住不給她建議，對於她在哪些地方可以做得更好，我也沒有給她我自認為有幫助的評論。

　　「我承認我一直在嚇唬自己，例如：『如果我捨棄了這些習慣或模式，我可能會連個性都抹煞了！我就是這樣的人，我是一個要把事情做對的人，現在我都不知道該如何跟我妹妹或其他人互動了。』但是，我錯了。

　　「當我停止去做那些對我不再有用的事情後，就像有一個全新的我出現了——一個等著其他東西被清空、然後才會出現的我。我的妹妹還問我，我是不是正在服用藥物或鎮定劑，因為她從來沒看過我表現得如此成熟又溫和！我告訴她，我什麼都沒做，我只是戒掉了『舊模式』這個藥物。誰料想得到，真實的自我竟是如此有愛又平和呢？」

　　試圖做某些事讓情況變得更好，或者不做某些事讓情況變得更好，你可能看不出來這兩者的區別；但事實上，差別十分明顯。當我們放棄去做某件我們一直執著去做的事時，一種臣服的念頭就會在心中生成。史蒂芬妮的幾個舊模式包括：習慣去糾正妹妹、認為自己永遠是對的，以及掌控一切的渴望。當她允諾要放棄這些模式時，她的「無作為」創造出了一個強大的開口，讓她的愛與富足得以流入她的個性，並且向外流向這個世界。

學會卸載：你需要放下什麼，才能獲得自由？

「真理的獲得就像萃取黃金一樣，不是越大越好，而是要去除雜質。」

—— 托爾斯泰（Leo Tolstoy）

　　我一直是個求知若渴的學習者，在我開始進行正式的靈修時，才逐漸領悟到，儘管我還有許多要學習的，但需要忘記及捨棄的也不少。捨棄舊習及忘記所學，這種練習就是一種必要的放手，也是真正的轉變發生時一個不可或缺的要件。

捨棄舊習及忘記所學，
是一種強大且重要的放手。
我們往往以我們的所學與所知來定義自己，
事實上，很多時候我們最偉大的勝利與個人成就，
都是因為我們「捨棄舊習及忘記所學」。

　　當你想重新粉刷家具或牆壁時，首先你必須先剝除舊漆，新油漆才能刷得上去。於是你刮除、磨掉你不再需要的東西，讓新塗料可以均勻地黏附於表面並覆蓋住每一處。捨棄舊習與忘記所學，就像從我們的意識中剝除舊的理解，讓新的啟示與覺醒可以有空間「黏附」上去。

你不能把新的理解與智慧
直接黏貼在受到限制的舊意識之上。
你不能只是用新的行為來覆蓋舊模式，
然後期望它們可以堅持下來，
它們勢必會被原有的老舊東西侵蝕及損害。
因此，在你學習到眼界更寬的新思維與運作方式之際，

你也必須學習如何捨棄及忘記以往的所學與習慣。

在這一章中，我還會提供你一些與愛的選擇有關的「重新校準問題」，幫助你列出自己可能必須捨棄及忘記的東西。

以下是一些跟我們許多人都有關的例子：

忘記我們是如何藉由忽略或逃避我們必須面對的不愉快情況或感受，而使自己處於持續不斷的焦慮狀態。

忘記我們是如何推開他人、疏離他人、不讓愛與親密感進入自己的內心。

忘記我們習慣性地評斷自己與他人的所有方式。

忘記我們每天強加在自己身上而導致失敗的那些「應該之事」。

忘記我們的舊程式，它們會讓我們產生情感回溯的振動。

忘記我們對真實的恐懼，才能讓隱藏在面具後面的真正自己走出來。

忘記總是取悅他人的習慣，有時甚至不惜犧牲自己的自尊。

忘記我們對他人隱藏自己真實感受的模式。

忘記我們如何去塑造自己在他人眼中的形象，而不斷配合他們來改變自己，最後卻犧牲了我們的誠信。

忘記所學（unlearning），是許多人從未考慮過的一個觀點；我們所想的通常是：「我學到了什麼？我得到了什麼？我完成了什麼？」**我想說的是，或許你最偉大的成就中有一些是你已經遺忘的，有一些是你已經停止去做的，也有一些是你已經捨棄的。**

事實上，真正的學習始終與某種程度的「忘記所學」有關。雖然忘記所學的過程不像學習經驗那麼顯而易見，但你卻能為更多的智慧騰出空間，為更多的洞察力騰出空間，為更多的愛騰出空間。**因此，忘記所學的選擇，其**

實就是愛的選擇。

> **我們要忘記所學、忘記所學、忘記所學，**
> **忘記自己所有的不真實，**
> **直到我們重新學習，並從遺忘的深處**
> **記起我們一直都是精彩且獨特的意識展現。**

打破你的保護模式

「在塑造世界的過程中，自己也免不了被重塑。每一次的權力獲取，都要付出代價。」

——菲爾‧海因（Phil Hine），英國作家與神祕主義者

我上一次的印度之行，在一個叫庫姆巴科納姆（Kumbakonam）的小村莊有過一次意義非凡的經歷。這個村莊位於坦米爾納德邦（Tamil Nadu）南部，以生產印度教和佛教的精美青銅神像而聞名於世。我在村子裡遇到的工匠，都是八到十三世紀時印度知名青銅鑄造學校成員的後裔。我在家裡擺放了許多聖物，據我所知在加州購買的那幾件，就是出自這個古老的小鎮。因此，我很高興有這個機會親自到這裡走一走。

青銅鑄造是世代相傳的獨特工藝技術，小鎮的藝術家跟他們的父親、祖父、曾祖父，以及所有在此之前的工匠們，一直都住在同一個地區，演練著同一種技藝。他們熱情地向我們展示如何製造出精美的成品，也因為我們的興致高昂而欣喜，因為大部分的觀光客都只是走馬看花地買個紀念品就走了，沒有興趣也沒有充裕的時間能夠親眼看到他們展現精湛的技藝。

製作青銅雕像的第一步是做蠟模，這需要極大的耐心與準確度，因為工匠會用一種特製的加熱銼刀來雕出佛像的形狀與特徵，然後將手臂、腿部等

各部位拼接在一起，直到雕像完成。接著，在雕像上塗抹一層層的特殊黏土，形成一個完全包覆蠟像的外模。完成的模子會被放到戶外的火爐加熱，隨著黏土被烘烤並逐漸變硬，蠟模會開始融化並從底端的一個小洞中流出，留下一個黏土的空模具，這就是原來蠟模的完美複製品。

接下來的工序是澆鑄青銅合金。黏土模具與金屬會同時被加熱至攝氏九百八十二度以上，直到變得通紅，然後挖空的黏土模具會被放進一個地底坑洞，讓溫度穩定下來，再把熔化的青銅從頂端澆注並填滿黏土模具。於是，在這個黏土容器之中，有一具精美的金屬雕像正在逐漸硬化、冷卻。

現在，就到了我最喜愛的一道工序了。工匠們必須使用錘子把黏土層敲裂，取出裡面的雕像成品。打破模子取出雕像，對這些工匠來說是一個具有特殊意義的過程，因為他們把雕像視為神聖的存在。他們會等到金屬完全冷卻和硬化後，才會開始敲裂的工作。把青銅雕像取出來後，接著要進行清洗及拋光的作業。

工匠們全程盤腿而坐，心無旁騖地做著世代相傳好幾世紀的相同工作：用錘子反覆、沉重地敲擊堅硬的黏土模具，讓佛像可以破繭而出。他們跟我解釋，一方面他們必須使勁才能敲裂這層堅硬的保護外殼，而另一方面，他們也必須小心避免敲裂或刮傷裡面等著被揭開神祕面紗的美麗青銅像。

在這一刻，我意識到我正在見證一件深具象徵意義的工作，也是給我們的一份智慧禮物，同時也是我們每個人必須對自己做的事：移除外物以揭示我們最高的智慧和愛。我們的保護層變成了我們的監獄，我們必須脫下它們。

我們為保護自己而建造的心靈和情感的圍牆和障礙，
最終變成了禁錮我們的牢籠。
為了邁向自由，必須捨棄它們，
拆毀、破除我們曾經費盡心力建造起來的東西，
因為我們知道，它們已經不再為我們所用。
我們必須打破恐懼與無意識的老舊模式，

這些外殼一直為我們的模式提供保護層，
唯有打破它們，才能展現
我們崇高心靈所閃耀的神聖光芒。

在個人轉變過程的某個時間點，那些在我們年輕時做為保護層、讓我們感到安全或強大的堅硬外殼，會變得沒有必要。美好的事物正等著被展現出來，但首先我們必須先捨棄外層由習性及行為構成的「模子」。我們真正的神聖自我，在模子內不斷增強、鞏固，就像取出青銅雕像一樣，必須先敲裂如爛泥般的老舊覆蓋物。

捨棄舊有的保護層不是什麼好玩的事，會非常費力，就像工匠在堅硬的黏土外模勤奮敲打一樣。清除只是一個準備工作，一旦我們去除那些妨礙我們的事物，更多的愛、遠景、創造力和平靜就會自然而然地流入。

就像拆除水壩會湧入大水，
就像拉起窗簾會射入陽光，
捨棄的勇敢之舉，會創造出更寬廣的空間，
引進如洪水般的愛、智慧、啟示，以及難以想像的恩典。

在自然界中，我們可以看到許許多多「破壞後重生」的例子：破殼而出的雛鳥；撕裂花蕾冒出頭的果實；破繭而出的蝴蝶……當你降生到這個世界時，也必須從子宮中掙脫出來。大自然的成長往往是激烈或甚至是狂暴的，先要有破壞、瓦解或徹底轉變，才會出現更宏偉、更壯麗的事物。

隨著你在自我發現的道路上逐漸成長，你可能會看出自己的運作方式中有許多束縛你、禁錮你的東西需要被移除。當新意識推擠著舊模式，渴望爆發與掙脫束縛時，你可能也會感受到一股來自內在的壓力。記住，不要因為這股迫切的壓力或是不適感，而憂心自己有什麼不對勁。

推擠著舊模式的壓力，是重生的必要條件。
你的真正自我不斷擴展，需要破繭而出，獲得新生，
並堅定地融入你生命的各個層面。
這是智慧肩負的任務，它擠壓著無知，
以每一個新揭示來打破無知的堅不可摧。
持續砸裂它，別停下來，
美好的事物正等待著出現。

就像那些技巧純熟的印度工匠，他們謹慎而堅定地鑿削黏土模子，好讓閃閃發光的青銅神像得以顯露出來，身為追尋者的我們也必須辛勤、刻苦、有耐心並始終滿懷著愛，去剝除那些堅硬的舊保護層，讓我們被覆蓋在下面的神聖光輝顯現出來。我們必須捨棄不再需要的東西以釋放自己，才能回復我們內在本質的榮光。

花幾分鐘列出一份你必須捨棄及忘記的清單，包括那些阻礙你前行的模式或情況。透過以下的「重新校準問題」，將幫助你專注在自我覺察上面。僅僅是明確地表達出理解，就是忘記所學的開始，也是放手的第一步！

別忘了也要列出一份你已經成功捨棄舊習及忘記所學的清單，或許你會驚嘆這份清單的長度與深度，而從靈魂角度來看，你這一生已經達成了不少成就了。

～愛的選擇重新校準問題：關於放下與捨棄～

在這趟旅程的下一個階段，
我必須放下的是什麼？
是什麼加重了我的負擔，
使我難以向前邁進？

> **我必須放下、捨棄和忘記的是什麼？**
>
> **我已經放下、捨棄和忘記的是什麼？**
>
> **要讓自己重獲自由，我必須放下的是什麼？**

再痛苦，都有美好的療癒機會

「我們必須清空自己，才能讓上帝住進來。即使是上帝，也無法進駐已經填滿的空間。」

──德蕾莎修女（Mother Teresa）

在療癒自己的心時，我們會面對的一個最困難的挑戰，就是放下受害者的怒火、卸除痛苦的負擔，不再相信自己受到了各種傷害，不再受困於各種傷痛中，才能徹底走出過去、往前邁進；也唯有如此，我們才能活在當下完整的愛中。

責難與痛苦的負擔非常沉重，會壓垮我們的能量，使我們的心與能量場變得崎嶇不平、障礙重重，有時甚至會給進入者帶來危險。這些負擔削弱了我們所擁有的純淨之愛，給我們試圖付出的愛、親密或關懷增添了焦慮不安的雜質，並日復一日地奪走我們的快樂。

生而為人，沒有人可以避開憤怒、責難、怨恨以及痛楚的無數相關經驗，沒有人可以逃避宇宙帶給我們的這些功課，也沒有人可以免於會傷害我們、使我們不再信任這世界或讓我們充滿絕望的事件。

前面曾經提到，我們如何因為所受的傷害而築起自保的心牆；而憤怒、責難、痛楚及怨恨的情緒，更是這些心牆中牢不可破的磚塊。這些情緒不會讓我們更強大，即便某部分的我們試圖說服我們去相信，但它們只是迷惑、囚禁我們的獄卒。

那麼，打開監獄大門的鑰匙是什麼？那是一種特別崇高的捨得，也就是寬恕。

寬恕是困難且勇敢的行為，是你必須做出的最具挑戰性的選擇。當我們根據「愛的選擇」哲理來深入思考寬恕時，將會意識到，寬恕發生在你的內心之中，因此它會影響到的第一個人就是你。當你希望被療癒時，這是你在理解上必須有的重要轉變之一。

我們把寬恕視為給他人的禮物，

殊不知更重要的，它是你送給自己的禮物，

把你從責難與痛楚的牢籠中釋放出來，也從過去走出來。

因此，為了自己的自由，

你做出寬恕的選擇。

即便你選擇寬恕，也不意味著發生在你身上的事是可以被接受的、是對的，也不是要你認為這些事沒有嚴重傷害到你。**事實上，你永遠都不會忘記這些罪愆，但更高層次的理解是，你是「為自己而給予寬恕，你把過去還給了過去」。**

當然，你的小我會激烈地反對這個想法，它的理由是，緊抓住責難與憤怒不放才能變得更強大。「我氣死了那個人，我永遠不會原諒他，永遠不會對他有一絲一毫的同情。我會把這件事一直記恨在心裡，直到我死的那一天！」顯然的，有些人曾經傷害了你，你希望最好永遠都不要跟他們扯上關係。然而，反覆循環這些責難與痛楚並不會真的傷害到他們，尤其是在他們對你的感受一無所知時。事實是，你只是在毒害你自己。

當我們緊抓著責難與痛楚時，會在心中製造出大石塊，阻礙那股想往外流動的愛，也阻礙想流入我們心中的愛。這些憤怒、責難、痛楚的大石塊，讓我們無法感受到自己應該擁有的快樂，也讓我們無法恰如其分地付出或接受，反而築起能量的水壩圍堵起自己的幸福。

用火來譬喻，可以讓我們從另一角度來思考憤怒與責難。如果有人做了傷害我們或糟糕的事，我們心中的憤怒就會爆發，就像身體裡面燃起了一團熊熊烈火。然而，所有的火都需要燃料，等燃料用罄後，火就會逐漸熄滅。這也是為什麼在危險的火災現場，勇敢的消防員會冒著生命危險去清除樹叢、砍下樹木，來減少火災可以消耗的燃料。

一開始，當你受到傷害或虐待時，你的遭遇會為你的怒火提供燃料。然而，隨著時間過去，某種程度來說，該事件或是那段關係就已經算是結束了。當然，你心中的焦土還在，但現在並沒有其他事件足以再點燃那把怒火。這就是很多人會被困住的地方：**為了要讓怒火或痛楚之火繼續燃燒，你必須不斷給它們添加燃料並煽動責難之火。所以，你是怎麼做的？**

> 你會在心中一遍遍地重溫以前發生的事，讓自己一直保持在憤怒的狀態。
>
> 你會不斷談論該事件，加油添醋地形容它有多可怕、多糟糕。
>
> 你會傳播流言蜚語去講述你的故事，試圖把別人拉進來跟你一起同仇敵愾。

我並不是說，如果某個讓你痛苦的事件上週才發生，你應該馬上就寬恕對方，讓這件事過去。我的意思是，很多人會不允許自己從這些事件中康復，並讓這些過去的事件成為永久性的創傷回憶——但它們不是真的創傷，而是因為我們陷入了不斷自我傷害的陷阱裡。**我們就像情緒的縱火犯，一次次地反覆縱火，而不願讓過去成為過去，讓大腦重新布線。為了讓怒火繼續燃燒，需要消耗大量的能量與生命力。**

有些心碎、傷害、不得不放手的情況，是我們永遠無法從中康復的。我也開始相信，我們不該回復到以前的樣子——我的意思是，我們不該像沒事一樣，或是去「掩蓋」我們經歷過的痛苦，而應該去理解這些人生功課與失去，確實會對我們的心造成傷害。

必要的放手與捨棄，不是因為我們承受不起，
而是因為我們要把心打開。

　　雖然我們會一直記得自己經歷及忍受了哪些考驗與風暴，但我們不應該將精力花在那些會剝奪我們去發現快樂的事。我們必須站起來並理解到，不管我們身上發生什麼事，排名第一的療癒方式永遠都是做出愛的選擇。對當下這一刻、對現在就在我們身旁的人、對我們所學到的人生課題，以及等著祝福我們的愛，你都要做出愛的選擇。**愛是一條療癒的光河，可以沖走阻礙的大石塊，可以撲滅鬱積已久的痛楚餘燼。**

憤怒、責難、怨恨、痛楚，沒有任何力量，
反而會削弱你的力量。
真正的力量會這麼宣告世人：「發生在我身上的任何事，
無法剝奪我的快樂，也無法剝奪我熱愛生命的能力。
我不會讓任何人所做的任何事，或發生在我身上的任何事，
從我心裡竊取一絲一毫的情感。
我將蔑視它們，勇敢生活，勇敢去愛，
以一顆開放的心向前邁進。
這就是我的勝利。」

　　「如果有人讓你受苦，那是因為他的內心深處正在受苦，讓痛苦滿溢了出來。他不需要被懲罰，他需要幫助。」

—— 一行禪師

　　身為人類，我們試圖在人生旅程中往前走的方式之一，就是跟過去道

別。為什麼我們如此渴望結束？有時候，是因為我們與他人之間的情感一團混亂，沒有按照我們認為應當的方式處理好，這會讓我們無法自在地往前邁進。有時候，則是在事情沒有了結之前，我們的經歷會使我們無法再去愛其他人或愛自己。有時候，我們會想結束，是因為迫切渴望平靜，或是為了原諒一味忍受的自己，而不是覺得這一切都被自己蹉跎了。

當我們意識到自己不得不放棄對某個人的期待和希望時，都會面臨這樣的痛苦時刻，因為我們終將明白，所有的期待與希望都不可能發生。在你的生命中，是否有某個你不可能從他（或她）的身上得到解脫的人？或許他們不願意被療癒，或許他們無法擺脫已發生的事，或許你知道他們太頑固，以至於無法被療癒；又或許他們已經離開了人世，無法再跟你進行對話。

人們需要勇氣去面對自己，並對自己說過或做過的事感到懊悔，因為那些並非出自於他們最有意識、最充滿愛的自我。我希望在你的人生旅途中，你會找到那樣的勇氣。但遺憾的是，許多人從來沒有找到過。大多數的人走完一生也沒能覺醒，直到為時已晚。正如一行禪師所說的，最後他們的痛苦滿溢了出來，蔓延至整個世界。

做出愛的選擇，有時意味著去理解有人的靈魂正在遭受痛苦，
即使他們自己並未意識到。他們的痛苦滿溢了出來，
以自私、刻薄、遺棄或殘酷等形式潑灑到你身上。

當那個人是我們所愛的父母、愛人、子女或朋友時，特別讓我們感到迷茫。我們的心告訴我們，必須讓事情回復和諧與平衡狀態。我們想要寬恕與被寬恕，想要原諒與被原諒，但我們知道這不可能發生。現在不可能，或許永遠都不可能。

在這樣的情況下，我們自己必須做出寬恕、同情及愛的選擇，在我們心中做一個了結、自行開解，不能等到神奇一刻出現，因為我們想像的美好療癒不會發生。我們不能告訴自己，總有一天他們會見到光，在那之前我們只

能困在自己的痛苦中。我們不能一直等到被別人寬恕才來寬恕自己，也不能一直等到別人改變後才去寬恕他們。

　　你能否祝福自己、寬恕自己、放自己自由，而不是等到某個人來救贖你？

　　你能否感謝你跟他們一起學習到的人生功課，不管是以什麼形式或方式？

　　你能否給自己一個釋然及解脫的機會？

　　已經離開你的人，你不要去哀悼你們共度的時光，
　　如果事情未如預期，也不要懊悔你所花掉的時間。
　　只有在一種情況下，時間才算浪費，
　　那就是你沒能從人生旅途中學到重要的一課。

擦亮愛的鑽石，看看你有多美好

「檢視最優秀、最卓有成效的民族及他們的生活，然後問問自己：一株高聳入雲的大樹能不經歷過風霜雨雪嗎？缺少了不幸、外在阻力、仇恨、嫉妒、固執、猜疑、嚴厲、貪婪和暴力等不利的情況，美德幾乎不可能有任何大幅度的成長。」

——尼采（Friedrich Nietzsche）

　　我曾經有個學員叫寇特妮，一直放不下她的痛苦經歷。就像許多人一樣，寇特妮確實有段悲慘的過往，但她沒有因此更珍惜現在的生活，反而緊抓著過去的經驗不放，並用這些經驗來證明她為什麼無法去愛，無法打開自己的心，無法去感受別人的好意。不論有多少好事發生，她總是把不愉快的

回憶當成武器，去否認世上有善良等美德存在。

　　有天早上，在她參加工作坊時，我在房間裡四處走動，要求學員說出他們人生曾經遭遇的悲劇與苦難。顯而易見的，每個人都有各自的辛酸史，整個小組中沒有一個人可以對失去、難關及心痛的經歷免疫。以下就是部分學員的回答：

　　　　我弟弟騎腳踏車出去時，被一個喝醉酒的駕駛撞死了，當時他才九歲。

　　　　我讀大學時，因為一種罕見的病毒而失去了大部分的聽力。

　　　　我的女兒、另一半都死於癌症。

　　　　我的丈夫出軌，對象是我最好的朋友，然後他離開了我。

　　　　我父親拋棄了我們母女，我母親和我靠著社會福利金生活了許多年。

　　　　我小時候被我舅舅性騷擾，當我告訴我媽時，她警告我不准把這件事說出去。

　　　　我的生意夥伴偷了我的錢，我不得不宣告破產。

　　　　我們買了夢想中的房子，結果裡頭卻有不為人知的有毒黴菌。我因此生了病，而且不得不帶著這樣的疾病活下去。

　　　　我父親是個酒鬼，他以言語及肢體虐待我母親及我們這些孩子。

　　　　同事因為嫉妒我，在業界散播我的不實謠言，害我失去了大部分的生意，還被牽連進一場長達五年的法律訴訟。

　　　　我兒子原本是個好學生，也是一個完美的孩子，但後來染上了毒品，已經進出勒戒所三次了。

　　　　直到我十幾歲之前，我的父母從沒告訴我，我是他們領養的。

　　　　在我女兒出生之後，我罹患了纖維肌痛症，從此就活在慢性疼痛之中。

　　　　我前妻對止痛藥嚴重上癮，為了爭取孩子的監護權，我必須跟

她對簿公堂。

　　我母親罹患老年痴呆症已經十五年了，在她認不出來我們是誰後，我父親跟我不得不將她送到療養院。

　　聽完這一長串的人類苦難，在場的人全都流下了同情的眼淚，包括寇特妮。我要求小組成員分享這些故事並不只是為了她，而是為了我們每個人。

知道我們不是唯一經歷考驗與試煉的人，
知道我們並不孤單，不是獨自走在旅程中最具毀滅性的危險路段，
我們的心因此得到了療癒。

　　聽到每個人的故事後，寇特妮的心態發生了變化。「這改變了我的人生，」她承認，「你們有勇氣說出自己的痛苦，把我從自怨自艾的坑洞裡拉了出來，一直以來我只在意自己，也被憤怒蒙上了眼睛。我非常驚訝，我以前竟然會以為自己的痛苦有多特別。」

　　我們所有人，包括我自己在內，都有自己的恐怖故事、自己經歷的背叛、自己的痛苦清單。那些不公不義的事，讓我們以為宇宙是刻意選中我們來受苦。人生悲劇各有不同，有些悲劇肯定比其他悲劇更糟糕，我們大多數人也知道，有人境遇比我們好，有人境遇比我們糟。我不相信我遇到的人當中，有誰從未遭遇過嚴重的逆境。

　　許多人都曾經被傷害、被視為理所當然而不加以珍惜，以及被人背叛過，就像我的學員寇特妮。這些人生經驗會留下傷口，特別是當我們付出愛而被人拒於門外所留下的創傷，往往是最深且最難療癒的一種。然而，我們必須記住這個事實：**把痛苦當成藉口來封閉自己、把愛鎖在內心深處的地窖，這是錯誤的。**人們奪走了你的信任、純真以及尋求快樂的能力是一回事，但是，如果你一直走不出來，即便對方已經遠離了你的生命，你還是活在他們的陰影下，那麼他們還會繼續再奪取你的能量，他們還是贏的那一

方。與其用你的痛苦與失望當藉口來封閉你的心、不再去愛，不如讓它們成為你堅持去愛的理由。

> **我們都是倖存者，每個人都經歷過重大的失去。**
> **有人失去了孩子，有人失去了愛，**
> **有人失去了健康，有人失去了金錢，**
> **有人失去了夢想，有人失去了希望。**
> **我們不能躲在失去或痛苦的背後，**
> **然後驕傲地揮舞著受苦的旗幟，**
> **彷彿我們的苦難有多與眾不同，**
> **並把它當成無法好好生活、無法去愛的藉口。**
> **我們必須把我們所有的損失高高疊起，**
> **然後爬上它的頂端，勝利高呼：**
> **「看看我爬得多高、走得多遠！」**

　　我還清楚記得，五十多年前我那顆天真單純的心第一次受到嚴重打擊的經歷。當時，我對於人竟然可以如此殘酷、不誠實，感到深深的恐懼。**然而，這樣的痛苦並沒有讓我少愛一些，反而讓我下定決心要多愛一些**。在我看來，我那位年輕戀人對待我的殘酷行為，恰恰意味著這個世界需要更多的愛，我更有理由去付出我的愛。這是我最初的理解：在每個時刻，我都可以選擇我要為地球做出怎樣的貢獻，而那些貢獻將會改變這個星球，即便以最微不足道的方式。

> **回顧那些對於你所付出的愛不懂得感謝的人，**
> **就是不尊重你自己的付出；**
> **時時回憶起那些不愛你的人，**
> **就是不愛你自己。**

> 如果有人拒絕接受你的愛，
> 並不意味著你應該把愛封鎖起來；
> 如果你的付出沒有得到充分賞識，
> 並不意味著你應該停止付出。

愛的選擇含意深遠，值得我們沉思並開始練習。當你繼續帶著挫敗感去回顧那些對你的愛不懂得感謝的人，你就是不珍惜自己的付出。當你一直滿懷怨恨去回顧那些看不見你的好、不懂得愛你或理解你的人，你就是不理解自己。相反的，不讓這些事剝奪了你付出愛的能力，你就是跟勝利站在一起。

> 有人不懂得欣賞你這顆鑽石，
> 不代表你會變成一顆假鑽石；
> 你仍然是一顆鑽石，
> 對的人會意識到這一點，
> 並且珍惜、尊重你。
> 從內心深處的地窖取出你那顆愛的鑽石，
> 擦亮它，直到它發光，
> 有人正在等著接受它。

當你的心靈想要罷工時……

有時候，我們會犯這樣的錯誤，覺得自己有權利不去愛，畢竟我們承受了那麼多的苦難。這就好像我們對靈性／上帝／至高無上的力量說道：「原諒我，上帝、宇宙、神靈（或任何你以前深信不移的對象），祢們看到這張臉了嗎？這不是一張快樂的臉，我受夠了這些事情，所以我要罷工了。什麼？祢希望我去愛？還是算了吧——祢不會再看到任何愛了，因為我對目前

的情況不滿意，對祢也不滿意！」

我把這種情況稱為「正式宣告你的不幸」，就像在說「我正式宣布競選州長」一樣。我知道有很多人不管走到哪兒，都會對他們遇見的人正式宣告自己的不幸，不一定是訴諸言語，有時可從態度與振動解讀出來。他們明明白白地表示，自己對生活、對人性、對宇宙大藍圖都深感失望。

如果你帶著失望的振動到處走，當人們走進你的能量場時，那就是他們會找到的東西：感覺就像是掉進了失望的深淵中。「我對我母親很失望，對我丈夫很失望，對我的生意夥伴很失望，我可能馬上也會對你很失望！」

這種與愛決絕的態度會使我們窒息，採取罷工並宣告自己很不幸的決定，只會讓我們每況愈下。猜猜看，下場會如何？它會推遲我們等待的所有美好事物，因為我們帶著這麼多失望的振動，會阻礙我們接收的能力。

- 我們不能也不該只因為對現狀不滿意，就放棄了愛的選擇。
- 我們不能因為心變得傷痕累累、付出不被感謝、奉獻被忽視和屏棄，就放棄了愛的選擇。
- 我們不能因為對工作、對某個人或是對整個世界感到心煩意亂，就放棄了愛的選擇，然後宣稱持有一張「不必去愛」的通行證。

愛不懲罰、不保留、不報復，
也不會罷工。
它別無選擇，只能不斷流動，
不斷找地方謙卑地付出。

你能否以當下的眼睛去看你生命中的人，而不是用過去的眼睛？你能否付出新鮮的愛，而不是以那些不復存在的人所犯下的過錯去懲罰現在陪伴在你身邊的人？這就是愛的選擇。

很久以前，我就決定選擇愛。我決定無論如何都要與愛的振動保持連

結，我明白，這是我通往真理、力量及自由的生命線。我正式宣告我將效忠於愛，而愛也從來沒有放棄過我。

彼此釋放：當你別無選擇，只能放手

「總有一些時刻，會讓一個人感覺空虛、疏離，這樣的時刻是最令人嚮往的，因為它意味著靈魂拔了錨，正要駛向遠方。這就是分離——舊的已經過去，而新的尚未到來。如果你害怕，這種狀態或許會讓你很苦惱，但其實沒什麼好怕的。記住這句話：不論你遇到什麼，超越它。」

——聖者室利‧尼薩加達塔‧馬哈拉吉（Sri Nisargadatta Maharaj）

人生總是有一些時候，儘管我們已付出了最好、最真誠的努力，仍然無力改變發生在我們身上的事。我們總會經歷一些自己不想要的事，在這種時刻，我們有兩個選擇：

第一個選擇：我們可以憎恨正在發生的事，抗拒我們正在經歷的事，覺得自己是受害者，對這些事感到驚恐，任由這些事把我們壓垮而不知所措。這麼做的話，我們等於在對自己的現實宣戰。

第二個選擇：我們可以竭盡所能地用自己的力量、尊嚴、毅力及意識，度過我們正在經歷的事。我們可以做出愛的選擇。

要通過這些我們不想要的嚴峻考驗與磨難，通常唯一的方法就是臣服，讓愛的選擇變成放手的選擇。

以下分享我帶著愛選擇放手的故事。

一九九一年，在我四十歲生日的前幾個月，我反覆夢到一隻美麗的白狗，牠會用棕褐色的眼睛熱切地注視著我。我從來沒養過動物，但是開始做

這個夢之後，我知道這隻狗狗在呼喚我，而我應該會以某種方式找到牠。幾個月之後，我真的找到牠了。牠是一隻比熊犬，我叫牠「比糾」（Bijou），牠成了我的第一個「孩子」、珍貴的小夥伴，以及我的真愛。

比糾真是令人驚嘆、獨一無二的存在。許多直覺強的人先後告訴我，比糾前世是一位靈性導師與治療者，但是後來耗盡了能量，因此這一世需要過著「被照顧」的生活；然而，他還是想服務並造福世界，所以他選擇了以狗的形體回來，並選擇了他的老靈魂所鍾愛的我。他知道跟我在一起，他可以被照顧，還可以為人們服務。

比糾的不凡之處在於，牠身上根本沒有狗的能量。牠會跟著我去研討會，走上講台躺下來，在我講課時靜靜看著我好幾個小時。當我要求大家閉上眼睛觀想時，比糾也會閉上眼睛；我一結束觀想，牠就會睜開眼睛，然後在大家分享時到處走動。如果有人傷心落淚，牠會找到那些人，並爬上對方的大腿安慰他們。

每次我在家裡擺好聖壇後，比糾會走進房間，跪拜在聖壇前面，然後在我離開之後，還會閉上雙眼在聖壇前躺一個小時左右。無論我在家裡的什麼地方，只要我坐下來祈禱、冥想、吟誦，不管之前牠在哪裡，都會跑過來跳上椅子或跳到床上，加入我的活動。

從比糾還是一隻十一週大的小狗來到我身邊的那一刻起，我的靈魂深處已經認出了牠，他是某個我長久以來非常珍惜的人。這種神祕的愛完全出乎我的意料，因為在此之前，我幾乎從未與狗狗相處過。從第一天開始，我記得自己就在想：「我好怕我不得不跟牠說再見的一天到來。」在接下來的十七年裡，我每一天都發現自己在想：「那一天會怎麼發生？我會知道牠什麼時候準備要走嗎？牠會讓我從容自在地面對牠的離去嗎？我需要幫忙牠離開嗎？情況會是怎樣？沒有了牠，我要怎麼活下去？」

多年的喜悅與奉獻過去了，隨著比糾開始變老，成了一名「年長者」，我的焦慮也越來越明顯。幸運的是，比糾沒有任何疾病或令人擔憂的健康狀況，但牠的視力與聽力逐漸退化，髖關節也退化磨損到最後難以行走的地

步。但我仍慶幸自己能推著牠的推車帶著牠到處去，包括上下家裡的樓梯。看著牠的每一次病痛，我的心情越來越沉重，但我仍感謝牠，在不適的情況下還是陪在我身旁。即使牠的身體每況愈下，牠的心與靈魂仍然散發出明亮的光芒。

　　一次例行檢查時，比糾的獸醫告訴我，儘管比糾已出現老化症狀，但仍然算是相當健康；所以她認為比糾應該無法自然死亡，可能會需要我幫牠離開牠的身體。時候到了——近二十年來，我一直在思量和恐懼的時刻終於要來了。我開始祈禱，希望自己會知道何時是對的時間，但也不免憂懼地想到，我是否會因為過於悲傷，以至於拖延了牠該走的時候而讓牠受苦。我確定牠會想在失去尊嚴之前離開，但前提是牠要先做到牠承諾在這一世要完成的工作。我知道，那項工作的最後一部分，就是讓我做好放手的準備。

　　我和比糾始終有種心靈層面的連結與交流，現在我開始問牠：「親愛的，告訴我你什麼時候想走。雖然我不知道沒了你我該怎麼辦，但我不想讓你受苦。」比糾只是滿懷愛意地看著我，再一次輕輕地舔我的手，把牠的頭放在我的手臂或肩膀上，彷彿在說：「我會的……但現在還不是時候。」

　　比糾的十七歲生日到了，我很高興牠能活著跟我們一起慶祝，但我可以明顯感覺到，牠有什麼地方不一樣了。牠似乎逐漸遠離了我們，到一個遙遠的地方，我知道牠正在讓自己準備好離開這個世界，也讓我準備好開始過著沒有牠的生活。每次我不得不出差去教課或演講時，總是很擔心自己不在家時，牠會不會發生什麼事。

　　又是幾個月過去，我再次很不情願地出城去主持一場研討會。我把比糾託給牠的「教母」艾莉森照看，從比糾還是個小寶寶時，艾莉森就認識牠了。然後，我每隔幾個小時就會打電話查看牠的情況，深怕牠無法支撐到我回家。終於，課程結束，就在我要開車回去時，我的手機響了起來。

「我很高興你就要回來了，」艾莉森說，「比糾似乎非常激動不安，牠一直斷斷續續地嗚咽，我有種奇怪的感覺。」

我火速回到家，衝進去找比糾。我永遠忘不了接著發生的事：比糾一看到我就突然坐了起來，熱切地注視著我的眼睛。然後，我聽到一個清楚而平靜的聲音說：「**你讓我解脫，我也讓你解脫；你讓我解脫，我也讓你解脫。**」

我知道比糾並沒有真的開口說話，我是在心裡聽到了這個聲音，聲音聽起來強大又從容不迫，以至於我震驚到開始顫抖了起來。這不是某個訊息的直覺感知，也不是一個微妙的耳語指示，而是非常響亮的聲音，那是比糾的聲音。

我並不想聽，但我知道，我所聽見的是真理的聲音。我知道那不是我的想像，它不是透過我的理智在對我說話，而是直接發自我的內心，就像是一句響亮的宣言：「你讓我解脫，我也讓你解脫！」**牠已準備好要走了，而且牠也在告訴我，我也準備好了。**

我躺了下來，把比糾抱在懷裡，牠還在斷斷續續地嗚咽著，但我知道，牠不是因為疼痛。比糾一直都非常專注且從容，但現在我可以感覺到牠的急迫，牠想要離開這個身體，牠渴望飛翔。過了幾個小時，我終於問了那個我希望永遠不必提出的問題：「什麼時候？」再一次，我又聽到了那個同樣平靜的聲音在我心中回答：「明天。」

明天，六月二十四日。我突然意識到明天是什麼日子，對我來說，明天是非常神聖的一天，是我一位靈性導師的生日，她見過比糾好幾次並祝福了牠，所以我知道，比糾選擇這個日子絕非巧合。那個聲音對我說：「請在明天做這件事，我必須在一個對你來說代表自由的日子離開。」我全身顫抖、淚流滿面地打電話給獸醫，請她明天下午過來。我掛上電話，按照牠的指示全都安排好了，比糾此時完全放鬆並安定了下來。

一整夜我們緊緊相擁在一起，我無法相信這是我可以抱著牠的最後幾個小時，我可以感覺牠的小身軀在我身邊呼吸著，我希望這段珍貴的時間可以永遠持續下去。我決定告訴比糾牠這一生的故事，從開始到結束；我提醒牠

我們去過的每個地方、玩過的每種遊戲；當我嚴肅時，牠總是以各種方式逗我發笑；每次牠都被我當成枕頭，被我的淚水浸濕。我回想起牠如何成為我電視節目的廣告明星，有超過兩億人觀看，還有來自世界各地的觀眾寫來的訊息，他們說看到牠之後，他們的心都被打開了。

　　我感謝牠在我撰寫每本書的漫長歲月裡，始終坐在我身邊陪伴著我，而且我不起身，牠也不會起身。牠以如此純粹的忠誠與奉獻守候著這個空間，並給予我力量去成為讓智慧流通的管道。我向牠述說了牠的偉大事蹟、牠那值得尊敬的生命，以及最重要的，牠如何以各種不可思議的方式陶冶我的心，讓我得以學會去體驗深刻的、無條件的愛。一直以來，這就像在我心中持續振動的箴言，如今我仍然可以聽到：「你讓我解脫，我也讓你解脫」。

來到這個星球又離開的生命歷程，
是一趟神聖的旅程；
當我們如此榮耀他們時，
那些來來去去的靈魂會帶著愛與尊榮
被引領到他們該去的目的地。

　　這十七年來，比糾帶給了我難以想像的平靜，我希望牠也能平靜地繼續牠的旅程。隨著新的一天破曉，我對牠念誦吟唱了好幾個小時，讀了許多靈性經典中的最高智慧給牠聽。我布置了一個特別的安息空間，環繞著玫瑰花瓣與水晶。現在，需要安慰的不是牠，而是我；即使在牠準備好要離開牠的身體時，牠仍然給了我最溫柔的感激之吻。「飛吧，我親愛的，飛起來。」牠離開時，我對牠低語。「飛回到那道光吧。」牠做到了。

　　放手讓比糾走，是我這一輩子所做的兩件最困難的事情之一。十七年來，我始終害怕失去牠，我擔心一部分的我將會悲痛欲絕；我的擔心不是沒

有理由。從牠走了之後到現在，已經過了九年多了，我每天還是會在某個時候哭一場，比如現在。

比糾以許多神祕的方式與形式回來找過我。我曾要求牠以蜂鳥的樣子出現在我面前，而我無法告訴你有多少隻蜂鳥曾經用牠們細小的鳥喙敲打我的窗戶，每次都在我眼前盤旋好幾分鐘，或是坐在窗台上靜靜地盯著我看。比糾也出現在我的夢裡，並以各種我無法言喻的方式指引著我。我看過牠天使般的靈體，毫不令人訝異，那是一個令人屏息、極其美麗的男子，而不是一隻狗！

比糾告訴我的那句箴言持續不斷地改變我。當我幫助牠解脫時，牠的離開也的確幫助我擺脫了我不知道該怎麼辦的恐懼；它讓我從每次離開牠或看到牠受苦的內疚中解脫出來。此外，牠的離開，也讓我擺脫了因為要照顧牠而產生的種種麻煩。

隨著時間一天天過去，我越發能領會到這句箴言的深刻意義。它代表了我們偉大的「自我」以及我們偉大的「愛」，渴望我們為它們創造空間，使它們得以在有意識的生活中充分展現。「你讓我解脫，我也讓你解脫，從你束縛我的地方將我解放出來，」它呼喚我們，「同樣的，我也會讓你從限制你的一切事物中解放出來。」

我幫助比糾離去的那個晚上，為牠寫了這一小段悼詞：

我的光，我摯愛的導師，我的智者，
我古老的覺醒大師，此生暫居於狗的軀體之中；
我的安慰者，我的保護者，我的靈感泉源，
我最忠實的夥伴與好友，
我的尊嚴、勇氣及美德的體現，
你是喜悅的給予者，
我神聖的禮物，
我最終的祝福——

> 現在，快樂地飛回家吧！
> 飛往那偉大光明，你自由了。
> 我對你的愛永遠不渝，不論此生或來世。

就像大部分的人、就像你一樣，在這趟神祕的人生之旅中，我也在自己的人生面對過無數必要且往往是痛苦的放手。我必須放手讓我愛的人從這個世界離開，我必須放手讓我愛的人走上跟我分歧的道路，我也必須放手讓比糾與另兩位心愛的動物夥伴能在完成世間的任務後，繼續在其他國度的旅程。此外，現在的我也必須對青春、完美的健康及無限的時間放手。即使在撰寫本書的過程中，我仍然在不斷放手，即便它們完全讓我猝不及防、讓我心碎。

我不想假裝自己很享受這些放手的時刻，事實上，沒有人喜歡這種時候。但我知道，就像青銅佛像必須在烈火中接受淬鍊、捨棄它不必要的覆蓋物，就像猴子必須捨棄香蕉才能挽救自己免於被捕獲，我也必須一遍又一遍地捨棄那些讓我遠離自由的人事物。這就是覺醒之路。

我放手，然後我等待，讓自己準備好接受美好的新禮物。我相信也知道，它已經在路上了；它的到來，將會填補已經被清空以待的空間。

> **愛，始終等待著流向沒有愛的地方。**
> **我們的工作就是捨棄擋路的障礙物，**
> **創造出接收的空間。**
> **放開你一直緊握不放的東西，**
> **把你的手從罐子裡抽出來，**
> **那裡沒有任何你需要的東西。**
> **滿懷喜悅地敲開包裹著你輝煌內在的模子，**

讓它展現給眾人欣賞。

信任，然後放手。

❀ ❀ ❀

第6章

充滿勇氣的慈悲
選擇以柔軟心生活

「世界是我們自身的一部分，而我們也是它整體痛苦的一部分。除非我們找到分離的源頭，否則療癒就不可能發生。」

──李葦林‧禾根－李（Llewellyn Vaughan-Lee），靈性及神祕主義講師

在人生的旅程上，我們必然會遭遇許多苦難。我們會看到所愛的人受苦，會震驚於我們所愛的人讓我們受苦，會面對使我們受苦的個人挑戰及試煉。我們會在電視新聞上，看到不認識的人承受著難以想像的痛苦；會因為目睹殘酷、暴力、災難、恐怖主義及悲劇而受苦；會背負著對自己、所愛之人、自以為愛我們的人以及全人類的失望重擔而受苦。

這些痛苦與受苦的時刻會使我們止步不前，我們不知道該怎麼想、該如何繼續前進，也沒有任何解決方案。我們的智慧、學識以及轉變過程都不足以應付，我們試圖去解釋或理解令人痛苦的事件或個人危機，但在這場我們不希望發生的戰役中卻顯得如此蒼白無力，我們害怕贏不了。**在這些時刻，即便是最高的真理也無法撫慰人心。**

- 當我們看著所愛之人自我毀滅時，僅僅提醒自己去相信他們擁有崇高的一面是不夠的。
- 當我們意識到自己犯了一個無法彌補的錯誤時，僅僅試圖說服自己是上帝之子是不夠的。
- 當我們聽到可怕的悲劇、大屠殺或不公不義的事時，僅僅說服自己生命發生的一切必有其目的是不夠的。

　　因此，我們不禁要問：「**我應該堅持什麼才能熬過這些考驗？**」答案是，**慈悲**。

生命中總有些時刻，
除了慈悲，其他都毫無意義。
在遭遇風暴、湍流及試煉時，
只有慈悲能讓我們漂浮在水面、不被淹沒。
當有些狀況你不得不面對時，
你只能以慈悲去面對、以慈悲挺過去，
並帶著悲憫心去理解。

　　這是本書要給你的最重要教導之一，或許也是關於愛的最重要教導，那就是：要讓愛戰勝一切，你需要慈悲。

　　　對這趟神祕的人生旅程慈悲。
　　　對你愛的人以及你不愛的人慈悲。
　　　對你認識的人以及你不認識的人慈悲。
　　　對那些似乎對自己不慈悲的人慈悲。
　　　對那些對你不慈悲的人慈悲。
　　　對你的對手與敵人慈悲。
　　　對你感到完全無能為力的情況慈悲。
　　　對無所不在的所有苦難慈悲。
　　　當然，還要對你自己慈悲。

　　或許你會想：「聽起來是很不錯，但我已經是一個很有同情心的人了。我對每個人都盡量親切友善；有機會幫助他人，我都盡力去幫；我捐錢做慈善；我在教堂當義工；我的朋友需要建議，我總是在他們身邊。」關心他

人、幫助他人、捐款以及當義工，這些都是好事，善行與公益服務絕對值得
稱揚，但它們只是去做某件事的行動與工具。慈悲不一樣，它不只是這樣。
慈悲不是一種外在的行動或選擇，不是一時興起的作為，而是開放的心所擁
有的一種內在狀態。

> 慈悲不是哲學，也不是態度，
> 甚至不是一連串的良善或體貼的行為。
> 它不是一種作為，而是一種存在。
> 真正的慈悲是一種由內而外的選擇，
> 選擇某種崇高的愛。
> 這種充滿勇氣的愛，超越了我們自己的心，
> 以無條件的擁抱，去深入感受他人的心。

　　慈悲不是中立的，不只是感同身受，更不是一種想法，而是一種體驗。
Compassion（慈悲）是拉丁文的 *com* （意思是一起）加上 *passio*（意思是受
苦），也就是一起受苦。我們向他人的痛苦敞開心扉，不是轉過頭，而是面
對痛苦；我們不會因為害怕傷害到自己而逃避。**我們沒有忘記，在最根本的
存在層面，我們的心早已與所有人的心連結在一起了。我們選擇用愛，把我
們看到的痛苦包裹起來。**

　　雖然我們都是善良的好人，但我們仍然不知道要如何對自己、對他人以
及對這個世界展現真正的慈悲，尤其在我們感到失控的情況下。當心智說
「我放棄，我不了解，我什麼事都做不了」時，我們的心必須以慈悲來接
管，不是去做任何事或解決問題，而是充分去感受。

什麼是慈悲？

慈悲是一種意願，願意置身在受苦的空間裡，

把你的愛帶進去。

你會感受到他人的傷口、你的傷口，

甚至全世界的傷口，

只要用愛來洗刷它就好，因為這就是你所能做的。

所有靈性導師要教給我們的事

「慈悲不是憐憫，慈悲更偉大而崇高。憐憫源自恐懼，帶有傲慢及居高臨下的意味，有時甚至是『幸好不是我』的沾沾自喜……訓練自己的慈悲心，就是要了解眾生平等，所受苦難並無二致，要尊重所有受苦的人，要知道你既不能與眾生切割，也沒有比誰優越。」

——索甲仁波切（Sogyal Rinpoche）

　　數千年來，所有宗教的偉大經文與靈性典籍都提到了慈悲，也教導我們要慈悲。我們來看看下面這些關於慈悲的古老教誨。

　　基督教的《羅馬書》（*Romans*）第十二章十五節寫道：「與喜樂的人要同樂；與哀哭的人要同哭。」你是否曾經與你愛的人坐在一起，看著他們淌血的心、他們的痛苦，為他們哭泣？他們的痛苦成了你的痛苦，而不知何故，當你以慈悲去見證、看待時，他們也學會了更慈悲地看待自己。

　　《哥林多前書》（*1 Corinthians*）第十二章寫道：「……免得身上分門別類，總要肢體彼此相顧。若一個肢體受苦，所有的肢體就一同受苦；若一

個肢體得榮耀，所有的肢體就一同快樂。」你是否曾經因為聽到某人的悲慘故事，或是看到新聞關於某事件的報導，而流下眼淚？你不認識受害者，但你感同身受，而且你真的為他們所經歷的或是仍然在承受的痛苦而心痛。

在佛教中，關於慈悲最重要的教義之一，是以被稱為慈悲化身的觀世音菩薩為代表。**菩薩**一語指的是誓願帶領眾生開悟的悟道者，他們不僅要自己開悟，更要幫助眾生從痛苦中解脫。**觀世音的意思就是聞聲救苦**，祂穿梭於娑婆人間，聽聞眾生的祈願、呼救及深陷困境的無助心聲，循聲而至，救度眾生。至於猶太教，則有一句美麗的短語，同樣體現出對慈悲的深刻理解：「l'hishtatef b'tsa'ar」，意思接近「參與他人的悲傷」。參與他人的悲傷是什麼意思呢？它意味著敞開你自己，不抗拒。當你去探望失去親人的家庭或友人時，你的用意是陪伴與傾聽，以及用愛來擁抱他們，並充滿勇氣地與他們一起待在那個哀傷的空間裡。

所有這些關於慈悲的教誨，都有一個共通點：**慈悲是一種愛的選擇，而不是一種修復的選擇。**

- 《聖經》說的不是：「與喜樂的人同樂，平復那些哀哭的人。」
- 觀世音的精確定義是「觀察世間音聲」，而不是「拯救世間疾苦」。
- 猶太教說的是「參與他人的悲傷」，而不是平復他人的悲傷。

從這個角度來看，我們更能深刻理解我們原本對慈悲的認知有多淺薄：「我幫助你，為你感到難過，為你擔心，想做些什麼來幫你平復過來。」相反的，我們要了解真正的**慈悲是出自最高形式的愛，我們因為這樣的愛做出選擇。這樣的愛來自相同源頭的宇宙能量，它在我身上舞動造就出了我，在你身上舞動造就出了你。它起源於我們對萬物同源的認知，這種神性與整個人類的人性交織成一個獨特的宇宙網絡。**

慈悲可以融化隔閡，
是「我」的超越，以及對「我們」的臣服。
它融入共同的世界之心。
慈悲是一種意願，願意用愛去擁抱他人及全世界，
將他們放在你的心中。

　　對萬物同源的認知，會讓我們記住大家共同擁有一顆宇宙之心。真正的慈悲會以這種方式時刻提醒我們，並更新我們與神聖的連結。

慈悲的見證，讓你有勇氣繼續走下去

「我不會問傷者的感覺如何，我自己已成為傷者。」

——華特‧惠特曼（Walt Whitman），美國詩人

　　我曾聽過一則寓言故事，講的是一個母親叫她的小女兒去跑腿買東西。女孩常去的是一家沿路走下去就會走到的雜貨店，母親很清楚女兒往返一趟大概要花多久時間。然而，時間一分一秒過去，女兒卻還沒回家，媽媽開始擔心了。

　　最後，女兒回到了農舍，帶著媽媽要她去買的一袋蔬菜。

　　「謝天謝地，你終於回來，我都擔心死了，怎麼會花這麼久的時間？」媽媽問她。

　　「我在去雜貨店的路上，」女孩開始解釋，「遇到一個小女孩，她的洋娃娃壞掉了。」

　　「哦，我知道了，」媽媽說，「所以，你停下來幫她修好洋娃娃。」

　　女兒抬起頭，困惑地看著媽媽，回答道：「不是的，媽咪，我停下來跟她一起哭。」

　　在人們痛苦時，為他們保留一個慈悲的空間，提供給他們無條件的愛，是非常強而有力的，我稱之為「**慈悲的見證**」（compassionate witnessing）。**也就是，我們不僅僅是人在那裡陪伴著他們，我們的情感也跟他們同在**。我們感同身受地參與了他們的經歷，參與他們的悲傷，彷彿是一個見證者在對他們說：「你不是一個人在受苦，因此我也不是一個人在受苦。」

不管是什麼樣的經歷，
我們都希望有人能在一旁見證。
歸屬感與被接納的需求，是古老而原始的，
也是人類這個物種的基本需求。

　　自有人類以來，就彼此相互依存。這種相互依存的關係比對食物與住所的實際需求更為殷切，所以人類的祖先才會一起狩獵、一起採集食物，以及一起守護安全。相互依存的需求會延伸至心理層面，成為我們最深的一種情感需求，也就是群體的歸屬感、連結感，以及希望「被看見」。

　　渴望成為群體的一分子，正是許多社會習俗及儀式的基礎，包括出生、洗禮、成人禮、婚禮、畢業典禮、生日、週年紀念、退休歡送會以及總有一天會來臨的追悼會等人生大事。活動本身固然重要，但是當我們能跟在乎的人一起分享時，會讓這些活動變得更有意義。**快樂、喜悅以及愛的能量場會從他們身上散發出來，與我們的能量場交融，從而強化我們的情感體驗，所以我們待在一起會更快樂，喜悅的浪潮會被越推越高。**

　　一個人在房間裡聽音樂、跟著現場五千名粉絲一起參加演唱會，哪一種會讓你更興奮？一個人坐在沙發裡看球賽、與上萬名球迷在球場上一起尖叫，哪一種會讓你更激動？在這兩個例子中，「獨樂樂」明顯不敵「眾樂樂」，因為後者會讓你感受到自己與某種更大、更有歸屬感的事物產生了更緊密的連結。

　　被看見與被接納的人類需求，在人生低谷時會變得特別重要。當我們受

苦時，我們需要有人無條件愛著我們，看見我們的脆弱、混亂以及勇氣，有人能「幫我們大聲哭出來」。當我們知道有人陪伴著我們、不帶任何評判地為我們保留慈悲的空間，某種深刻的感受便會油然而生。讓我們得以在情感與磨難之火中待得更久，完成必要的療癒。

　　孩子本能地理解這一點。「你可以跟我躺在床上，等到我睡著嗎？我怕黑。」他們知道如何讓我們看見自己的恐懼，而他們真正想說的是：「我需要你幫幫我，讓我感到安全；如果我可以不必一個人經歷這些，我會覺得更安全。」同樣的，做為一個成年人，當你正在度過難關，如果知道自己不孤單，知道有人正慈悲地看著你的掙扎、心碎及悲傷，你會變得更勇敢。

　　悲傷的英文 grief 源自拉丁文的 gravare（意思是沉重）。悲傷是沉重的，哀痛也是沉重的。於是，我們得出了看待慈悲的另一個新觀點：**我們分擔了他人的痛苦、憂傷及哀痛的重量，讓他們更容易去承受這些沉重的痛苦情緒。**

> **讓他人看見我們的心，是一種神聖的人類體驗。**
> **尤其在我們掙扎時，我們會希望**
> **有人帶著慈悲與接納來看見我們，**
> **在我們哀痛、憂傷或甚至羞愧時，**
> **我們希望感覺到自己並不孤單。**
> **當有人願意跟我們一起感受痛苦時，**
> **我們會感覺到被愛、被提振、被救贖，**
> **於是，就能重新開始愛自己。**

　　慈悲意味著，我們做出了一個跟他人分享深沉情感的勇敢選擇，既要面對自己的情感，還要去感受對方的情感。我們的慈悲心會告訴他們：「你做得很好，你會沒事的。」

「創傷並不是因為我們發生了什麼事，而是我們在得不到同理心見證的情況下，把事件深藏於內心所造成。」

——彼得‧列文（Peter A. Levine），臨床心理學家

　　先停下來，看看你在讀了這些關於慈悲的內容後，是否開始有些憂傷或心情低落。這就是我在前一章所探討的，你可能正在經歷某種情緒的回溯重現。許多人都帶著情感的創傷、在心裡築上高高的圍牆，因為我們沒有從家人或摯愛之人那裡得到過這種慈悲見證的體驗。當我們的父母、伴侶無法或不願感受他們自己的痛苦時，他們往往也無法或不願看見我們的痛苦。

　　缺乏安全感與慈悲心，讓我們困在許多看不見也感覺不到的情緒中，最後，我們只得對所有人隱藏這些情緒，或是將它們放進我們的「情感冷凍庫」。這也是為什麼擁有新的慈悲體驗，對我們來說會變得如此有意義和必要的另一個原因。

　　學會為他人保留慈悲的空間，可以療癒他們情感上被忽視的舊傷口，而從他人那裡接受到慈悲，也可以療癒我們過去的傷痛。

我們所能做的最勇敢、最慈悲之舉，
就是直視他人的痛苦，不逃避。

單純地心疼對方，你才能慈悲以待

「善待你遇到的每個人，因為他們都有一場硬仗要打。」

——柏拉圖（Plato）

　　我要告訴你一個關於自己的生命故事，談談我的慈悲如何被喚醒。

　　許多年前，我跟一個深愛的人在一起，他做了一些很糟糕的事，擊垮了

我的精神、傷透了我的心。等到那段可怕的時間過去之後，我們開始修復關係並重建信任。對於噩夢終於結束我鬆了一口氣，但也發現自己無法擺脫對他的責難與批判。我愛他，也知道他愛我，但我無法停止去想他的缺點、他搞砸的事以及他犯下的錯。我滿腦子是他一長串的犯錯清單，而我能想到的唯一解決辦法就是不斷祈禱，讓自己能感受到更多的愛。

有天早上在我冥想時，一閉上雙眼，立刻被痛苦給淹沒，憂傷、悲痛、絕望的熟悉浪潮一波波席捲過來，我覺得自己就要在無法逃離的絕望中滅頂了。我開始哭泣，再一次想到自己會如此痛苦都是因為我所愛的這個人。於是，我試著去觀想他的樣子，去感覺我有多愛他，然後我哭得更厲害了。

突然間我就明白過來了，我不僅僅是因為自己的悲傷而哭，而是我同時也感受到了他的悲傷。我的心打開了，我不再是用眼睛看著他這個人，而是完全且完整地感受到他整個人。

我可以感覺到，他有多麼難以忍受他犯的錯以及犯錯的自己。

我可以感覺到，當他覺得自己在很多方面都失敗時，要他去愛自己有多麼不可能。

我可以感覺到，當他覺得自己浪費了所有時間時，他的心裡有多悲傷。

我可以感覺到，當他不得不面對自己遠離高我而找不到回歸的路時，心裡有多害怕。

我可以感覺到，當他在我的眼睛中看到他所造成的痛苦時，他有多傷心。

我還可以感覺到，他對自己沒有絲毫的慈悲。

在那一刻，我得到了一個改變一生的啟示：我不只是為自己流淚，我也為他流淚；我不只是為自己受苦，我也為他受苦；我不只是為自己心碎，我也為他心碎。**我哀悼他美麗的光芒被彎折。**

當下，在痛苦與悲傷的浪潮之下，我感覺到恩典的巨浪也隨之席捲而來。這是慈悲的恩典，我心中原本只存在著痛楚的地方，現在充滿了慈悲與善意；我心中原本暗無天日的地方，現在充滿了光明。

慈悲的恩典也帶來直接的領悟與理解，我明白，只要我不允許自己對這

個男人慈悲，他就無法學會如何對自己慈悲。我也明白，我對他的評斷反而禁錮了我，因為我們在靈魂層面的振動是如此地緊密相連，這讓他無法從自我譴責中復原過來。

最重要的是，我知道要做出愛的選擇，我必須在自己的痛苦旁為他的痛苦騰出空間。在我的療癒之旅中所缺少的並不是愛，而是慈悲的憐憫（compassionate grief）。

帶給你痛苦的人，你能感受到他們的痛苦嗎？

你會為那些無法滿足你需要的人哭泣嗎？

你能同時感受到自己與他人的心嗎？

這就是慈悲的憐憫。

慈悲的憐憫要求我們

在自己的苦難旁為他人的苦難騰出空間，

即便那個人就是使我們受苦的人。

我知道你也會心碎、失望、悲傷。這些故事或許成了過去，或許此時此刻正在發生。想想那些給你帶來痛苦的人，他們傷害了你，帶給你艱難的處境，做了一些對你及你的生活有負面影響的事情。

你的第一個本能反應往往不是慈悲，而是評斷：「他們做錯了；他們不夠努力；他們犯了大錯；他們搞砸了。」我們以理智去決定事情的對錯，然後就陷進了這樣的思維之中，這是我們切斷自己感受慈悲的能力最常見的方式之一。如此一來，我們就沒有空間可以留給愛或慈悲了。

當然，你所做的評斷可能沒錯，某個人可能正在傷害自己、傷害他人、自我毀滅，或是犯下後果極為嚴重的錯誤。儘管如此，僅僅透過批判的眼光來看待他們，只會馬上豎立起一座振動的高牆，不但造成分裂，還會切斷愛

的流動。

　　我所說的「慈悲的憐憫」可以用來平衡批判的破壞性影響，保護我們免於被困在「對與錯」的無情牢籠。當我們毫不留情地去批判我們所愛的人時，我們只會覺得事情做錯了，必須由我們來糾正。我們不會去想：「天哪，這對他們來說一定很困難，我需要更慈悲、更體諒他們。」相反的，我們只會做出這樣的結論：**「這是錯的，我必須去譴責、去懲罰、去指出這件事或糾正它。」**然後，我們就成了審判者、懲罰者或拯救者，而不是愛人、朋友或父母。

我們很難在批判一個人的同時，
又全心全意地去愛他。

　　對他人缺乏慈悲心，會使我們看不見更偉大的真理，還會使我們被困在僵化與批判之中。當你以己度人時，會使他們以某種特定方式「凍結」在你的意識中。沒了慈悲心，你不會從各個面向來看待他們，你只會覺得他們讓你失望、傷害你、無法達到你的期望，或是讓你感到心灰意冷。你會把他們丟到「情感的狗窩」裡。

　　諷刺的是，我們自以為對他人好的那些批評，會對我們試圖去「矯正」的那些人造成很大的影響。因為，我們的這些批判把他們打入了次級品，即便我們的本意不是如此。

許多幫助者、療癒者、調停者或照護者，
會為自己擅長於這些角色自豪，
他們的幫助將會變成一種我稱之為「精神獨裁」的
無意識形式，一種確保他人非改善不可的堅持，
即使對方沒有意願或做不到。

我喜歡我的朋友及導師拉莎妮·雷亞（Rashani Réa）在她那本勵志書《雖然軟弱》（*Beyond Brokenness*）所寫的一句話：「**我決定不再做這樣的假設：人們會受苦，一定是他們做錯了什麼。**」

對於我們這些在這一生被召喚去幫助、療癒、鼓舞及支持他人的人來說，這是一個難以置信的想法。**我們的心告訴我們，如果有人正在受苦，必然是出了什麼事，而我們會想事情一定是錯的或不好的，因此我們會想要去修復它、緩解它，或是去補救。**

在你的生命中可能有這樣一個人，你會希望他不用去承受他正在經歷的事，但又對他的處境無能為力。當你看到所愛的人做出糟糕的選擇，沉溺於各種成癮症或蓄意傷害自己時，你痛苦到難以忍受。在這些時刻，你會覺得：「我應該要做點什麼，我必須做點什麼！我如果無法解決或讓情形變得更好，我就是一個失敗者。」

眼睜睜看著他人走上自毀的道路，自己卻無能為力，的確令人心碎。我曾經就站在這樣的位置上，而我確定你也一樣。然而，儘管我們一再地努力，但通常無法改變結果，人們的苦難仍在繼續。因此，我們要麼譴責他們不思改變，要麼譴責自己無法讓事情變好。

這個特別的人生功課，正是宇宙不屈不撓要教導我的。在我的工作及個人生活中，我被迫去學習如何以愛與慈悲來對待他人的苦難，並且不再以己度人地在他人身上做出謬誤不公的假設。

畢竟，愛的振動與錯誤的振動無法和諧共存。我也必須去學習在不喜歡他人的所作所為時，仍然對他們懷抱著愛與慈悲。別忘了，你可以允許自己在感受慈悲的同時，也感受到憤怒、失望、悲傷等情緒。

那麼，你要如何才能超越對與錯的陷阱，找出你的慈悲之道呢？答案是：**允許自己為所愛的人誤入歧途、背叛他們自己／其他人（甚至還有你）而哀傷。你需要有極大的勇氣，才能承受這種傷痛。你必須繞過憤怒與責備、譴責或當救世主的誘惑。你所能做的，除了哀傷，別無其他——不僅傷心你所失去的，也為了你所愛之人的掙扎或一時迷失而傷心。**

不苛責自己，學會對自己慈悲

「能夠了解他人苦難的人，我稱他們為宗教家。」

——聖雄甘地

對他人慈悲，意味著我們永遠不會忘記，苦難、失敗及不完美都是人類的共同經驗。我們一遍遍地學習如何對我們及他人的人性慈悲，即使是在找不出任何神性的時刻。這是一種高標準的慈悲，在你心碎時仍然能跟這個世界、你所愛之人的苦難一起活著，並讓自己繼續待在愛的能量場中，即便你無法做得更多。

> **一個人的痛苦或掙扎，**
> **不會讓他們崩潰瓦解。**
> **慈悲會幫你，它會對你說：**
> **「黑暗之下，我知道必然有光。」**

最近我主持了一場研討會，探討的正是慈悲這個主題。我的一個進階班的學員分享了她的悲傷與心痛，因為她妹妹長期情緒低落、酗酒又吸毒，已經失去了孩子的監護權。這位學員說：「多年來，我告訴自己，我應該有能力幫助妹妹。我花了好幾百個小時跟她懇談，建議她應該做些什麼或是可以去哪些地方尋求幫助。我給她錢，幫她找工作，但是無論我做什麼，情況似乎都沒有好轉。

「但是，聽完你所說的之後，我才意識到我一直從失敗的角度來評斷自己，以為處理不了這件事全是我的問題。」

「以為處理不了這件事全是我的問題」這句話，引發了房間裡所有人的共鳴，包括我在內。就像許許多多的人，這個學員以她無法「解決」妹妹的問題來證明自己也有某種程度的不足，並剝奪了對自己的愛。她對妹妹很慈

悲，卻對自己毫不留情。

在學習如何過著慈悲的生活時，必須謹記的是，我們慈悲的對象也包括自己：

有時候，做出愛的選擇是意味著
要記得對自己慈悲，因為你無法帶走別人的痛苦。
看見他人活得支離破碎，你無法全數修補，
這並不代表你自己有所不足。

學習如何成為慈悲的存在

「你遇到的每個人都是你自己的一部分，都在為愛而吶喊。」
——艾瑞克·米迦勒·利文薩爾（Eric Micha'el Leventhal），美國詩人

對我來說，最困難的靈性課題之一，就是如何去愛那些我無能為力幫他們的人。**當你所愛的人在受苦時，你怎麼能愛他卻不跟他一起受苦呢？**你如何能一邊愛著他，一邊又讓他獨自走上自己的旅程呢？再次的，當我們深深潛進自己的慈悲時，會發現這種慈悲的形式就是「與愛同在」，因為這是你唯一能做的。

當我們全心全意地以慈悲心去對待某個人時，完全與語言、智慧或忠告無關。這是一種振動，來自我們最慈悲的愛。

「與愛同在的慈悲」是什麼意思？
它意味著，單純地停留在愛與慈悲的振動空間中，
並穩定地保持振動空間的能量。
在那一刻，愛看起來不是試圖去糾正，

也不是試圖讓對方感覺更好；
看起來，就只是愛著對方而已。

我相信很多人已經忘記愛是一種無與倫比的禮物。當我知道有人愛著我，即使我不在他們身邊，無論他們人在哪裡，我仍然可以在振動層面上感受到。當我需要時，就可以與那樣的存在建立連結，讓自己感覺更平靜也更堅強。

發現我們所愛的人正在艱苦奮戰，而我們又幫不上忙時，必須謹記的一點是，我們與愛同在的慈悲，將會為他們帶來希望與平靜。

永遠別低估你對他人的影響，
僅僅是讓他們感受到你的愛與他們同在，
即便你不能為他們做任何事，
你對他們的愛總會帶來改變，
不論是否能立竿見影地看到這些影響。

最近，我為一群健康照護者做了一場以慈悲為主題的演講，在簽書會環節時，有一位與會者走向前來。「我喜歡你今天的演講，」她說道，「但我發現，慈悲會為我帶來不健康的影響，所以我會盡量避免。」

我被她說的話嚇了一跳，以為她可能是在開玩笑，但當我抬頭看著她時，才發現她一臉認真。於是，我對她的話感到好奇：「可以告訴我你的一些經歷嗎？」

「沒問題。我是一個善解人意、直覺強的人，這是我會成為治療師的原因。在我還是個孩子時，我母親就已經十分倚賴我的支持與安慰了。問題是，每當我對某個人慈悲，不論是我的客戶或我的家人，到最後，我都會把自己搞得一身狼狽、筋疲力盡：他們抑鬱，我會跟著抑鬱；他們悲傷，我會跟著悲傷。這真的很令人沮喪，我太擅長融入他人的情緒了。」

「親愛的，**你的問題不是融入，你是掉進去了！你跳入他人的能量場，然後被吞噬了。一旦你被捲入，就很難爬出來了。**」

女人瞪著我看，我正在擔心自己說的實話讓她難以接受，她卻突然哭了起來，說道：「你一句話就說完了我的整個童年。我母親非常需要幫助而且要求非常多，她完全被自己的情緒掌控了。多年來，我的生活一直以她為主，直到她過世後，我才覺得自己真正解脫了。但是，我始終以為這種經驗會讓我更慈悲、更有同情心。」

「你感受到的不是慈悲，而是羈絆。」我溫和地向她解釋，「**你感覺像是融入，但其實你是掉進去她的負面能量裡了。**」

就像我遇到的這個女人，許多人也對慈悲抱著同樣的排斥態度。事實上，這正是阻礙我們敞開心房一個最常見的顧慮——我們不想去感受他人的痛苦，因為我們害怕被他人的情緒大海吞噬。**因此，我們警告自己，如果我們的心對某個人完全不設防，不是拯救那個人不被淹死，就是把那個人推開，免得自己被淹死。**

有時候，很多人會像這樣掉進他人的能量裡，尤其在我們害怕被拋棄、被拒絕，或者像這位治療師一樣，覺得有責任去拯救他人。於是，我們就一點點地逐漸融入、逐漸消失在他人的能量中，最後完全迷失了自己。或許在童年時，我們就知道了這一點，因為我們曾經有過「掉進」某人能量而讓自己暫時被愛的經驗；我們會這麼做，或許是不相信別人會無緣無故地主動來愛我們，因此才設法讓自己在情感上變成他們不可或缺的倚賴對象。

為他人保留愛與慈悲的空間，
完全不同於渾身濕透地掉落他人的情緒大海，
你要做的是融入，而不是掉進去！

慈悲的愛不帶任何目的

「正義、憐憫及仁慈的每個行為，都會在天堂裡奏出美妙的音樂。」

——懷愛倫（Ellen G. White），美國女作家

在我這一生中，我發現，我越是擴展自己的能力去擁有更多愛與慈悲，我就越能真正去付出，而對象不僅是來參加我演講及研討會的人，或是我的學員們，也包括我遇到的每一個人，即便是萍水相逢的陌生人。以下就是一個真實的故事。

幾天前，我從寫作中暫歇，開車到我在聖塔芭芭拉最喜愛的地點，坐在長凳上眺望大海，花了點時間提振精神。我注意到附近有個女孩，正背對著大海自拍；我心裡突然來了感覺，於是對她說：「要我幫你拍照嗎？」「太好了。」她回答。於是，我讓她擺好姿勢，拍了幾張我希望她會喜歡的照片。「你人真好，願意幫我拍照。」她說。

她感謝我的方式引起了我的注意，我能感覺到有人傷了她的心。於是，我沒有祝她有美好的一天後就坐回長凳，而是站在她身旁，問她從哪裡來。她說她住在希臘，遠道來看她加州的男朋友，她的男友是去年在歐洲度假時認識她的。在她尚未說更多之前，我就知道這段關係應該已經遺憾地結束了，不然她應該是正在享受夢想已久的浪漫重逢，不會獨自一個人跑到這裡來。而且，這個結局也讓她大受打擊。

就在此時，我心中的愛開始往外湧，將她包裹在慈悲之中。我知道她已經感受到了這股能量，即使她可能不明白那是什麼。我也意外地察覺到，她竟然融入了我這個陌生人給她的能量之中，這一切都發生在短短的三十秒內。雖然我們彼此沒有更進一步的對話，但是我知道她感覺得到自己的遭遇被看見了，而且還很奇妙地，她的傷痛同時也被看見了。

她情緒的閘門就這樣突然被打開了，她坦白告訴我，當她抵達美國時，她的男友一點都不歡迎她來，態度冷淡無情。他已經移情別戀，卻沒有告訴

她，枉費她飄洋過海地來看他，卻受到這樣的冷遇。她原本長達三週的旅遊計畫，頭兩天就被打了冷槍，因此只好帶著一顆破碎的心獨自在加州旅行。

我帶著慈悲的愛聆聽並感受她的痛苦。這樣的痛苦，我們全都體驗過，感覺就像你原本認為所在的穩固地面卻一下子崩毀了。當她邊說邊流淚時，我也陪她一起流淚。在她的人生旅程上，這是一個飽受折磨的時刻，我給予我的愛，**參與了她的哀傷，參與了她的痛苦，也就是前面提過的猶太教箴言** *l'hishtatef b'tsa'ar*（參與他人的悲傷）。

「我很遺憾你會經歷這些。」我握著她的手，溫柔地說。

「我可以跟你說一件事嗎？」她問我。「我真的不敢相信，我會站在這裡跟你分享這些事，我甚至連你的名字都不知道。我都羞愧到無法告訴我在希臘的媽媽和朋友們了。我就是覺得你身上有某種東西，讓我不由自主地想說出來。我很抱歉打擾你了。」

「不要感到抱歉，」我再三保證她沒有打擾到我，「我想我們一定是注定好要相遇，因為我今天原本沒有打算來到這裡。現在，我真的很高興也很榮幸，讓你覺得可以安心地跟我分享你的心事。」

「謝謝你！」她說，「你不知道這一刻對我有多重要，就像我剛從黑暗中掙脫出來一樣。既然我都已經把心事說給你聽了，我們可以彼此認識一下嗎？我叫亞莉山卓，請問你的名字是？」

「我叫芭芭拉。」

女孩瞪大了眼睛，倒抽了一口氣，興奮地驚呼：「那是我母親的名字！」

「所以，你終究還是把事情告訴你母親了。」我笑著說。

我們的心不需要任何訊息，就能柔軟、慈悲，
它只需要愛。

　　我開車去海濱公園的那一天，不知道自己會幫到亞莉山卓，我出門時並未抱著去幫助或療癒他人的意圖。然而，我的心已經隨時準備好要去感受另一顆心的痛苦，去分擔這個世界的傷痛。其實，我並沒有做什麼，我只是讓愛自行其事。那一刻的奇蹟屬於愛，當我們允許愛自行其事，它總會找到方法，在我們最需要的時候，恰如其分地提供所需。

　　當你開始活得更慈悲，你的慈悲會散發到他人身上，你的能量振動場就像是一座安全的避風港，充滿了無條件的愛。只要跟你待在一起或說上哪怕一分鐘的話，都會讓人覺得受到撫慰。這會讓他們開始對自己慈悲，不論他們在這趟人生旅程上已走到哪裡。

> **我們相互扶持，為彼此服務。**
> **每天早晨當我們醒來時，**
> **不知道這一天會如何回應召喚，**
> **提供我們的服務。**
> **明白這一點，我們就會提前準備好，**
> **成為一間充滿愛與慈悲的溫馨客房，**
> **提供給我們的旅伴。**
> **他們會出現在我們的人生道路上，**
> **尋找一個無限包容的安全庇護所。**

喚醒你的慈悲

「就我們所知，最美麗的人是那些經歷過失敗、苦難、掙扎、失去並最終走出深淵的人。這些人對於生命的欣賞、敏銳及理解，讓他們充滿仁慈、溫柔及深切的關愛。這些美麗的人會出現，絕非偶然。」

——伊麗莎白・庫伯勒－羅斯（Elisabeth Kübler-Ross）

　　我摯愛的母親費莉絲（Phyllis）正是慈悲的化身。她這一生承受著很多煎熬，但始終寬容大度，包括原諒我在青少年時期糟糕至極的行為；那時，我幾乎不跟她說話。雖然當時我並不知道，我正在經歷一個極度痛苦的靈性危機，試圖去了解為什麼我出生的這個世界跟我隱約記得的愛之國度，距離如此遙遠。

　　我不敢想像我的疏離曾經帶給她多大的痛苦，至今我仍然怯於去回想。慶幸的是，在十八歲那年，我正式開始了我的靈性旅程，從沮喪受挫的探索者轉變成無憂無懼的冥想者，並重回到我可愛又慈悲的母親懷抱。此後的日子，每當我給她買禮物或是送她去度假，我都會開玩笑說：「這是為了彌補我十幾歲時所做的糟糕事。」然後母女倆就會笑個不停。

　　時間一年年過去，我從東岸搬到加州，事業越成功，生活就越忙碌。母親是我最大的粉絲，也是我最忠實的支持者，我珍惜她無條件的愛。然後我母親老了，我也是。

　　在母親六十多歲時，我注意到我們通電話的內容開始跟以往不一樣了。母親說：「我剛從表弟的葬禮回來。」或「你還記得我那個游泳俱樂部的朋友蘇嗎？她剛被診斷出患有乳腺癌。」或「親愛的，如果我的聲音聽起來有點沮喪，真的很抱歉。有個悲傷的消息，我鄰居朵羅莉絲再也無法照顧她先生了，她不得不把他送到安養院。」或是「我剛剛看到訃聞，你高中的數學老師過世了。」

　　她的生活步調也改變了，而這改變了她想討論的話題。她以往有趣的度假之旅，變成了她為治療我繼父癌症的求醫之旅；後來，則是為了治療她的癌症。她的日程表曾經填上的都是令人興奮的社交活動，現在則排滿了看診預約、拜訪她在養老院的朋友，以及參加追悼會。

　　每隔幾天我就會打電話給母親，查看她的近況並分享我自己的消息。但我注意到，我再也無法像以往那樣期待著這些電話，而我對這樣的改變感到內疚與沮喪。我或是正忙著拍攝電視節目，或是正在宣傳新書，在忙碌的行程中接到我母親的電話，都會讓我神經緊繃、心情低落，而不是像以往總有

講不完的話；有時候，我還會不耐煩地想快點結束通話，而我慈悲的母親為了寬慰我，總會這麼說：「**沒關係，親愛的，你可以先去忙。我知道你在做很重要的事，只要記得我多麼以你為榮、多麼愛你就好。**」

我的母親深愛著我的繼父，全天候地照料了他十一年，而就在他過世後不久，她自己也被確診罹患了癌症。這個消息讓我們所有人都感到震驚。那段時間，我盡可能常常去看望她，每天跟她說上三、四次話，讓自己充分了解她的病情、療程以及照護的每個細節。我不斷祈禱她能康復，然而，不過六個月的時間，她就走了。我知道她與心愛的人肯定在天堂重逢了，而我卻成了一個無父無母的成年孤兒。

我飛回費城，回到那間從小長大的小房子，開始了一項在情感上的不可能任務：一樣樣檢視我母親的遺物。她對生命、對人的愛純潔又天真，幾乎保留了每一樣有紀念性的東西：丈夫寫給她的每一封情書；我寫給她的每一張卡片——從我第一次會寫自己名字的卡片，到我不知道會成為最後一張寄給她的卡片（她臨死前收到）；我的採訪、暢銷書排行榜的每一則新聞剪報，以及寫過的每一篇文章；我從幼稚園開始的每一張成績單；朋友寄給她的每一封謝函；她參加的活動以及在百老匯看過的表演節目單；親人朋友的每一則訃聞。

我開始清理她的床頭櫃，櫃子上擺滿了各種藥瓶。我一直不敢走近她的床，因為枕頭和被子還是那個晚上她被救護車載走時的樣子，仍然維持著頭與身體的形狀。我嘆了口氣，打開床頭櫃的第一個抽屜，看到一本祈禱書被小心翼翼地放在最前面。拿起它時，我注意書頁之中夾著一張摺疊起來、非常舊的紙。

我雙手顫抖地打開那張紙，最上面一行她寫著「悼念」，下面則是一長串的名單，**她用工整的字跡寫著她已經離世的親朋好友姓名。**名單上的第一

個名字是她高中時的男友艾爾，他在二次世界大戰中喪生，沒能回到家鄉娶她；我認出了她的父母、表親、朋友、熟人、鄰居以及猶太教堂成員的名字，每個名字旁邊都寫著死因：心臟病發、中風、意外、肺炎……隨著時間一年年過去，她的字跡開始不像以往整齊，變得歪扭潦草；直到名單上的最後一個名字，可以看出她寫得格外費力，有心要將它寫得盡可能工整。那是她所深愛的丈夫、我的繼父：丹尼爾・葛許曼（Daniel Garshman）——癌症。

　　我把這張磨損嚴重的紙緊抓在胸口，開始哭了起來。我哭是因為想念母親，她的逝去在我的世界留下了一個再也無法填補的空洞；我哭是因為我感動於她謙卑又認真地逐年記錄，用這樣的方式悼念在她生命中消失的所有摯愛；**我哭是因為在那個痛苦的時刻，我哀慟又後悔，突然明白過去的二十年，當她一個接一個地失去那些跟她在這趟塵世之旅同行的人時，我沒能更慈悲地對待她。**

　　我知道，除非親身體驗過一遍，我們無法完全易地而處地跟他人感同身受。我知道，身為一個正在建立自己事業的四十歲女子，我不可能理解失去父母、失去摯友、看到另一半病情惡化或經歷自己的健康每況愈下會是什麼感覺。我也知道，不論我有多愛她，我還是無法完全理解她。但是，在看到清單的那一刻，我邏輯上所知道的事完全無關緊要了。我只剩下深深的懊悔與自責，因為我給予母親的慈悲比起我應該付出的，真的太少了。

　　如今我已經六十多歲了，此時的我完全明白了母親在我這個年紀所經歷的事。我珍惜已經不在人世的朋友及同事，包括我高中的男友，還有我的一些學員。在我看到從小就喜歡的一個藝人去世的新聞時，震驚地想著：「沒想到他這麼老了。」然後看了看自己的醫療保險卡，才發現自己也已經這麼老了。

　　我有什麼願望呢？我希望能跟我母親說：

　　　　媽媽，失去桃樂絲你一定很傷心，她是你從小到大最好的朋友，你們每天都要通電話。

　　每一次當你看到電話簿上的名字，想到他們已經不在了，你一定很難過。

　　看著你的身體逐漸衰老、健康每況愈下，你一定很害怕。

　　對不起，你今天得自己開車去參加葬禮。

　　對不起，我只會讓你戴上助聽器，卻沒有去理解你對聽不見的恐懼。

　　對不起，我沒有花更多時間耐心去傾聽你經歷的每個細節。

　　對不起，我沒有花更多時間陪你一起哭。

　　現在，我就在這裡，請告訴我一切，我會一直陪著你。

　　雖然以上是我個人的私事，但我覺得拿出來跟大家分享很重要，因為它揭示了展現慈悲的一個強大的時刻。從我年紀還小時，就一直被人稱讚有愛心、懂得關懷他人，而這些也是我始終抱持的價值觀，甚至比成功、財富及名望更重要。我承認，我真的相信自己理解何謂慈悲。**我母親的過世更帶給我豁然開朗的啟示，讓我學習到珍貴的一課，那就是：即便我已經心懷慈悲，仍然還可以喚醒更多的慈悲。只要有心，永遠有取之不盡的更多慈悲。**

　　當你讀到這一章時，或許會開始想知道：

　　「我一直以為的慈悲，是真正的慈悲，或只是部分的慈悲？」

　　「我的慈悲是否暗含著評判的成分？」

　　「我是否把矯正、救助及照護他人的行為錯當成慈悲？」

　　「我會抗拒去感受他人，是否因為我通常不只是融入而是掉進去對方的能量中？」

　　「我的慈悲是不是一種有條件的慈悲，因為我要看對方是否有付出努力？」

「我的慈悲是否只局限於我認識或所愛的人，而不是包括其他長相不一樣、選擇不一樣、信念不一樣或自己不喜歡的人？」

做出愛的選擇，意味著
要有勇氣去正視你的不慈悲之處，
並仍然能慈悲地去看待你的不慈悲。

這一點並不容易做到，因為我們往往認為自己是個善良、有愛心的好人。然而，對於你在靈魂方面的成長，以及從人性提升到更完整的神性來說，做到這一點非常重要。當然，我們也必須對自己的努力抱持慈悲心，切記，慈悲要能完整展現，不是一天、一個月或是一年之內就能做到。

以下是關於慈悲的一些反思，這三個問題可以幫助你開始理解、深化及啟發你與慈悲的關係。

～愛的選擇：關於慈悲的三個大哉問～

我一直認為的慈悲是什麼？
我必須做什麼來擴展我的慈悲經驗？
在我現在的生活中，我需要在什麼地方變得更慈悲？

要回答這些問題，有一個簡單的方法，就是列出一份清單，寫下從過去到現在，你生命中跟你有關的人。然後，透過你新的慈悲之眼去審視每一段關係。問問自己：

「有沒有什麼方法可以讓以前的我或現在的我變得更慈悲？」

「我如何能給那個人更多的慈悲？」

「以前的我因為不了解慈悲而錯過的事，現在的我有什麼不一樣的看法？」

試想一下，如果全世界的人都能花點時間來問問自己這些問題，並謙卑地聆聽自己內心的答案。一想到這個可能的遠景，我的眼睛就盈滿了淚水……

靈性慈悲：你的愛如何療癒世界

「慈悲不是宗教，而是人生哲理；它不是奢侈品，而是和平與安定人心的必需品；它對人類的生存至關緊要。」

—— 第十四世達賴喇嘛

一路走來，你的道路並不完美亦不輕鬆。你曾經墜落、被擊倒、偏離你的高我、遠離真理、失去了愛，有時甚至失去了信心。但是，這些會讓你失去慈悲的能力嗎？絕對不會。事實上，正好相反。記住，正是你不完美但美麗的人性，讓你得以真正慈悲地對待每個你所遇見的人。

> 慈悲是精神與情感上趨向成熟的重要標誌，
> 我們來到一個超越了助人、矯正、控制及批判的所在，
> 並發現這是一個充滿無限愛的場域，
> 超越任何作為及任何成就。
> 從那樣的愛中，我們至高無上的神性，
> 會伸出手來擁抱我們自己以及他人的人性。

現在，我們比以往任何時候更需要慈悲。因為事實是，今日的世界充滿了痛苦與苦難。對於胸懷寬廣的人、理想主義者，或是擁有老靈魂的人來說，有下面兩種選擇：

切斷它，不再去感受，因為這個世界令人不適。
或者，打開自己的心，以慈悲去見證一切，並用愛溫柔地包容這個世界，知曉對人性失望並為其哭泣，也是療癒與轉變的一部分。

我的一位學員用優美的文字，描寫了她所理解的「無所畏懼的慈悲」：

「我能理解生而為人的痛苦，卻不包括因為絕望而產生的痛苦。無法去矯正或平復或做些有幫助的事，這種絕望讓我想遠離或逃離我們這個星球的所有痛苦。但現在我知道了，我，還有你們，都能對這個星球的療癒，以及對過去、現在及未來人類的療癒，做出一些貢獻。」

當你越是能在靈性層面上取得進展，越能有所領會，當你感受到痛苦時，你感受到的不僅是自己的痛苦，還包括你以某種方式所接通的那個苦海。你會察覺到，你所體驗的不只是一個人的悲傷，還有來自貫穿所有人的那條悲傷之河。當你允許自己去感受這些時，你就把愛帶給了他人，而在那一刻，你也多多少少療癒了全世界的悲傷。記住你是如何影響到全體的「我們」：

我們在振動層面上彼此相連，
你給予集體意識之海的一切，
都會影響其他所有人。
當你對一個人多加了幾分的愛或諒解，
就是在集體的意識之海中多加了幾分的慈悲；

當你為慈悲畫地自限，
就是把慈悲帶到了批判的大海中，
而許多人正在這個海洋中載浮載沉。

　　當然，這又把我們帶回到這個議題上：療癒你與心的關係，以及擴展愛的能力。這兩者都非常重要。你越是對自己心平氣和，就越能心平氣和地對待別人，以及這個世界。

　　切記：不管自己是否意識到，每個人其實都在強烈的情緒中打滾；在這趟人生旅程中，也經常感到迷茫與惶恐。不願意去承認並尊敬這個事實，只會帶來疏離和評判，不會在我們這個世界的振動層面上建立安全感。

過慈悲的生活，意味著
願意去感受世界的傷口，不畏懼、不逃避，
並且知道當你的愛碰觸到傷口時，
會產生療癒的力量，而這股力量
會在我們共有的神祕漩渦中穿梭來去。

愛的選擇：慈悲的祈禱

　　「慈悲的祈禱」（Prayer of Compassion）是我在活動時經常會給我學員的祝福。許多宗教傳統都有這一類的祈禱，而我採用的是相當簡潔的兩句話，感覺起來更加親近，而不是一種制式化的版本。這兩句祈禱語包含了無限的心意，是你能給予所愛的人、全世界所有正在受苦的人以及全人類的最高意圖，因為你是為他們內在的靈性自由而祈禱。**不論你是否還能多做些什麼，你都可以將至高的愛連同這樣的祈禱帶給他人。**

～愛的選擇：慈悲的祝福～

願你不受苦。

願你平安。

如何練習「慈悲的祝福」

每天早晨、晚上或任何你需要的時候，一個人安靜地想想我們的地球以及全人類。你可以在任何地點做這件事，但你或許會發現，點根蠟燭、站在戶外的太陽或星空下或是讓你感覺開闊的空間，可以營造出更神聖的氛圍，讓人精神一振。

首先，閉上雙眼觀想地球，深呼吸，默想或說出來：「願你不受苦；願你平安。」

接著，再觀想一個或多個你希望獻上祝福的人。他們或許身體或心裡正在經歷著挑戰或受苦；或者他們只是你所愛的人，包括你的伴侶、孩子、家人、朋友、同修或是你的導師。

你可以一次只觀想一個人，一個接著一個去觀想他們的樣子，或是一起觀想所有的人。再次深呼吸，默想或說出來：「願你不受苦，願你平安。」如果你想要更慎重的話，可以分別為每個人說一遍；假如時間有限，可以在腦海裡把這些人放在一個美好、安適的群組中，一起祝福他們。

然後想想自己，包括你的旅程、你的挑戰、你目前的壓力、擔憂以及所關切的事。深呼吸，默想或說出來：「願你不受苦，願你

平安。」

　　你可以在這兩句話的開頭加上某個人的姓名，或是在結尾加上「今天」二字，讓你的祝福更具體，尤其是對你所愛的人以及自己。例如：「**芭芭拉，願你不受苦，願你平安地度過今天。**」

「慈悲的祝福」看起來很簡單，但力量強大且直抵人心。每個字都經過我仔細推敲及選擇過的，它所誘發的情感會讓你大吃一驚。**這兩句祝福語所包含的訊息，來自最高層次的愛**；當你默想或說出這兩句話，有助於融化你冰封的心，並將所有累積的振動殘骸清除乾淨。

　　如果你願意，現在就可以停下來試試這個「慈悲的祝福」。當你用最崇高的意圖來校準自己、所愛的人以及這個世界，就能立即感受到振動頻率確實改變了。

　　這就是我們會來到這個星球的原因──逐漸從苦海中解脫，離心安與平靜越來越接近，並成為提振他人、讓他人安心的泉源，無論對方是我們的家人、孩子、員工、客戶、所愛的人、朋友，甚至是陌生人。

　　要以一顆開放、不設防的心活在這個世界，需要極大的勇氣。身為轉化的存在，我們不會自欺欺人，我們都知道一點：越是慈悲的人，往往也越容易心碎。

　　因此，我們每個人都必須問問自己這些問題：

　　　　我是否有足夠的勇氣去感受這個世界的創傷？
　　　　我是否勇敢到足以去感受不屬於自己的痛苦？

如果我做不到，誰做得到呢？

我們要溫柔有耐心地提醒自己，我們正處於被拋光精煉的階段，就像尚待琢磨的原石，終有一天會成為一顆璀璨的鑽石。

> 慈悲是最高級的靈性實踐，
> 是一種具有生命力的祈禱形式。
> 當你能感受到自己的心，就能感受到每個人的心——
> 快樂的、受傷的、有信心的，
> 或是反抗的、恐懼的、充滿希望的。
> 去感覺所有的心，去感覺每一個人。
> 當你能夠感受到每個人的時候，你就能對自己更有覺知，
> 你會因為自己的愛而變得聖潔。

第7章

愛讓自己成長
學會無條件愛自己

「愛的第一道漣漪必須從你的心中升起。如果它無法為你自己升起，它也無法為其他人升起，因為其他人距離你更遙遠。就像往寂靜的湖裡丟石頭，第一道漣漪必然是圍繞著石頭生成，然後才會繼續往更遠的岸邊擴散開來。」

——奧修（Osho）

如果你要我說一件你最需要的事，它能讓你在個人成長的道路上推動自己前進，並為你的人際關係、工作和靈性擴展帶來更多的滿足感和成就，那麼我的答案很簡單：**你需要更多的愛。**

你是否問過自己這些問題：

我怎樣才能讓自己更自信？

我怎樣才能療癒過去的情感創傷？

我怎樣才能成為更好的父母與伴侶？

我怎樣才能停止對自己這麼苛刻？

我怎樣才能找到克服恐懼的勇氣？

我怎樣才能讓情緒更平穩，不再這麼焦慮？

我怎樣才能學會傾聽，並信任自己的直覺與內在的聲音？

上述所有問題的答案都是一樣的，就是愛，唯有愛。世界上所有的智慧、指引、目標、勵志教導以及待辦清單，都只能帶你走這麼遠，除非你**用愛做為燃料，推動自己前進。**你可能會這麼想：「我有那些愛我的人。」但

是，你需要的這種愛不是別人給你的愛，而是你必須給自己的愛。

愛是唯一的激勵因素，能真正幫助你
療癒、開放、轉變、覺醒及解脫。
推動自己前進的祕訣，
就是學習如何更愛自己。

我相信你對那些鼓勵你愛自己、善待自己的傳統智慧已經很熟悉，例如聽喜歡的音樂、為自己買新衣服、在喜愛的餐廳好好吃一頓，或享受美甲按摩服務等等。然而，正如我們所見，愛自己的體驗只能從內而外，不是由外在事件或作為所引發的。當然，**你可以藉由做這些外在事件來照顧好自己，但愛自己，必須從內在產生。**

愛自己，不僅是對自己好的貼心作為，
更是對真實自我的認同。
你會從中體驗到，自己是至高無上之愛的化身，
並把這樣的愛帶入你與自己每一天的相處。
愛自己的最偉大之舉，
就是去記住：你就是愛。

生命會找到出口，愛自己也會

以下是在我開始寫這一章時，發生在我身上的真實故事。

幾個星期前，我走進客廳時，意外地發現地板上有一隻小鳥。我停下了腳步，安靜又驚訝地盯著那隻小鳥。牠看起來不像受了傷，也沒有驚慌失措地亂飛亂跳，牠只是目不轉睛地回望著我。

「牠從哪兒飛來的？」我納悶著。我想牠應該是在我開門取郵件時飛進來的，或許只是好奇地飛進來看一看。雖然我很高興有這位毛茸茸的小訪客，但我知道，牠還是得回到牠在大自然的棲息地。

我慢慢彎下腰，想輕輕地抱起牠來，但牠馬上受到驚嚇，飛到高高的天花板上。幾秒鐘後，牠往下飛降，透過高高的玻璃窗向外看，彷彿在想要如何出去。接著，牠似乎意識到牠雖然可以看到外面，卻沒有出口能飛出去，於是牠飛到了別處，試圖尋找另一個出口。

我跟著牠在客廳裡繞來繞去，把所有門窗都打開了，好讓牠可以更容易離開，同時我也試著溫柔地引導牠朝出口飛出去。牠一次次地停在門旁或窗戶旁的椅子上，甚至就停在門把上好幾分鐘，但就是不肯離去。

現在，小鳥開始撲動纖細的翅膀，我可以看到牠的小身軀在顫抖。「小東西，沒事的，」我用溫柔、平靜的聲音安撫著牠，「你不是被關在這裡，你想什麼時候離開都可以，別害怕。」牠聽我說話時會安靜下來，但很快的，又會飛到另一個地方。

最後，小鳥飛進了桌上的一個小籃子裡，然後就站在籃子正中間不動。我走過去跪坐在旁邊，讓我的心對這隻小鳥毫無保留地敞開。我可以感覺到同樣的生命力在我們兩個身上流動，那是連接著我們及所有生物的神聖紐帶。有那麼一刻，我們彷彿合而為一。突然之間，我意識到這是怎麼回事。這隻小鳥需要幫助，即使自由就在眼前，牠還是需要有人助牠一臂之力。

我持續沉浸在愛的空間裡，輕輕地靠向籃子。小鳥不僅沒有飛走，更令人驚訝的是，牠還安靜地讓我把整個籃子（還有在籃子裡的牠）提了起來，從客廳走到外面的露台，然後把籃子放在露台的桌子上。我以為小鳥一旦接觸到戶外的新鮮空氣與寬敞的空間，就會立刻飛走；但牠沒有，牠還是從容地待在籃子裡。我看著牠，牠也回看著我。

從「心」這個洞悉一切的所在，有個新理解浮現了：**這隻小鳥需要愛，需要被溫柔以待；牠需要被撫慰，需要給牠信心，相信自己能飛。**感覺起來這並不合邏輯，但我相信自己內在的聲音，於是決定去做一件我從未做過的

事情。

　　我慢慢地把食指伸向那隻小鳥並開始撫摸牠，從牠的小腦袋開始，往下來到牠美麗的頸背及纖細柔軟的棕色羽翼。當我觸摸小鳥時，我讓自己心中充滿了溫柔的情愫，並想像這些感情從我的食指流到牠身上對牠低語：「你這麼勇敢地來到我家裡，讓我可以愛你。你想什麼時候飛走都可以，你隨時都是安全的。」

　　我就這麼對著一隻小鳥說了五分鐘，全心全意地愛牠。我一直以為牠會馬上飛走，但牠沒有；牠安靜地閉上了眼睛，全然地接受我給牠的一切。感覺上像是時間與空間都消失了，全世界只剩下我跟這隻小鳥，以及這個充滿愛的空間。

　　然後，小鳥突然睜開了眼睛，看了我最後一眼後展開翅膀，迎著清晨溫暖的微風，往高高的樹梢飛去。

　　這個故事跟你、你的覺醒之旅以及愛的選擇有關。那一天的小鳥是我的老師，**牠提醒了我，我們有多麼容易就被困在內心深處，即使我們無意如此；而無論我們藏在哪裡，唯一的選擇都是愛自己，愛自己才能讓你破繭而出。**

　　那隻小鳥飛進我家，並沒有打算就躲在屋裡，但牠確實是陷入了飛不出去的窘境。同樣的，當我們陷入舊有模式之中，我們也不見得總能認清狀況；我們沒有意識到，當我們試圖保護自己的心時，就會被情緒高牆困住。

　　我們躲在情緒的藏身之處，然後告訴自己，只要我們想，隨時都能找到出路。「我打算封閉自己的情感一陣子，如果有一天遇到特別的人，我相信馬上就可以把心打開。但在此之前，我對什麼事都不會太在意，這樣才不會失望。不過，如果突然有重要的新工作或機會上門，我保證會立刻恢復以往的熱情與專注。」

　　當然，事實不是如此。就像那隻小鳥一樣，我們會先被恐懼壓垮。我們

的出口明明就在那裡，通往自由與解放的大門就在前方，我們的解決方案顯而易見，但我們卻拍打著翅膀亂飛，驚慌失措地撲撞著自己築起的高牆，不知道如何找到通往光明和自由的出路。

在這些時刻，我們需要什麼？就像那隻小鳥，我們需要得到安慰、被溫柔對待，需要愛自己，讓我們勇敢地從藏身之處走出來、展翅高飛。

想要展翅高飛，
就必須先愛自己。

威逼利誘，不會讓你變得更好

「力量有兩種，一種是藉由對懲罰的恐懼而獲得，另一種是藉由愛的行為而獲得。以愛為基礎的力量有效且持久，比因為害怕懲罰而獲得的力量要強上千倍。」

——聖雄甘地

每次當我回想起我的小鳥老師帶來的教誨時，也納悶著有多少人遇到相同的情況，會對著這隻小鳥大吼大叫，試圖把牠嚇走。這也是許多人常常會對自己做的事：為了擺脫舊模式與不安全感而嚇唬自己。我們試著強迫自己的愛、智慧及勇氣出現，但這是行不通的。只有愛、憐憫及溫柔，才能讓我去幫助那隻小鳥，讓牠不至於受到驚嚇，一頭撞上玻璃或牆壁，然後昏死過去。你對自己，也應該這麼做。

除了愛，沒有任何事物可以讓你產生真正的轉變。你無法嚇唬自己，讓自己去做對的事；你必須愛自己，讓自己去做對的事。

有時候，在成長過程中，如果沒有愛來激勵我們或讓我們產生安全感，我們可能會認為，對自己嚴厲或苛刻才是讓自己成長與成功的唯一方式，而

賦予自己力量也意味著要鞭策自己前進。或許，你的父母或老師就是如此教導你的，但我並不認同。恫嚇與恐懼是小我經常使用的原始手段，都是低層次的振動；我們之所以學會使用這些手段，是因為它們就是我們看到或接觸到的方式。

愛永遠是生命最大的動力。
當你足夠愛自己時，就會成長和療癒；
你無法嚇唬自己，用恐懼來讓自己前進，
你必須愛自己，用愛來讓自己前進。

生而為人，我們一直都在愛中成長。當你踏出搖搖晃晃的第一步而摔倒時，你的母親會本能地知道該說什麼：「好孩子！看看你邁出第一步了耶！我為你感到驕傲！你太棒了！」即使你摔痛了，抬頭看著媽媽滿懷關愛地看著你，你也會找到站起來再試一次的信心。

想像一下，如果你跌倒後，你的母親是這樣說的：「笨手笨腳的，才走一步就跌倒，你就只能做到這樣嗎？來，讓我們看看你是否可以在房間裡走三遍……或許我就會覺得你很棒？」結果會是如何呢？我總是跟學員們開玩笑，如果我們得到的是這種回饋，大概就沒有人能學會走路了，我們會全都坐在嬰兒車裡！

靠恫嚇的方式來讓自己前進，只會適得其反。
恐懼只能暫時激勵我們，
但最終會瓦解我們、打擊我們；
同時，恐懼還會導致收縮，
讓生命力沒有餘裕的流動空間。

還記得前面提到的「情緒迴路系統」嗎？如果你是在虎媽虎爸威逼恫嚇

的教養下長大，或許會無意識地相信，恐懼才能激勵自己。如果你大腦中的愛、成就已經跟恐懼的迴路串連在一起，那麼每當你想到「我想成功」時，大腦發出的訊息就會是：你最好對自己更嚴格一點。而且這些時候，你不會覺得是在恫嚇自己，你會堅持說：「這是在自我激勵。」因為對你來說，激勵的感覺就是這樣。

當你習慣以恫嚇的方式迫使自己前進時，最後只會走到你無可避免地開始反抗，因此你前進的距離相當有限。反抗誰？就是你自己！你會起而反抗那個對自己搖手指、吹毛求疵的自己，那個你會說：「你最好這麼做，否則的話，哼！」這是許多人會跟自己過不去的原因之一，他們對自己的愛不足以讓他們前進，而且某些時候還會產生反抗心理。

> 如果你以嚴厲的手段來監督自己的成長過程，
> 只會助長隨之而來的叛逆與反抗。
> 你反抗的，不是外在的人事物，
> 而是反抗你自己、你的目標以及你的轉變，
> 你才是那個受苦的人。

在我這一生中，從未用恫嚇的方式逼自己前進，我經歷的成功及所有內在的成就，都是來自於愛自己的推動力。此外，我所面對的每一個障礙都被克服了，這也是因為我用愛推動自己前進。

我有一次在研討會上教到這個道理時，有一個魁梧健壯、肌肉發達的男人瘋狂地舉手要分享他的心得。他是一位知名的健身教練，第一次來參加我的活動。「我明白了，芭芭拉博士！」他站起來大聲宣布，**「恐懼是奶油夾心蛋糕，愛是高蛋白能量棒。」**

「這是個有趣的比喻。」我不確定他是什麼意思。

「是這樣的，」他繼續說明，「恐懼就像是攝取大量糖分後會產生的興奮感。在健身房長時間健身時，你可以吃些東西幫助你維持體力，或是吃些能在短時間內產生爆發力的東西，但效果可能只有十分鐘，然後你就會虛脫了。明白了嗎？恐懼是奶油夾心蛋糕，愛是高蛋白能量棒。」

底下樂不可支的聽眾爆出了熱烈的掌聲，我也跟著鼓掌。我很喜歡這個比喻，因為它說得沒錯！**恐懼是小我的速食餐，可以為你帶來暫時的高熱量，但很快就會耗盡；愛才是可以長期支持你的能量棒。**

「讓人怕你，不如讓人愛你。」

——塞內加爾的諺語

從你如何跟自己互動，就可以看出你跟他人會如何互動。因此，當我們習慣用恫嚇、壓迫的方式逼自己前進，就會在無意間也以相同的方式去對待他人。傳統智慧往往告誡我們，要壯大自己，就必須讓人們永遠懼怕我們。然而，這其實是軟弱，根本稱不上強大。

真正的力量會創造出一種環境，讓人們因為我們的存在而感到安心，在我們身邊，他們的振動頻率也會提升到最高。

恐懼是一種低頻率的振動，
會讓人們的振動頻率下降至最低。
利用恐懼去控制他人，跟力量無關，也跟強大無關，
而是代表軟弱、操縱以及控制。
這意味著，你沒有能力去愛，
沒有能力將人們提升至最高的振動。

當人們害怕你時，你就失去了所有的力量；

當人們因為你愛他們而愛你時，

你是否強大，其實已經無關緊要了。

你是否能夠無條件地愛自己？

「最常踐踏我們的力量，往往是我們自己創造出來的。」

——莎士比亞（William Shakespeare）

當我在教學員們如何愛自己時，總有人會說：「我完全同意你的看法，我也真的很愛自己。」但是，當我要求他們列出哪些時候他們會感受到愛自己時，他們列出的答案幾乎都跟**外在的成就或勝利**脫不了關係：**我升官了；我完成了一個專案；我達到了我的跑步目標；我的瘦身計畫成功了，我堅持下來了**……這些都是很好的成果，但你會愛自己卻是因為事情的進展符合了你的期望。這種表現，就是有條件地愛自己。

當我們表現出色、人際關係進展順利，或是實現對自己的期待時，我們很容易就會自我感覺良好。然而，一旦擔驚受怕時，不見得每個人都還能愛自己。

迷惘困惑時，我們不見得會愛自己。

生活艱困時，我們不見得會愛自己。

有人不愛我們時，我們不見得會愛自己。

我們什麼時候會愛自己？在我們表現得體、達到自己或他人對我們的期望、不犯錯、得到想要的結果……聽起來功利又無情，不是嗎？

大多數人的心目中都有一份無意識的祕密清單，開頭是：「我會愛自己，當……」後面接著的就是各種我們所決定的情況，而我們必須滿足這些情況，才能獲得自己的愛。例如：

　　我會愛自己，當我減掉二十磅時。

　　我會愛自己，當我終於開創了我的事業／寫完我的書／達到目標的時候。

　　我會愛自己，當我償清所有債務的時候。

　　我會愛自己，當我找到對的人結婚時。

　　我會愛自己，當孩子獲得好成績，我感覺自己是一個成功的父親／母親時。

　　我會愛自己，當我賺夠了錢去買房子時。

　　我會愛自己，當我可以跟所有人相處融洽、沒有人討厭我排擠我的時候。

　　我會愛自己，當我不再感覺不安、沮喪或不知所措的時候。

　　我會愛自己，當我覺得沒有什麼會讓我苦惱或心煩意亂的時候。

　　現在，你也可以列出一張清單，看看你愛自己的祕密條件有哪些。你會因為自己列出那麼多條件而大吃一驚，也會發現你要滿足這些條件有多麼不可能。難怪你經常會發現，你很難每天都跟你的愛建立連結。

　　當你是有條件地去愛自己時，就會與內在無限之愛的源頭中斷連結：

做出愛的選擇，

意味著選擇去愛自己的每一步路，

不論是在你跌倒時、必須重新振作時，

或是展翅高飛時。

　　愛自己意味著，去愛原本的那個你，並記住你是純潔的、神聖的意識與愛。它意味著，接受你所有展現出來的性格，包括你的歡愉與痛苦、恐懼與勝利。它也意味著，溫柔地對待自己，永遠不要因為任何感受而懲罰自己。

　　做出愛自己的選擇，就是做出榮耀自己的選擇：

榮耀你自己，為了你努力在這一世覺醒的勇氣。

榮耀你自己，為了你在學習、成長及療癒所做的一切。

榮耀你自己，為了你所感受的每個意識清明的時刻。

榮耀你自己，為了你心中所有正在融化的凍結之處。

榮耀你自己，為了你閱讀本書並採取其他步驟來提高覺知。

　　我愛自己的一個方式，就是把自己當成最愛的人那樣去對自己說：「親愛的，你做得太棒了。在這場研討會中，你幫助了這麼多人，我好愛你，為你感到驕傲。」

　　對你來說，這種自說自話是不是很奇怪呢？難道你不希望有人對你這麼說嗎？既然如此，為何不自己來說呢？**如果你現在無法對自己的心這麼說，一旦有人來告訴你這些話時，你將聽不進去或甚至不相信。**

　　有時候，我們會不願意太愛自己，是害怕自己會變得高傲自負。但事實上，正好相反。當你愛自己時，你也會允許他人去愛他們自己。我記得有人曾經這麼形容我一位備受尊敬的靈性導師：「她是如此地愛自己，以至於在她面前，你很難不去愛你自己。」

　　所有偉大的存在，都是如此。因為他們的振動中充滿了愛，以至於在他們面前，我們也會開始對自己感覺良好，自然而然地想要更尊重自己。我們會開始跟自己的尊嚴與愛建立連結。

　　這是我們可以送給身邊所有人的真正禮物，包括我們的伴侶、朋友、孩子、同事以及商業夥伴。我們為他們示範了如何愛自己、如何榮耀自己，他們的高我會與我們的高我產生共振，然後一起提升。

當你為了自己去感受並歡慶自己的愛，
往外擴展、令人振奮的愛之波浪，
就會飛濺到你身邊每個人的身上。

清空你的證物袋

「比起過錯，用來掩飾這些過錯的手段更不可原諒。」

——拉羅什福柯公爵（François, Duc de La Rochefoucauld）

　　我要坦白一件事，我很愛看偵探劇！我對這些角色如何從尋找線索、收集證據、立案、證明自己的推理，到最後抓住真凶的每一個環節，都非常熱中。而關鍵與戲劇性的一刻，就是在偵探以一長串無可辯駁的事實與惡棍正面對質時，他們總會用一句話作結：「結束了，你完蛋了。」

　　這跟愛自己有什麼關係呢？當然有關係。**在我們之中，有人也會「收集情緒或心理的證據」，收集自己的錯誤、失敗及過失，用來反對自己。**如果你讀到這裡，感覺不安而窘迫，或許你比自己願意承認的更清楚這樣的模式：你會仔細檢視自己的對話、活動以及互動，從中尋得蛛絲馬跡當作自己犯錯或有罪的證據，並在每一天結束時，無意識地將你收集到的「罪證」放進心智的檔案庫裡。

　　　　「我晚交了那份報告；我上週沒有遵守飲食計畫；我沒有回信給我的大學室友並感謝他送我的禮物；今天我偷懶，沒做晨間冥想；我對我最好的朋友有負面想法；我沒有完成待辦清單上的三件事。」於是，到了當週或當月結束時，我們會把全部的罪證加總起來，用來批判與譴責自己：「我失敗了，我搞砸了，我很糟糕。」

　　一旦你開始收集「罪證」，你很難停下來，而且會繼續把這個習慣強制加諸在其他人身上。你會四處尋找負面證據，在跟其他人互動時只注意接收對方的過錯，囤積對他人的情緒炸藥，甚至包括你最親近的那些人。**這不是愛，這是戰爭。**

　　你是否曾經遭遇到這種事情？某個你曾經很親近的人突然對你說：「你

知道嗎？三年前我搬家時，你沒有在第一個晚上打電話給我，問我好不好。」或是「當我們的孩子從小學畢業時，你沒有找我跟你一起開派對，而是找了喬安娜，這讓我非常受傷。」或是「你知道嗎？你已經跟那家新公司合作一年多了，卻從來沒介紹過半個客戶給我。」你被種種罪證的猛烈炮火殺了個措手不及，而你甚至**不知道他們在收集證據，並用那些證據來豎立起你們之間的高牆，還以這一堆暗藏的不滿與冤屈當作自己理直氣壯的理由。**

我有個朋友叫凱蒂，我們已經認識十五年了。她在碰上困難時常常會找我提供意見，而我最近為了支持她的新事業，還介紹她認識我的一位商業夥伴。遺憾的是，我後來聽說她表現得很不專業，而且態度無禮。於是，我很不情願地打電話給她，把我聽到的回饋意見告訴她，並建議她一個挽回局面的辦法。她很有禮貌地聽我說，還說很感謝我的誠實與支持。

過了幾個星期，凱蒂、另一個朋友跟我一起見面喝咖啡。當我們坐下來時，我嚇了一跳，因為我發現凱蒂正瞪著我，她的態度冷淡而疏遠。我問她怎麼回事，她開始滔滔不絕地說起對我的不滿，很顯然的，這些都是她多年的收集成果：

「有一次在參加某個活動的路上，你要我幫你買幾瓶水，後來你一直沒有還我錢。我牙齒開刀那天，你沒有打電話給我，一直到了第二天才打。兩年前，我們跟你的一個老朋友去參加派對，我們都在笑自己喜歡看電視節目的惡趣味，你當時嘲笑我說，我怎麼會那麼愛看實境秀。」

聽到這一長串已經放爛多年的怨懟，我簡直聽呆了。這些事我一件也不記得，但顯然它們躺在凱蒂陳舊的證物袋中已經不少時日了。我可以感覺到，每一項指控，都有她自以為是的憤怒做為火上加油的燃料。聽起來，她就像在法庭審理案件的檢察官，在我完全不知情的情況下被她一遍遍地定罪。在這一場莫須有的戰爭中，我成了那個毫無戒心的人質。

這件事真的傷了我的心。當然，凱蒂也一直用同樣的方式對待她自己，將嚴苛、痛苦及譴責加諸在自己身上。這是痛苦的一課，**因為不管我有多愛她，她的不愛自己，使她無法真正去接受愛。我越愛她，她就變得越憤怒，**

我給她越多，她就越是不滿。究其原因就是，她不知道如何給予自己同樣的善意與慈悲。

> 恐懼想的是定罪，愛想的是寬恕。
> 愛不會收集「做錯」的罪證；事實上，
> 它在尋找的是「有沒有可能是……」的證據。
> 你不可能在愛的同時，
> 轉頭就去尋找不愛的證據。

我會分享這個故事，是因為許多人都以同樣的方式在對待自己、跟自己互動，然後陷入這種極具毀滅性的習慣──活在自己嚴密的審訊下。這會讓我們每天醒來，就要開始面對內心那個無情的批評者提出永無止境的考驗、審判及起訴，並不斷檢視自己是否在某些方面失敗了。然後，我們只得把自己禁錮在自責、羞愧及痛苦之中。

> 如果你跟你的人類化身處於敵對的關係，
> 你就不可能快樂；
> 如果你跟你的人性處於敵對的關係，
> 你就不可能去愛。
> 當你這樣生活時，每一分鐘都在戰鬥。
> 做出愛的選擇，意味著結束你個人的審判，
> 把自己從不斷批判的暴政中解放出來。
> 當你看著自己時，
> 你看到的是你做對了什麼，
> 而不是做錯了什麼。

　　但是，這並不是說，你應該對自己需要改進之處視而不見，而是你可以開始從批評審判的習慣轉變成評估的習慣。

　　與其問：「**我很優秀嗎？我很糟糕嗎？我做得對嗎？我做錯了嗎？**」不妨問問自己：「**我做得如何？我需要做任何調整嗎？**」

　　這會讓你從評判事情的好壞，轉變成更有覺知且中立的評估。

評判＝來自受限的小我

評估＝來自高我

　　評估意味著你是以中立的立場去衡量自己做了什麼、怎麼做。你會注意到你的態度、選擇或信念帶給你的是幫助或傷害，對你是有用或沒有太大用處。你會開始自我反省，少一些批評、多一些好奇的探究。

做出愛的選擇，意味著用你的意識

去引導正確的方向，而不是去譴責問罪。

　　當你評估自己的作為與習慣時，如果是以它們能否對你的高我有用，或是它們能否幫你強化過覺醒生活的意圖來做為評估的標準，你就是真正在選擇愛自己。

在不完美的時刻，選擇完美的愛

「我們必須擁抱痛苦，並燃燒它作為旅程的燃料。」

——宮澤賢治，日本昭和時代詩人

很多人認為自己會以愛及慈悲去對待他人，但對待自己的方式卻毫無慈悲之心。在面對最具挑戰性的艱難時刻，仍會以自己的不足或缺點來加以評判，而不是用慈悲與愛來支撐自己。我們無視於自己的痛苦、不安及恐懼，彷彿我們必須從這些情緒中擠出一條路來，而不是用愛來擁抱自己。

對自己慈悲，最終極的意思是尊重並接受你之所以為人的資格。你是受限於人類形體的神聖存在，你不完美、會犯錯，也會做傻事；你會失去理智或判斷力，並且無法始終符合自己的期望。但生而為人，就是會這樣。

培養對自己的慈悲心，意味著去學習如何慈悲地看待你的弱點、試煉、失敗、盲目及業力，尤其是你的宇宙功課以及其中所包含的種種困難。

當我們對自己慈悲時，就能將意識的擴展能量帶入挑戰之中，而不是批判的收縮能量。我們可以擁抱及接納令人不安的絕望、沮喪及尷尬等情緒，並把它們視為療癒的指標，這些情緒都是對自己失望的跡象，因為我們沒有達到對自己的期待。好消息是，既然我們已經看到了這些情緒，就代表我們正在改變。

當你面臨挑戰時，會需要什麼？
答案是：給自己更多的愛、更多的慈悲。
當你陷入困境時，會需要什麼？
答案是：給自己更多的愛、更多的慈悲。
除非你在黑暗中遇見慈悲，
否則，你將無法完全得見光明。

痛苦時，你能愛自己嗎？

困惑或恐懼時，你能愛自己嗎？

即使是看到自己的行為需要改正時，你也能愛自己嗎？

有時候，愛自己看起來會是這個樣子：放任自己沉浸在痛苦與困惑中，並給自己足夠的愛去感受它，而不是警告自己要走出來，不要再頹喪。

你不是需要被克服的高牆，而是通往驚人智慧的門戶，

你的問題不是你的阻礙，而是你的宇宙功課，

當你把它們當敵人時，

你的轉變之旅就會像戰鬥，而不是救贖。

對你的問題敞開心扉，明白解脫的鑰匙就在其中，

然後你將會迎來自由的浪潮。

　　每次當我教導學員們如何培養對自己的愛與慈悲時，總會有人問我這樣的問題：「我有個朋友就像你所說的那樣，我認為她很愛自己、對自己也很慈悲，因為她總是想著要做什麼才能讓自己的感覺更好。但是，她又老愛抱怨東抱怨西的，而且似乎總覺得自己很可憐。我都被搞糊塗了，這是你所說的愛自己的意思嗎？」

　　我的一貫回答是：「那不是愛自己，而是自憐。」

　　自憐、放任自己以及愛自己，三者完全不一樣。**自憐是指一個人太過關注自己的問題，以至於忘記了其他人也有類似的問題**，彷彿他們是世界上唯一受苦的人，不幸被上帝或任何力量所選中的可憐人。他們還喜歡玩「我的問題比你的問題更嚴重」的遊戲，彷彿沒有人比他們更痛苦，也沒人比他們更應該得到幫助一樣，尤其是他們認為你沒有給他們足夠的憐憫時。

　　一個人一旦習慣自憐或自怨自艾，就不會有多少空間可以留給慈悲、理解或甚至去愛他人，但對自己慈悲完全是另一回事。

慈悲不是自憐，

慈悲會讓你感受到自己與他人所共有的人性，

當你能慈悲地對待自己與身邊的人時，

就能更清楚地看穿一切，並意識到

在人生旅途上，你並不孤單。

　　放任自己跟對自己慈悲也不一樣。「我壓力真的很大，我擔心趕不上截稿期限；這個月真的很難熬，所以我打算對自己慈悲一點，下個禮拜都用來看電視、大吃大喝、不回任何電子郵件，好好地愛自己。」這是愛自己嗎？不是的。**對自己慈悲，會創造出一個愛與理解的空間，但不會成為你的藉口，讓你把困難當成是放縱自己的理由。**

做出有耐心的選擇

「比別人優秀並不高貴，真正的高貴是超越過去的自己。」

——印度諺語

　　幾年前，一位出色的理療師為我進行治療，幫我鬆動脊椎中那些被卡住的地方，緩解了我身體上的不適。治療當下往往讓我痛不欲生，因為我身體的某些部位已經被凍結在特定的模式了，而現在它們正在被某些不習慣的移動方式操縱著。如果我是以根據治療的愉快程度或是治療後的感受，來評斷物理治療的成效，那麼我在第一次療程後就會停止治療了。幸運的是，我明白不管是哪一種轉變，初期都會令人感覺不舒服。

　　我記得在第一次治療結束時，理療師告訴了我一段顯然是他跟所有病人都會講的話：**「記住了，在情況好轉之前，你會感覺更糟。這樣你就會知道治療是否有效了。」**在我不舒服的呻吟聲中，我不禁失笑著說：「我知道，我也會對學生這樣講。」

　　感覺不舒服時，我們往往很難去愛自己。我們會將這種不適感誤解為一種跡象，意味著我們可能做錯了什麼，然後開始不那麼愛自己。當你踏上一條真正的轉變之路時，你必須內外都做出大幅的調整。就像我在做物理治療

時，必須移動被卡在錯誤位置的情緒及靈性自我，並鬆開那些因緊縮而導致疼痛的部位，讓自己恢復平衡。

不要以你的不適程度或花了多少時間
來評斷你的過程或進展，否則你將會誤判情勢。
不要因為感覺痛苦就停止愛自己，
不適感未必代表我們做錯了什麼，
生活過得太安逸，往往不會成長。

改變自己、療癒你的心，就像在拼一幅大拼圖。剛開始，你看到那麼多不匹配的拼片，似乎也看不出任何順序或邏輯，你覺得快被眼前的任務壓垮了，甚至不知道要從哪裡開始。即使你真的拼出了幾片，對整幅拼圖也無甚助益，而且你還搞不清楚完整的圖案是什麼。整個過程你都很不滿意，因為你還沒有取得足夠的進展。

但是不知從什麼時候開始，你在這些拼片中看出了某些模式，於是你變得更熱中了。當你看出它可能是一幅大自然的景致，或是一張城市的照片，你對這幅拼圖的不適感會轉變成興奮感，出門時你會迫不及待地想回家，或是迫不及待地完成手上的工作，好好坐下來拼出剩下的部分。

我對這種被壓垮、沮喪及不知所措的感覺並不陌生，因為每次在我開始寫書時，都得經歷過一遍。一開始，我會盯著成千上萬條的智慧短語、趣聞軼事、經驗和靈感的「拼片」發呆，無法看清其中的邏輯或模式。我對自己說：「我有這麼多的素材，但是書在哪裡呢？」逐漸的，事情會一件件地拼湊在一起，我也會一步步地看出全貌。這是我能夠堅持以耐心與慈悲來愛自己、讓自己前進的原因。而現在你正在看的這本書，就是用那樣的愛醞釀出來的成果！

「切勿苛刻地評判自己。無法對自己慈悲，就無法去愛這個世界。」

——佛陀

　　我從來就不是一個有耐心的人。我想，這是因為我對於可能發生的事有各式各樣的想法，以至於人類的現實世界（也包括我自己的實相）遠遠跟不上出現在我眼前的啟示。我始終覺得自己還有一千個想法等著被實現，還有五十本書等著我去寫，還有數十場研討會等著被規畫出來。**值得慶幸的是，在我人生旅程中的某些時刻，我終於了解到耐心是愛的最高形式，也是最必要的形式之一。**

　　我愛我的讀者，所以會耐心地花上所需要的時間，盡我所能地寫出最棒的書。

　　我愛我的學生，所以我會耐心地盡我所能去研究、學習一切，繼續當他們最棒的老師，並畫出改變的藍圖來指引他們邁向自由。

　　這種耐心，是我們每個人在深切關心某事時所必須具備的特質。我們愛家裡的小花園，所以會耐心地去照料、澆水施肥，讓園中的花木可以持續欣欣向榮、開花結果；我們愛自己的孩子，所以會耐心地輔導他們寫功課、鼓勵他們發揮才能、教會他們綁鞋帶及梳頭髮，支持他們成長為優秀的成年人。

　　　　假如你的花園在播種後一直都沒能開花，使得你失去了耐心而不再澆水，會發生什麼事呢？

　　　　如果你的孩子在出生後沒能很快地學會說話、走路、閱讀、寫字，使得你失去耐心而不再養育他們，會發生什麼事呢？

　　　　如果我一開始寫書時就感到沮喪，於是決定既然沒有靈感，還不如一個字都不要寫。如此一來，會發生什麼事呢？

　　儘管這些聽起來很荒謬，但是當你的成長、事業、療癒或發展未如預期時，這可能就是你對待自己的方式。

愛的選擇，意味著你要用愛的眼睛

耐心去看待你內心的變化。

它要求我們不去關注尚未發生的事情，

而是去看見、去歡慶已經發生的事情。

雖然內心的成長看不見，但總有某種改變與啟示在發生。然而，**大多數時候，在事情尚未明朗化之前，我們可能會沒有注意或領會到我們的進展。**但它就在那裡，就像花園中日後將會怒放的花朵，它們的潛能被神奇地包含在那些棕色的小種子裡。

現在，你的內心已經有了成長的種子，那是智慧的種子、創造力的種子、信心的種子、療癒的種子、寬恕的種子，以及愛的種子。它們可能比你想像的要花上更多時間才能完全綻放，但是，它們就在那裡。

所以，我們要做出愛的選擇。我們要用耐心、意識及慈悲去澆灌那些在生命深處成長的覺醒種子，對每一個突破舊模式堅硬土壤的細微改變，都要給予慈悲的肯定。

在本章後面，我會提供你「耐心祈禱」（Patience Prayer）的練習。你可以把它當作一項有用的工具，需要時就能用來喚起你對自己的愛與耐心。

愛自己，從清醒到覺醒

「覺醒只是對現實的直接感知，沒有任何美化與過濾，也沒有任何阻礙——沒有預測、沒有信念、沒有解讀……覺醒是一遍遍地去認識現實的過程，因此，覺醒不是一次性的發現，而是一種無止境的重新發現，並不斷深入我們一直以來充滿活力的存在。」

——喬恩·伯尼（Jon Bernie），靈性講師及作家

　　印度是我的靈性家園，雖然我一直渴望前往，卻始終無法如願。我第一次去印度是六十歲生日時，經過將近二十四個小時的旅程後，我終於在半夜抵達。雖然筋疲力竭，我還是決定設好鬧鐘提早起床，以便有一整天的時間去參觀古廟。第二天早上我出發時，決定要走遍清單上列出的所有地點，但幾小時之後，我就累到差點產生幻覺，只好回到旅館頹然倒下，昏睡了十二個小時。

　　第二天醒來時，我的精神已經好多了，還想到了時差這個概念。我們以驚人的速度，從原本的所在地被帶到另一個極其遙遠的地方，兩者的日夜週期完全相反：我們的黑夜成了白天，白天成了黑夜。心智告訴我們，我們準備好要前進了，但我們的身體得花些時間去適應新的生理時鐘——從某種意義來說，就是要花時間去追趕。因此有好一陣子，我們會有種迷失方向、飄飄然的奇怪感覺。

　　聽起來熟悉吧？**因為在靈性道路上，我們總是會遭遇我稱之為「靈性時差」（spiritual jet lag）或「振動時差」（vibrational jet lag）的情況。**在這些時候，我們的意識徹底轉變了，而我們的振動也加速到一種截然不同的存在方式，但我們的性格、習性及思維模式還遠遠落在後頭，尚未完全融入我們的轉變。當我們經歷到這種靈性時差時，很容易會誤解為其他的東西，比如沮喪、困惑、混亂或甚至是失敗。但通常這種情況，只是因為那個舊的「你」正試圖追趕上剛浮現出來、正在展開的新意識。

　　在此，我要告訴你一個祕密：**有時候，在個人的成長道路上，追尋者比起其他人更會苛待自己，而且對自己的進展更沒有耐心！**你是否認識一些你以為問題很多的人，但他們似乎不這麼認為？你是否有些朋友，似乎對自己不健康的情緒習性渾然不覺，而你卻一直被自己的模式糾纏不放？

　　身為轉變者的我們都有崇高且遠大的目標，而當我們無法達成這些目標時，往往會感到很沮喪。我們攀爬上啟示與體驗的高峰，然後覺得自己好像又「跌」了下來；這不是因為有不好的事發生，而是因為當我們無法長久地維持這些覺醒時刻，就會停止去愛自己。

　　舉例來說，你在一個安靜的地方度週末，或是獨自在附近的小路上健走，或是在教堂度過一個神聖的早晨，你感覺情緒高昂、專注又滿足。「我今天在一個很棒的地方。」你滿意地下了這個結論。

　　接著，發生了某件事，你的心智突然想起一項你正面臨的挑戰，於是心裡馬上就充滿了恐懼與焦慮。可能是你的孩子惹惱了你，你發了脾氣；或是你照鏡子時發現長了一些新的皺紋，而開始沮喪了起來；或是你的另一半對你似乎有點冷淡，於是悲傷湧上了你的心頭。

　　你立刻因為產生了這些反應而開始自我批判。「我不敢相信，過去這幾個小時／幾天／幾週來，我是那麼有覺知、心裡充滿了愛，但現在看看我！我簡直一團糟！一點也沒有改變，更別提我有任何進步了。」

　　現在，你不僅對原先困擾你的事感到絕望，還一筆勾銷了你稍早取得的所有進展，甚至連你曾經擁有過的也會跟著被抹煞——只因為你當下感受到了強大的收縮能量。**這就好像，你認為那些心靈擴展及靈性連結的時刻都不算數，只因為它們不是恆久的。**

在一些充滿恩典的絕妙時刻，
我們可以暫時性地繞過所有阻礙，
直達我們至高無上的覺知，
並有機會去窺見我們最廣闊、最覺醒的自我。
冥想靜修、研討會、導師、健行、教堂禮拜，
或是任何能夠振奮人心的影響，都能做到這一點——「提振我們」，
並使我們超越平常的模式與大腦程式，
就像一架宇宙直升機，讓我們從意識的高度去看世界。
在那一刻，我們的確體驗到覺醒，
差別只在，那不是永久的覺醒。

每次你做出愛的選擇時，當下都是覺醒的。

每次你對他人產生純粹的慈悲時，當下你是覺醒的。

每次當你能看清事實並把真理傳遞給他人時，當下你是覺醒的。

只要生而為人，就免不了會與人性發生衝突。正如靈性導師拉姆‧達斯（Ram Dass）所講的：「你是有人類經驗的靈性存在。」當然，存在於人類形體內的神性是不會被玷汙的，但話說回來，人之所以為人，就是因為擁有獨一無二的個性、身體特徵，以及神祕的療癒與記憶之旅。

不要用你的人性去否定你對神性本質的認知。當你面對人性中最艱鉅的挑戰時，請做出愛的選擇，並提醒自己：**我的人性不會讓我的神性失去作用。**

陰天時，太陽從厚厚的雲層後方探出頭來，你會因為太陽只出現五分鐘，就認為它變得不真實或不完美嗎？

你絕對不會這麼說：「你不是太陽，我只瞥到了你一眼，所以不打算承認你的存在，直到我可以看見你的全貌，而且你再也不會消失的那一天。明白了嗎？因為你又躲回到雲層後面，所以你這次的出現不算數。」

聽起來是不是荒謬又可笑？那一刻你見到的陽光，當然是真實的。當太陽出現在暴雨過後或陰鬱的天空時，我們所想的應該是：「我享受了五分鐘的陽光！感覺真好！我迫不及待地想要更多！」

> **只因為你與你的人性發生衝突，**
> **並不意味著你的神性沒有成長。**
> **只因為你暫時地忘記了你的智慧，**
> **並不意味著你沒有學習。**
> **只因為你掉入舊日的傷痛，**
> **並不意味著你沒有療癒。**

太陽正為你而來——充滿智慧的太陽、帶著啟示的太陽、與你的高我團聚的太陽，以及愛你的太陽。模式及程式的烏雲逐漸消散了，每天有越來越

多的光。你必須沐浴在這樣的陽光下，讓它發揮作用。**你不可能一直在覺醒中尋找漏洞，而是必須看出你已經覺醒並為它歡呼，就像你愉快地窺見代表覺知的太陽，正從你一層層的遺忘雲層中探出頭來。**

不論你目前位於這趟旅程的哪個地方，都要對自己慈悲。提醒自己，在某種程度上，我們都想「追上」真理以及高我，但如果你有耐心、有智慧又堅持不懈的話，就會發現自己一天比一天更清醒，更明白誰才是真正的自己。

下面「耐心的祈禱」，是為了幫助你認清發生在你生命中的所有轉變。我的學員們發現，大聲念誦這段禱告給自己聽，真的很有幫助，特別是在你對自己的進展不抱希望，或是你需要更多的愛來滋養自己的時候。願意的話，你也可以在以下的祈禱內容中加入更個人化的句子。

～愛的選擇：耐心的祈禱～

每一天，我都更清醒了一點，
願我時時刻刻都能保持清醒。
每一天，我都更有覺知了一點，
願我尊重每一刻的覺知。
每一天，我都更敞開了一點，
願我尊重每一個開放時刻。
每一天，我都清楚自己在做什麼、有什麼感受，
願我尊重覺察的每一刻。
每一天，我都更勇敢了一點，
願我尊重充滿勇氣的每一刻。

> 每一天，我都對自己與他人更慈悲一點，
> 願我尊重慈悲的每一刻。
> 每一天，我都選擇更多一點的愛，
> 願我尊重每一刻的愛。

你是神聖的證明

「事實上，每個人都知道自己是獨一無二的，在這世上只活一次；而且不會再有這樣的機會，能夠把眾多的元素雜糅在一起，組合成如此絕妙又獨特的個體。」

——尼采

　　夏威夷的可愛島（Kauai）是全世界我最喜歡的一個地方。我會去那裡歇息、深耕我與靈性的連結，或是療癒自己。在我人生中一段特別痛苦的時期，我就在島上進行了一趟朝聖之旅，希望對我所經歷的這場混亂有一個更高的理解，也渴望得到神聖的指引，讓我可以帶著更多的愛往前走。

　　可愛島上有一個巨大的洞穴叫懷阿·卡納羅阿（Wai-a-Kanaloa），據說擁有強大的療癒能量。當朋友問我是否想去看看時，我馬上就答應了。我們爬上了一座有著許多岩石的崎嶇山丘，再往下來到懷阿·卡納羅阿的入口，走進它的神祕深處。我獨自坐在洞穴內的黑暗水潭旁，立刻就感受到從這個數千年之久的隱蔽地點所發生的古老振動，帶著療癒的能量包圍著我。

　　當我意識到周遭平靜的氛圍，跟我內心肆虐的風暴形成多麼鮮明的對比時，不禁嘆了口氣。「在我之前，有多少人來過這裡祈禱呢？」我心裡想著，「有誰也曾經坐在這塊岩石上，讓眼淚像我一樣滴入這座安靜等待的潭水中？有誰曾經也被存在此地的無形力量所療癒？」

　　我閉上眼睛，為尋得平靜、指引以及恩典而祈禱。我祈禱奇蹟會發生。

　　過了一會兒，我感覺到自己被往內拉，彷彿正在進入自己內心深處的一個大洞穴。突然間，我被耀眼的光芒與最崇高、最慈悲的愛所包圍，於是以下這些話語就自動在我心中浮現了：

　　「如果奇蹟是，即便你化身為人必須經歷這些艱難痛苦的考驗，但內心的神性依然亙古不變？」

　　「如果奇蹟是，不論你這一生承受多少苦難，你從未放棄心中那片漫無邊際的愛之海？」

　　「如果奇蹟是，儘管你面對了失去、痛苦、苦難以及眼前的試煉，你仍然從未放棄，仍然堅定地追求著，仍然充滿了勇氣，仍然無條件地去愛？」

　　「我的女兒，你要記住：你散發的光比任何黑暗更強大，你的愛也比任何痛苦更強大。」

　　「這就是你存在著神性的證明。」

　　我全身顫抖，為這個訊息的真實性而流下眼淚。平靜的感受貫穿了我原本被恐懼與黑暗占據的內心深處，我可以從身體上察覺及感受到無形存在擁抱著我、安慰著我，並歡慶這個得見真理的神聖時刻。

　　為了獲得指引，我把手機也帶進了洞穴。因此，我一張開眼睛時，就輕聲地將我聽到的話語記錄了下來。接下來幾個星期，我一直在思考這個訊息所帶來的含意。現在，我清楚地意識到，我把真相弄反了：我的痛苦與生而為人的挑戰，並不能證明我出了什麼問題；相反的，我不被打敗的精神才是我存在著神性的證明，證明了它永遠不會也不可能被摧毀。

　　答案不是：**我不完美，玷汙了神性。**而是**即便我不完美，仍然發著光。**

　　這曾經是、現在仍然是我的奇蹟，它也是你的奇蹟。不論你身上發生過什麼，你都沒有放棄；你仍然在閱讀這些文字、在追尋、在學習、在成長，

也在療癒，你仍會做出愛的選擇，宛如最美麗的花一樣綻放。你不可能不是如此。歡慶它，並為自己的重生而欣喜。

提醒自己：

雖然我有人類的經歷和苦難，我仍是神聖的。
跌倒了，我有勇氣重新站起來；
受傷了，我有勇氣重新去愛；
這就是我存在著神性的證明——
儘管我是個凡人，我仍戰勝了一切。

這就是如何去愛自己，用愛讓自己前進。愛你自己所邁出的每一步路，跌倒時，愛你自己；重新振作時，愛你自己；為了你的來處以及如何來到這裡，愛你自己；不論你現在身在何處，愛你自己。愛這趟勇往直前的旅程，在這一刻，它已經在你前方展開。

不論發生什麼，
在它發生時，記得愛你自己；
不論你的情緒如何，
感受它時，記得愛你自己。
這就是在尊重真正的、真實的你：
你是如此美麗，
你就是愛。

❀ ❀ ❀

第 8 章

在泥沼中挖出黃金
讓愛導航，穿越不可能的旅程

「我不祈求在險境中得庇蔭，但求無畏面對險境；我不祈求止息痛苦，但求一顆可以戰勝痛苦的心。」

——泰戈爾（Rabindranath Tagore）

　　有時候，我們會發現自己踏上的是一條艱難到幾乎可稱之為「不可能」的旅程。不論計畫得多周詳、嘗試得多真誠、愛得有多深，或是生活簡樸虔敬，我們還是莫名地轉向了一個從未打算前往的可怕方向，然後我們會發現那是一條險惡、充滿痛苦的道路。不論我們是否勇敢地面對做夢也想不到會遇上的阻礙，跟從未想過必須承受的險境奮戰，或是面對我們內心的陰暗面（我們不曾知道或不想知道它們的存在），顯然的，我們正走在一條單行道上，而且必須堅持走完全程。

　　這些被迫踏上的朝聖之旅，把我們帶到了地獄般的目的地，那是我們希望永遠都不要去的地方，滿目瘡痍，只有悲傷的幽暗森林、漂浮著失望與背叛的無盡海洋，以及充滿絕望的貧瘠荒漠。這是為什麼我會稱這些旅程為「不可能」，因為我們會意識到距離自己想去的地方是那麼遙遠，似乎永遠都不可能找到通往平靜與幸福的道路了。

　　發現自己在不可能的時刻踏上不可能的旅程，我們會怎麼做？我們要如何活下來？如何在我們寧可它們不存在的那些惡劣情況下保持理智與諒解？

　　不可能的時刻就是烈火燃燒、難以忍受的時刻。火是一種力量，可以轉化所接觸的任何事物；它不是物質，而是強大的能量形式，也就是生命力本身。把火加到木柴中，可以將木柴變成燃料；加進食物中，可以讓食物變得適合食用。太陽之火改變了原本貧瘠的星球，使我們得以存活下來。我們在這些計畫外的、不想要的靈性及情感旅程中所面對的烈火也是如此，它會以某種我們無法了解的神祕方式轉化我們，直到它的工作完成。

　　我經歷過很多次這種不可能的旅程，對於這些旅程上所面對的烈火也絕對不陌生。我生命中那些令人難以承受的時刻，感覺就像是被圍困在一座大火場裡面，火焰往四面八方蔓延，遠到我看不見。那些日子，**我還是一如往常地講課、工作，但是我周遭熟悉的一切都在燃燒。我腳下的堅實地面融化了，原本穩定、安全、可靠的地基也融化成一座沒有盡頭的失去之湖。**

　　然而，不可能的艱難時刻也是得見光明的時刻。宇宙中有許多光源，其中的太陽和月亮是我們首先就會想到的，而最明顯可見的光源，就是火光。**所有的光都有照明的力量，不論其光源為何；而在那些不可能的旅程中，我們所感受到的心碎之火、恐懼之火、無力感之火，都迫使我們更深入去看見並面對自己及生命。**

> 在艱難到幾乎無法應對的時刻，
> 有一種宇宙之火可以為我們所用。
> 就像所有的火，它可以用於毀滅，也可以用於重生。
> 熊熊的火光或許會嚇到我們，但它仍然是光，
> 我們需要用它來看見旅程中不容錯過的事物。
> 它不是來摧毀我們，而是來轉化我們。

　　我不知道有什麼方法可以繞過這些不可能的旅程，而我猜想，這可能就是這些旅程的關鍵：**我們不該繞過它們，因為我們正被擠壓著穿越一道宇宙的門戶；這道門戶可以讓我們更接近自由。因此，我們要問問自己：**

我們如何利用這些不可能的旅程，讓自己提升至高我的層次？

我們如何找到方法，將愛帶入這些不可能的旅程之中？

在不可能的泥沼中，挖出恩典的黃金

「難以言說的深沉苦難可視為洗禮、重生，進入一個新的狀態。」

——喬治・艾略特（George Eliot），英國小說家

　　以下是一個需要思考的問題：**「哪種日子你能學到更多？是萬事順遂、一切都在掌控中的日子？還是那些你希望一輩子都不要碰到的受苦日子？」**

　　當日子過得平順安穩，你很容易保持在高我的狀態，感受與自己的心相連結，而且充滿了愛。一切安好，還有什麼可學的呢？然而，人生總會走到低谷，在那些覺得自己過不下去的日子，你的信任與恐懼、夢想與失望、信念與憤怒會相互碰撞。**在這樣的日子裡，你覺得自己的心就像著了火，大腦總在噩夢裡兜圈子，但你卻有機會可以學到更多。因為你被迫要去弄清楚如何找到出路，走出陰暗低谷。**

　　就是這些時刻，才能真正考驗我們是否有能力堅持下去，是否能夠抓住我們所知道或相信的一切，是否能夠對所學習或所鑽研的一切緊抱不放。這些時刻當然不容易，但它們會迫使你不得不進行整合。

不可能的時刻會迫使我們把所學的

或試圖去學的東西立即付諸實踐，

讓我們不僅是智慧的收集者，也是智慧的實踐者。

痛苦、恐懼及挫折壓在我們身上，

榨取我們所有積蓄已久的知識及啟示，

讓我們可以看見它們的存在，並找出運用它們的方法。

回顧我這一生，最偉大的駕馭及勝利都發生在那些令人難以承受的不可能時刻，在我經歷痛苦及苦難的烈火之時，也必須把意識提高到最高的層次。這也是身為一名靈性講師的美妙與可怕之處：你無法因為個人的傷痛，就放下工作去度假。

我還記得有很多次，當我的生活發生糟糕的事時，我還是照常盡責地授課或演講。在我心碎時，我咬牙上台對成千上萬的人演講；在我的狗狗遠在三千里外就要死去時，我必須在一場會議上當眾演說；當我被告知我的房子因為被波及而有燒毀的危險時，我仍必須走上講台；當我只想躲在家裡哭泣時，我必須在全國性電視節目上公開露面。

在這些艱難到幾乎無法承受的處境中，最令我惶恐的就是數年前我母親病危之際。在她被確診罹癌的數月之前，我被授予一個享有盛譽的獎項，只有幾名女性曾獲得這份殊榮。要飛過大半個國家去領獎的那一天，我心裡清楚我再回來時，母親可能已經進入臨終照護的階段，準備要離開她的身體了。於是，我告訴她打算取消行程留下來陪她，但母親堅持要我照原定的行程出發。

如今我還可以聽到她溫柔的聲音，條理清楚地告訴我：「沒關係，親愛的，拜託你去，我希望你去。這是你該做的事，這是本來的你，這也是為什麼我如此以你為榮。」兩週後，她就離開了人世。

理性來看，那是我人生中最糟糕的日子，但從靈魂角度來看，卻是我生命中最偉大的日子。

在這些日子，我的智慧跟組成我生命的每一根纖維密切交織在一起，在我沒有任何東西可以依傍時，促使我去尋找並堅持我的高我。

也是這些日子，迫使我在周遭的泥沼中挖出黃金，尋找我相信一定會有的金子。這些人生考驗，迫使我在不可能中發現恩典。

那麼，我所說的黃金又是什麼呢？它們並不是這些痛苦時刻所帶來的具體結果，而是由我自己的意識與成就所打造的金子，是用不可能之火鍛造，用臣服之苦所打磨拋光而來。

你的人生功課總會帶領你去某個地方。

人生功課越大，通往開悟的道路就會越長。

在功課與最終的啟示之間，

這條具有挑戰性、極其艱難的道路，

正是療癒與成長實際發生之處。

一旦你抵達目的地，你的人生功課就完成了。

為什麼是我？不要將苦難視為詛咒

「苦難是我們肉身的砂紙，它的作用就是形塑我們。」

——拉姆·達斯（Ram Dass）

　　以下是我為你們寫的一則新寓言：

　　珠寶大師決定，要把他最珍貴的一顆鑽石用在一件稀有的珠寶上；於是，他將鑽石放進一個專用的托架，拿起工具開始雕琢。

　　「救命啊！等等！別再傷害我了！」鑽石哀號著，「我已經很努力做個好人了，我不就是躺在保險箱裡管好自己的事而已嗎？哎喲！把工具從我身上拿開，我做錯了什麼？為什麼你要這樣懲罰我？」

　　一旁閃閃發亮的翡翠戒指是大師新近剛完成的作品，無意中聽到了鑽石的哀號，忍不住回應道：「**你這愚蠢的鑽石，你還不明白是怎麼回事嗎？你並不是因為受到懲罰而被折磨，而是正在被琢磨！你不是因為有問題才被挑出來，你是因為特別才被選上。**」

　　尚未經過打磨的原石非常不起眼，沒有任何閃耀的光芒。鑽石與生俱來的璀璨光輝，唯有經過一系列的雕琢加工才會顯現出來，工序包括切割、打磨及拋光，才能使晦暗的石頭變成耀眼的寶石。我們也是如此，艱難的處境、挑戰及苦難把我們「打磨拋光」，把我們推向不可能，把我們的心敲打

開，去感受在正常情況下無法體驗到的深層次的愛。

> 生活中發生在我們身上的許多改變，
> 通常不會帶來美好的感受。
> 這些改變會打破我們世界的表面秩序，
> 砸開我們的外殼，
> 使我們不得不走出平靜的日子，脫離舒適的生活步調，
> 進入瘋狂危急、飄搖動盪的非常時刻。
> 為了導引自己度過這些時刻，
> 我們必須試著去理解，自己不是受到了懲罰，
> 否則我們只會抵抗正在發生的事，反而造成更多的痛苦。
> 相反的，我們應該轉換心態，去觀察自己是如何被打磨，
> 並獻上自己的所有粗糙邊緣，讓它們被打磨得光滑、完整。

　　雖然這些關於愛的教誨聽起來令人振奮，但我明白，一旦深陷痛苦，想要讓自己站在最高的角度來看待所面對的挑戰，絕非易事。當你在承受這些不可能時刻的煎熬時，很難不這麼想：「**為什麼是我？我又沒有簽署了什麼同意書！**」

　　但是萬一，你真的簽署了同意書，要讓這一切發生在你身上呢？我總是說，進階的靈魂（也就是你）需要有一個進階的塵世課程。如果是你自己謹慎地選擇了你的宇宙課程，好幫助自己進展到下一個層次的進化與開悟呢？或者是，在你降生之前，就已經登記了要進修更高層次的靈魂課程，只是現在的你忘記了那其實是你的選擇呢？

　　以下的課程，我推薦給那些已經覺醒的靈魂（比如你），我相信你一定會喜歡，或許其中有一些課程你還有印象呢！

- 他們是有什麼毛病啊？你需要的是：寬容座談會
- 你不是上帝：上帝才是上帝！你需要的是：如何停止去控制每件事與每個人
- 關於放棄的沉浸式學習[1]
- 臣服：大師級課程
- 治療魔法思維[2]：如何看出來什麼才是真正發生的事，而不是你信以為真的事
- 通往耐心之路：特別為沒有耐心的探索者所準備的挫折與拖延
- 你確定這樣沒錯？學會與不完美共處
- 針對背叛與痛苦的生存技能
- 克服被拒絕：研究生程度的課程

　　我敢保證你可以在上述課程找到你需要的，將之加入你正在進行的課程中，而且我強烈建議你這麼做，因為這會是一個有趣的練習。不論你的個人課程是什麼，所有人的宇宙課程都有一個共通點，那就是：這些課程都可以幫助我們了解，在感覺失控時，自己會如何反應，並指引我們如何找到內心的真理與踏實感。

我們的意識是在我們感覺到失控時接受試煉，

而不是在我們感覺可以掌控一切的時候。

　　你應該看過電視上的汽車廣告吧？在這些廣告中，廣告主都試圖證明他

1　編按：沉浸式學習（Immersive Learning）指的是打造一個全身心投入的學習環境，將外界干擾降到最低。

2　編按：魔法思維（magical thinking）是一種非理性、沒有科學根據的思維，人類的思維往往追求的並非「真實」，而是「適合存活下去的有利想法」，只要某些想法有助於生存，不管是否理性，腦袋就會讓我們信以為真。

們的車子是如何強大且耐用。因此，汽車廣告多半不會拍攝車子停在花田中不動，而是會讓車子在滂沱大雨中疾駛，或是奔馳於崎嶇山路上。汽車製造商想傳達給我們的訊息是，即使是深具挑戰的路況，他們的車子仍然平穩、可靠地如履平地。你可以信賴它們。

說實話，如果日子過得順風順水，我們的表現都不會太踰矩，甚至有些時候還非常有覺知且明智。然而，意識與品格的真正試煉，不是發生在我們這輛「車子」開在平穩、安全的道路上，而是會發生在車子走上崎嶇不平的道路時。

當不可能的時刻來到，不是為了詛咒或折磨我們。我發自內心地相信，這些事情會發生，是為了迫使我們潛入自己的核心本質，去找到高我、堅不可摧的力量以及我們的愛。

每一次的分崩離析，當你被迫在苦難的泥沼中挖掘出靈魂深處不可動搖的部分，這時你會憶起並且越來越清楚你真正是誰。

在這些極其艱難、痛苦難捱的時刻，會以神祕難解的方式解放我們，把我們雕琢成精緻、優美的新模樣，就像數十億年前災難性的火山爆發、洪水、地震及冰河移動，在地球表面刻畫出壯麗的山脈、峽谷、湖泊以及大陸一樣。

看起來像是會把我們壓垮的事件，
其實是在鼓舞及推動我們；
看起來像是會擊潰我們的事件，
其實是在發掘出我們本具的光芒。
當腳下的大地劇烈晃動，沒有可立足的穩固之處時，
切勿驚慌或絕望，只要臣服，然後放手。
它們要教會你如何飛得更高更遠。

傷痛的禮物與問責的力量

「你的痛苦是一種破繭而出的領悟。」

——紀伯倫（Kahlil Gibran），阿拉伯詩人

有時候，我們這些不可能的旅程，其他人是看不見的，因為它們不是發生於外在，而是發生於我們的內在。這些內在啟示最常發生的時刻，就是當我們意識到距離自己想成為的人或是想過的生活有多麼遙遠時。這些不可能的時刻，跟我們失去某人或某些東西無關，而是跟我們與最真實的自我失去連結有關。

在覺醒之路的這些關鍵時刻，你再也不可能對自己的某些事視而不見。你被喚醒的時間越長，就越能明白你一直都在沉睡；你越是意識到自己一直在沉睡，就會越害怕、越感到絕望。

突然之間，你了解到自己的無意識習慣如何影響了你身邊的每個人，包括你的家人、伴侶、朋友以及你自己。你想起了他人的反饋意見及批評，你曾經很激烈地為自己反駁，但隨著新智慧的增長，你才沮喪地意識到，那些意見與批評大部分都是對的。你看到了你的高牆、你戴的面具、你穿的戲服，以及被你所遺忘的高我。

你的心在呼喊：「我不敢相信我是如此無知無覺；我不敢相信我是如此沒有愛心；我不敢相信我是如此傲慢自大；我不敢相信我是如此冷酷無情；我不敢相信我一直都在故步自封；我不敢相信我這麼容易被迷惑。」

這些是偉大的時刻，也是痛苦難當的時刻；是偉大的啟示，也是令人驚懼的啟示：你意識到自己浪費了多少時間，也意識到你從自己與他人身上竊取了什麼東西。你本能地想轉過身，不去面對；**然而，你不想去做的，卻恰恰是你為了療癒而不得不做的事，那就是你需要允許自己悲傷。**

有時候，愛的選擇就是允許自己悲傷：

　　我們為苛待自己而悲傷。

　　我們為苛待他人而悲傷。

　　我們為從小就被教導不能哭、要堅強的自己而悲傷。

　　我們為把愛拒之於心牆之外而悲傷，也為那些被困在心中而被凍結的情感而悲傷。

　　我們為總是在錯誤的路上追逐愛，並被所追逐的那個人粗暴對待而悲傷。

　　我們為把時間浪擲在虛妄、遲疑及恐懼中而悲傷。

　　我們為所有不是為了愛所做出的選擇而悲傷。

　　在這些深具啟發性的悲傷時刻，你如何反應非常重要。你必須以勇氣與恩典來做出回應，而不是羞愧或抗拒；你不能對所看到或感覺到的視而不見。你必須站穩腳步，敞開你的覺知大門，不管你所看見的自己是何模樣，你都要滿懷著慈悲與愛來對待。

悲傷是讓心融化的一個重大關鍵，

悲傷一旦凍結，就會阻礙我們接收及付出愛的能力。

當我們試圖繞過悲傷，

部分的我們將會陷入深度凍結的狀態。

悲傷與悔恨是必要的良藥，

它們會矯正我們，融化我們凍結的意識及慈悲，

以及凍結的負責態度。

　　許多人都對悲傷與悔恨的經驗避之唯恐不及，害怕一旦允許自己去感受到這些情緒，就會開始譴責自己。事實上，正如我們先前探討過的，情況恰恰相反：當我們對自己或他人所做的事一點都沒有感到懊悔或悲傷時，我們反而是退縮且凍結的。

在轉化的道路上，這些力量強大的轉捩點正是我所謂的**「問責時刻」**（Moments of Accountability）。在此，我指的並不是對別人負責，而是對你自己負責，真正在你的內心擔負起責任。為了讓別人原諒你，要求你為所做的事道歉或負起責任並不難，但除非你能從中記取教訓並確實做出改變，否則，你的悔恨只會淪為一種形式及操控手段。

面對自己的問責時刻，將會是你所經歷過的最謙卑、最艱難也最不可能的旅程之一。「為什麼我要對自己做這樣的事？」你嘟囔著，「這樣做，只會讓我看到生活中越來越多需要改變以及讓我悔恨的地方。」

這些完全是正常反應。但是，不要將這種適當的悲傷與懊悔誤以為是自我批評，也不要就此得出你對自己太嚴苛的結論。事實上，在你逐漸真正地為自己負起責任的過程中，悲傷與懊悔是重要且不可或缺的一部分。

切記，**問責時刻是偉大的靈魂時刻。**

我總是說：「覺知是救贖的開始。」問題就在於，你完全不知道自己缺乏覺知。當你真的迷失時，甚至沒有意識到什麼事是你應該負起責任的。然而，一旦你逐漸意識到自己過去是多麼無知無覺時，你就已經開始往覺知的路上走了。

問問自己：「我怎會陷入如此深沉的遺忘之境呢？」這是憶起的第一步。

問問自己：「我怎麼會讓恐懼左右、擺布我這麼長時間呢？」這是勇敢的第一步。

問問自己：「我怎麼可能如此麻木且封閉自己呢？」這是你重新找到愛的第一步。

當你深潛到那些你無法承受的痛苦核心時，
你可能會覺得部分的自己正在死去。
但是，不要停下來，繼續前進、繼續融化，
很快的，你就會從另一端冒出來，
開始走向療癒、完整、救贖、覺醒及平靜。

一旦意識到自己曾經迷失，
我們就已經走在回家的路上了。

再堅持一天就好

「你已經跌到谷底，情況不會更糟了。」

—— 作者不詳

在充滿痛苦、挑戰的不可能旅程中，最令人畏懼的一個特點就是：這趟旅程似乎永遠不會到頭，時間慢得像是在爬行。無論我們要忍受的是什麼，是肉體的痛苦也好，或是情感的創傷、恐懼、心碎、羞辱也好，我們都只想趕快結束。「我不知道該如何度過這個難關。」我們會對任何願意傾聽的人哭喊。一想到可能會日復一日地活在這種情況下，就讓我們充滿了恐懼，簡直不知道該怎麼辦。

我也曾經有過這樣的體驗，而在所有不可能的旅程中，我都有同樣的恐懼。無論何時，只要一想到這種痛苦狀態可能會持續好幾個星期、幾個月或甚至幾年，我都會變得非常沮喪、絕望。**這樣的痛苦一天都很難熬了，何況是日復一日地跟隨著我，光是想像就令人不寒而慄。**

有天早上，我還躺在床上，想到這一天又得飽受情緒的折磨就一臉苦相。於是，我開始祈禱，想得到指引。「請告訴我應該怎麼做，」我乞求所有我能想到的崇高力量，「請指引我方向。」

從我內心深處的寂靜空間，一個答案以問題的形式浮現出來：**「你能否再堅持一天？」**

當我思忖著這個問題的含意時，我開始安靜了下來。祂不是問我，我能否看出來要戰勝這種情況需要面對哪些挑戰，也不是問我是否相信自己可以熬過來。此刻，對我來說，這些承諾都太遙不可及。**相反的，祂只是問我，**

我能否再堅持一天、再熬過一天，設法讓我往另一端前進，只要一天就好。

突然之間，這趟不可能的旅程不再沒有盡頭，而是被縮短成為只有一天的旅程。那麼，**我能否跟自己達成協議，再堅持一天就好？答案是：「是的，我可以。」**

當然，我無法操控我的嚴峻考驗會持續多久，也無法控制外在情況會發生什麼變化。這並不是說，我同意再堅持一天，就能神奇地改變我的外在世界；也不是說，如果我回答：「不，我無法再多堅持一天了。」宇宙就會回應：「那好吧，我猜你受夠了，我們現在就幫你解決一切。」事實上，**這不會改變我面對的情況，但它會改變我**。我的目標是度過今天，僅此而已。

我起床開始迎接新的一天，只要感受到痛苦或恐懼，我都會問自己同一個問題：「我能否再堅持一天？」答案是可以，於是我繼續前進。

到了那天下午，我開始思考怎樣才能讓我更輕鬆地度過這一天，以及怎樣才能避免或提防讓這一天變得更難捱。這又產生了兩個問題，於是「不可能時刻的通關問題」就出現了。

不可能時刻的通關問題

我能否再堅持一天？

如果可以，我怎樣才能讓今天的我好過一些？

我必須避免做什麼，才能讓今天的我把痛苦程度降到最低？

我把這三個問題列印出許多份，放在家裡的每個地方，讓自己隨時可以看到。我也在錢包裡放了一張，再把一張用膠帶貼在車子的儀表板上。有時候，我每隔幾分鐘就會對這些問題自問自答。「你不必永遠這樣，」我對自己再三保證，「只要今天做到就可以了。」在這段令人恐懼、備受煎熬的時

期，某些最糟糕的日子裡我不得不將問題改為：「**我能否再堅持一個小時？**」

以下舉例說明，我如何利用這些通關問題：

步驟1：我開始去注意自己的痛苦、恐懼及焦慮等情緒。

我會列出一張清單，並問自己第一個問題：「我能否再堅持一天？」

我會好好想想，然後告訴自己：「**是的，我可以。**」

步驟2：我怎樣才能讓今天的我好過一些？

我會看一看我列出的清單，然後從中選出一條能讓今天的我更好過的事情來做。例如，這張清單所列出的事項可能有：

- 每隔幾小時就打電話給朋友，聽聽她的聲音。
- 不論感覺如何，都要去海邊或公園散步二十分鐘。
- 制定一個時間表，列出每個小時要做的事。
- 從你平日的祈禱與冥想練習中選擇一項來做。
- 五分鐘的深呼吸或念誦經文。
- 寫信或發簡訊給你關心的人，表達你的愛。

步驟3：我必須避免做什麼，才能讓今天的我把痛苦程度降到最低？

把那些會讓我感覺更糟而應該避免去做的事項列出來，列好後再仔細查看，確保自己沒有做這些事情中的任何一件。例如，這張清單所列出的事項可能有：

- 不要吃任何會讓你情緒失控的不健康食物。
- 不要回顧或緬懷過去，然後陷入各種「如果……會怎樣」的假設中。讓自己專注於當下這個唯一的時刻。
- 不要讓思緒飄到還沒發生的未來。不要去想一個小時之後的事，讓自

己專注於當下這個唯一的時刻。

我相信你也有自己的方法，用來支持你度過痛苦的情緒考驗；或許你曾經用過「船到橋頭自然直」這種隨遇而安的心態來激勵自己繼續前進。但是我發現，「船到橋頭自然直，我一定會度過這個難關」的想法，是一個比較被動的假設過程，當情況真的很糟糕的時候，或許不足以幫助你改變。這句話聽起來是不錯，但它沒有要求你去做任何事。

這些通關問題之所以力量強大，原因就在於它們會要求你回答，從而使你主動去參與你的改變過程。這些問題不僅能把你從「我做不到」的回答中拉出來（這樣的答案是一種會讓你更緊縮的低頻率振動），還會給你帶來力量。當你問自己：「我能否再堅持一天？」你必須做出決定並回答「我可以」。「是的，我可以」的回答，看起來沒什麼，但它卻是一種擴展的振動，能夠讓你站得更穩，變得更堅強。

這個練習是我的支柱及救星。當我對許多事情使不上力的時候，回答這些問題是我可以做的一件事。我不知道自己該如何面對前方的挑戰，不知道該如何處理即將到來的各種狀況，也無法預測事情將會如何發展；**但我可以同意去做自己正在做的事──再堅持一天就好。**

我提供的這些方法，可以讓你用在自己的不可能旅程上，或用在充滿壓力、挑戰或令人不快的時候；而我真心希望，這些方法對你也同樣有幫助。

能夠苦中作樂的人有福了

「學會了愛地獄，你就能置身天堂。」
　　　　　──賽迪斯‧葛拉斯（Thaddeus Golas），美國作家

我們真的可能在痛苦不堪的時刻找到愛嗎？「學會了愛地獄，你就能置

身天堂。」作家與哲學家賽迪斯‧葛拉斯如是說。我記得自己在多年前讀到這句話時完全想不通，一直到幾十年之後，才終於真正了解它的意思。

當然，地獄有各種不同的定義，而大多數的人也沒有真的生活在地獄裡。地獄是沒有任何食物可以給你或你的孩子吃，你只能看著他們慢慢餓死；地獄是住在一個你會因為言論而被殺頭的國家；地獄是因為戰爭與恐怖主義而被迫逃離家園，成為無處可去的難民。

值得慶幸的是，即使我們並未經歷這些令人驚恐至極的遭遇，我們仍然不能免除或減少親訪痛苦地獄的經歷，因為早在我們開始這趟地球之旅的行程前，就被以某種方式安排了必須完成的宇宙功課。「我知道我的問題不值一哂，因為就在這一刻，甚至還有人被殺害呢。」但對你來說，做出這樣的結論並不公平。**你必須對自己的業果慈悲，必須一步步地走出自己的道路，必須面對並允許自己去感受地獄的痛苦。**

面對並感受我們的挑戰是一回事，而愛又是另一回事。我們應該如何把愛帶入那些不可能的時刻呢？仔細想想，不免感到諷刺及荒謬：我們如何能在帶給我們或我們所愛之人痛苦的事件中找到祝福呢？

問題有部分在於，我們的天性習慣去貼標籤、設限及劃分，因此，一旦我們判定某件事情很糟糕，就很難在其中看出任何美好之處。我們的智識之所以會這麼做，是為了讓心智保持穩定的運作。

如果沒有強烈的好惡，我們的生活將會一團亂。想像一下，你盯著菜單點菜，因為完全不確定自己的口味，而乾坐在那裡好幾個小時，完全不知道要吃什麼或是應該依據什麼來做選擇。再想像一下，你對衣服的類型沒有任何偏好，以至於每天早上都無法決定要穿什麼衣服出門——或許什麼都沒穿，才能解決你的窘境！

事實上，有些人還記得自己在青春期之前就有過這種難以選擇的無力感，那時候的我們尚未了解自己的喜好；而有些人則在最近才經歷過：家裡那些對顏色、樣式、食物還未建立自己偏好的孩子，在他們做決定時，我們總會說：「隨便挑一個吧！」我們完全沒有意識到，孩子的大腦尚未完成程

式化，因此比我們更容易受到啟發、更開放，而且也更少產生帶有評斷意味的偏見！

隨著年歲漸長，我們逐漸陷入非黑即白、不是這樣就是那樣的思維模式。這種思維模式會體現在最簡單的情況下，例如對某一部電影的感覺，或是對某一場政治演講的看法。我們會形成某種意見、做出某項決定，然後採取某種立場：它很好／它很糟糕；我討厭它／我喜歡它；我想留下它／我想扔掉它；他是對的／他是錯的；事情成功了／事情失敗了。

遺憾的是，現實沒有辦法這樣簡單劃分。現實是由無數層次與細微差異、錯綜複雜與神祕等元素交織而成。當我們試圖在不可能的旅程中穿越那些深不見底的經歷時，是最痛苦的時候。**在這些時刻，我們很容易就能決定如何為正在經歷的事情貼上標籤——它不是天堂，感覺跟地獄無異。**

我見證過許多很有意思的事，它們往往發生於走向靈性或宗教道路的初期。**我們可能會發現自己就像是被迫擺盪到另一個極端，也就是沒有任何事是消極或負面的，所有事物在我們看來都是正面的、積極的：**「即便是痛苦不堪的情況也是一種祝福。它是完美的，而且我相信結果也會是完美的。我平靜地接受這一切，並且臣服於這個神聖的指令。」

聽起來是不是很令人振奮，遺憾的是，它仍是一種立場，是我們用來應對複雜問題及困難所抱持的立場。試著以更高的層次去看待事情當然重要，但是只使用這種方法會造成一個問題：**它要求我們繞過人類的天性，馬上飛躍到神性，但往往沒有處理我們的負面情緒，而是把它們留在心底翻騰。**

做出愛的選擇，並不是選擇只看像天堂一樣美好的一面，也不是選擇只看如地獄一樣可憎的部分，而是選擇兼顧兩者，因為真實情況就是如此。這樣的選擇要求我們：

你能允許自己同時去感受痛苦與愛嗎？
你能在那些你希望永遠都不要發生的事情中，
仍然找得到充滿愛的時刻嗎？

你能在那些你希望早點結束的事情中，
去愛它無意中帶給你的祝福嗎？
你能學會去尋找隱藏在地獄裡、
那些如天堂般的美好瞬間嗎？
天堂與地獄，能同時並存在你的心中嗎？

我們如何做到這一點？或許這意味著我們要帶著慈悲，平靜地與地獄般的境遇或情緒共處；或許這意味著，我們要能在痛苦不堪的那些時刻愛自己，努力不讓自己覺得它們是陰魂不散跟著我們的詛咒，或是覺得自己莫名地注定要受苦；或許這意味著，我們找到了勇氣去深入觀察這些黑暗的通道，並注意其中仍有微光在閃爍。

我知道這個任務很艱難，但是你可以把它當成邀請，邀請你去做出愛的選擇，讓那些不可能的時刻不至於變成完全沒有愛的時刻。

「找到一個充滿喜樂的地方，這樣的喜樂會將痛苦昇華。」

——喬瑟夫·坎伯（Joseph Campbell），神話學家

我們能不能一方面希望事情沒有發生，一方面又不可否認地感覺它正在打開我們的心？對我來說，答案是肯定的。回想你過去這幾年，是否發生過（或者現在正在發生）如地獄般痛苦的某個事件，那也是你迫切希望能改變的事情。你能在其中看到任何已發生或正在發生的祝福嗎？你能在黑暗的天空中，瞥見一絲愛的微光嗎？

在我這一生中，我可以把這些事件列成一份冗長的清單；在這些事件發生的當時，我甚至願意不惜一切代價讓它們消失。然而，即使在它們發生的當下，我也不能否認，它們的確敲開了我的心，以便去迎接愛與臣服。假如

沒有這些不受歡迎的事件發生，要達到這樣的境界是不可能的。

很多人都有一個或幾個因為生病或上了年紀而過世的親人，一旦失去所愛，巨大的傷痛是不可避免的。然而，在過渡期的最後時日中，你往往也會感受到令人驚訝且不可否認的某種新連結與愛。這或許就是祝福，因為你的親人不再痛苦了，因為你有了療癒與寬恕的機會，也因為你的生命曾經有過各種局限，而如今，那些局限都已經不存在了。

對於這些對立的情緒，我們需要感到內疚嗎？不需要。我們可以既悲傷又感激嗎？可以。

你可以在這一刻傷心欲絕，下一刻就平靜下來。你可以在這一刻對某件事深惡痛絕，希望它能趕快結束；但下一刻，你可以老實承認，這件事無疑地幫助了你成長。

> **不要覺得你必須選擇一種情緒上的立場或態度，**
> **相反的，你要樂於去感受內心那個擁擠的空間中**
> **五味雜陳的所有情緒。**
> **歡迎、熱愛及尊重每一種情緒，**
> **它們都是你珍貴的一部分。**

我還記得我的狗狗比糾與香緹（Shanti）離世的時候。牠們都活了很久，也因為年紀太大而需要我幾乎全天候的照顧。我清楚地記得在牠們走了之後，我第一次意識到自己可以放心離家兩天，而不用安排保母來照顧牠們；也明白從此以後，我可以自行出門，不必再擔心要帶著牠們一起去每一間商店，免得牠們感覺害怕和孤單。對於牠們的離去，**我傷痛欲絕，但另一方面我又覺得寬慰，再也不必為牠們操心害怕了。**

我知道，寬慰與傷痛這兩種情緒並不牴觸；即便十八年來，我第一次失去了牠們的陪伴，感覺就像整個世界都被摧毀了，但其中仍帶著祝福。我喜歡我重獲自由，但不喜歡牠們離我而去；我不需要選擇地獄或天堂，因為它

們都是真實存在著。

有一次，當我正在經歷一段痛苦不堪的時期，我在這世上最親愛的指導者之一對我說：「你是獨一無二的，因為大多數的人要麼崩潰、要麼高飛，而現在的你卻同時做著這兩件事。」

這些話深深地影響了我。我意識到我的確學會了如何同時去做這兩件事：在經歷如地獄般的痛苦時刻，仍然選擇去愛；讓我以慈悲去充分感受到周遭所發生的悲劇，同時又細心地去收集與撿拾這些時日帶給我的祝福及啟示。這也是你的道路及機會。

> **部分的我們會崩潰，部分的我們會展翅高飛；**
> **部分的我們會悲傷，部分的我們會成長；**
> **部分的我們會祈求憐憫，部分的我們會看見恩典。**
> **做出愛的選擇，你的內心就能創造出空間。**

用愛來稀釋困難

「哪裡有真愛，哪裡就有奇蹟。」

——薇拉・凱瑟（Willa Cather），美國小說家

多年前，當我正在經歷著一段看似永無盡頭的痛苦旅程時，我決定一個人跑去熱帶島嶼，希望能獲得一些平靜與療癒。我一直覺得海洋具有強大的轉變能量，因此，每當我遭遇到痛苦考驗而想尋求慰藉時，我總會受到海洋的吸引。

在島上的第一天清晨，我走進藍綠色的平靜大海，靜靜站在齊肩深的溫暖海水中。由於時間還早，附近完全看不到人。然後我突然哭了起來，這對當時的我來說並不奇怪；不過，接下來發生的事就不尋常了。

不知怎麼回事，我就是可以感覺到大海正以無邊無際的慈悲，完全接納了我的眼淚、我的悲傷，以及我生而為人的痛苦，彷彿是大海這個母親在呼喚著我：「就像其他人一樣，你的這些眼淚對我來說微不足道。看看我有多遼闊，所以把你的眼淚都給我吧，親愛的，不要保留。這些眼淚是神聖的，因為它們來自純潔的愛。」

於是，我把心裡的傷痛都掏了出來，感覺鹹鹹的淚水流入了鹹鹹的海水中。這些淚水不是滴落在面紙、睡衣、床單或朋友的肩膀上，印出無所遁形的淚痕，而是與海浪、潮汐、廣袤無垠的海水融為一體。在那一刻，我感覺自己的悲傷被某種更偉大的東西稀釋了──在無邊無際的大海中，我的眼淚消失了，被吞沒於旋舞了數百萬年之久的古老海水中。

當我將眼淚獻給海浪時，我能感覺到大海也回送了某些東西給我。它用愛輕晃著我，擁抱著我。我的傷口被在海水中搏動的神奇禮物給洗淨了：那是智慧，屬於鯨、豚以及所有曾經存活於海裡的海洋生物；那是勇氣，來自所有為了發現新大陸而航行於大海的船隻，雖然船長與船員早已不存在，但他們的發現卻打造出通往新世界的航線；那是禱告，來自所有曾經站在大海中悲傷哭泣的人，如今隨著他們返回靈界或輪迴於人間，痛苦已經被忘記。

在那一刻，我明白了一些深刻的道理。**我這些不可承受的旅程、我的痛苦以及我的眼淚，全都超越了我的生命，從宇宙初始就跟每一趟不可能的旅程以及每一滴眼淚密不可分。我懷著敬畏和感恩的心情向大海低下了頭，感謝她向我展示的愛。**

那天稍晚，當我坐在沙灘上思考自己的體驗時，意識到了兩件事。首先，我的痛苦並沒有神奇地消失，我的傷痛還在，仍然必須在這條崎嶇的道路上踽踽獨行好一陣子。但是，有件深刻難解的事已經發生了：大海充滿能量的愛，以某種未知的方式稀釋了我的痛苦。

通常，當我們遇到某個難關時，往往會希望能抹除自己所感受到的不愉快情緒。我們哭喊著說：「我想要擺脫悲傷／憤怒／恐懼！」正如我們所見，這些試圖切斷或關閉情緒的努力最後都行不通，只會切斷了我們與源頭的連結，切斷了能夠療癒我們的那股力量。

如果你想降低某種深色液體的濃度，你會怎麼做呢？你無法去除它的顏色，但你可以加水來稀釋。如果你正在煮湯，發現到自己放了太多的鹽而想除去過鹹的味道，你會怎麼做？你無法除去鹽分，但你可以加一些其他的東西來改變湯頭——用更多的液體來稀釋這鍋濃湯。

我們稱此為**第二個元素的原理：當你置身在一個黑暗的房間，你不是設法消除黑暗，而是把光帶進來**。在你引進第二個元素（也就是光）的那一刻，黑暗自然就會消失殆盡。你不用對黑暗做任何事，從某種意義來說，第二個元素改變了黑暗。而我們已經知道，愛是一個無限振動的場域，至高無上，有最強的擴展性。

> **愛是終極的稀釋劑！**
> **當我們把愛添加到任何情況、任何其他情緒，**
> **或是任何互動之中，它會稀釋**
> **緊縮的、褊狹的、缺乏覺知的能量，**
> **轉化成較高層次、覺知更高的形式。**

無論你是否意識到，你其實一直都在身體力行稀釋的道理：

感到不安時，你會打電話給你的好朋友，坦白說出你的恐懼與悲傷。對方會帶著愛傾聽，為你保留的這個充滿愛的空間，似乎稀釋了你強烈的不安。你的朋友，正是你用來稀釋不安的第二個元素。

你的孩子害怕嘗試新事物，於是你緊緊抱住他，要求他把所有的事情都

告訴你。你仔細傾聽他所說的每個字，就是在用愛的能量來稀釋孩子強烈的恐懼，接下來他就會覺得好多了。

　　愛的療癒能量，是我們給自己及他人一個最偉大的獻禮。**在任何情況下，愛都能以自己最崇高的振動，去稀釋緊縮、褊狹的能量，宛如煉金術般地轉化消極、負面的情緒。**我們越來越明白，為什麼完全療癒我們的心、重新連結上我們的心、擴展我們體驗並分享愛的能力，會如此重要：我們的愛之海越遼闊，就越能轉化它所接觸的所有一切。

你的心海越大，
能溶解的東西就越多。

　　那一天，我在島上感受到慈悲的海洋對我的祝福，它稀釋了我的痛苦與傷心，並教會了我如何用愛來擁抱自己。它激發我的創造力，讓我在傍晚時分寫出了這首相當私人的新詩。在此我要分享給你，讓你知道，每個人都必須前往心中的痛苦所在朝聖。我要將這首詩獻給每個曾將眼淚獻給大海的人，讓他們也知道後來會發生什麼神奇的變化。

當大海吞沒我的眼淚

今天我站在海裡，祈禱上帝保佑。
鹹鹹的淚水像液體的獻禮，
從我的臉上流下，流入大海。
我看著我的眼淚消失在海水中，
她接受了每一滴的淚水，
彷彿歡迎久別的親人回家，
把淚水融入浩瀚的一片湛藍之中。

今天，大海以仁慈待我。

她不期望我堅強、平靜或無私，

她廣闊的空間，容納了我所有的悲傷、痛苦及心碎，

並在我哭泣時，用溫暖、柔和的海浪擁抱著我。

我想知道那些眼淚怎麼了，

也想知道它們帶走的那些悲傷的故事。

或許今晚，在大海的某個地方，

海豚、烏龜或鯨魚，會吞下我的一滴眼淚，

然後突然之間，莫名地發現牠們正在呼喊著我的名字……

　　理查・羅爾（Friar Richard Rohr）是作家暨方濟會修士，他的作品對我們的靈性旅程做出了明智且慈悲的反思，而他說的話也跟我強調的不謀而合：「你的心必須透過信心、祈禱、恩典、憐憫、愛以及寬恕提前做好準備，如此一來，當地獄到來時，你才能敞開你的心。」

　　以下是一些「重新校準的問題」，你可以在不可能旅程與不可能的時刻中，用來幫自己做出愛的選擇。這些問題可以幫助你沉思、記錄，以及進一步探討。記住你所學到的跟慈悲與耐心有關的一切，不要給自己壓力，或是強迫自己必須盡快接收到即時的答案。這些問題是專門為了打開你的意識而設計，讓它得以接收那些早已在你心中等著的新智慧與指引。

　　帶著愛對自己提出這些問題，並給自己充分的時間作答，讓答案不僅自行出現在你的意識心之中，也出現在你內心的靜默空間。尋找並留意那些可能居中傳遞宇宙訊息的事件或經歷，同時它們也能為你的這些問題帶來具體的答案。

～重新校準問題：將不可能轉化成愛～

我怎樣才能將愛帶入這個不可能的旅程／處境中？

我怎樣才能利用這個不可能的旅程／處境來擴展自己而不是收縮，得到自由而不是禁錮？

我需要採取什麼樣的內在行動，才能讓恩典為這個不可能的艱困旅程／處境導航？

我怎樣才能讓這個不可能的旅程／處境的試煉之火，把我轉化為更偉大的存在？

我能在這堆爛泥似的東西中發現到什麼金子嗎？

找出安全回家的路

「即便有強風颳起，我雖悲傷自憐，卻仍然不放棄。」

——美洲原住民歐吉布威族（Ojibway）諺語

幾年前，我去夏威夷大島上一個非常偏僻的地方朝聖，我的詩人朋友拉莎妮‧雷亞就住在那裡。這座簡樸的聖所完全沒有電力，遠離凡塵俗世，僅與開闊的牧草地、無盡的火山熔岩地以及上萬畝未開發的森林接壤。當時我正處於強大的靈性重生之中，希望能在沒有任何現代便利設施、只有大自然的環境中，度過一段不被外界干擾的珍貴時光。除了我之外，拉莎妮是那裡唯一的人類，但我很高興地發現自己與許許多多美麗的動物一起分享這片豐饒的大地，包括狗、剛出生的幼犬、貓、孔雀、山羊、馬，以及各種你所能想像的熱帶鳥類。

當我抵達時，拉莎妮告訴我發生了一件極不尋常的事情，而她覺得這件事跟我的到訪有著神祕的關聯。就在幾天前，一隻渾身發抖、驚恐萬分的白色小貓咪出現在主屋前。牠可能還不到五、六週大，處於完全脫水的狀態，虛弱到幾乎站不起來。

這隻小貓咪只有兩千兩百公克重，卻不知道以什麼方式，在沒有食物、沒有飲水、也沒有遮蔽可以免於烈日曝曬的情況下，竟然跋涉並穿越了陡峭堅硬的熔岩地，來到這處聖所。牠還活著，沒有餓死或被這個地區的各種野生動物獵殺，簡直是奇蹟。儘管有各種無法克服的危險、充滿敵意的無情環境，以及本能的強烈恐懼，但牠還是憑著一股勇氣從這趟不可能的旅程中存活了下來。

拉莎妮為牠取名叫普瓦（Pu'uwai），在夏威夷語的意思是「心」。

拉莎妮開始盡其所能地拯救普瓦的性命，用滴管餵食，在感染的傷口上塗藥膏，並且全心全意地愛牠。即使仍處於相當脆弱的狀態，這隻不屈不撓的小貓還是出現了明顯的好轉跡象。對於這隻出現在我療癒朝聖之旅的小貓咪，我滿懷敬意地以牠為師。在我寫下這些文字時，我還可以清晰地記得，當我把蜷縮成一團的小普瓦緊緊抱在胸前時，那種感受有多麼神奇，宛如抱住的是一個盛裝著生命與神聖智慧的小容器，感覺就像牠正咕嚕咕嚕地把愛傾注到我的心裡。

就跟普瓦一樣，在這一生中，我們也必須充滿勇氣地踏上許許多多具有挑戰性、看似不可能完成的朝聖之旅，穿越自己無止境、會傷害及試煉我們的荒野。就像普瓦，我們可能也會感到孤單，並且想要放棄。但是，如果我們能仔細聆聽，就會聽到一個從內心深處呼喚我們的聲音，它低喃著：「那裡有個地方是庇護所，是安全的，而且充滿了愛。」

因此，我們必須繼續前進，從一個看不見的源頭尋找力量，用我們所有的力量守住信念——越過這片試煉之火，在這片荒原的那一端，必然**會有救贖、平靜以及愛在等著我們。我們的不可能旅程將成為勝利的凱旋之旅。**

我最近一次從拉莎妮那裡得知，普瓦恢復情況良好，健康又活潑。每次

當我遭遇到大大小小的挑戰，以及必須踏上更多需要決心、毅力及信念的旅程時，我總是會想起小小的普瓦。有時，我會想像牠長途跋涉的模樣，一個白色的小斑點孤獨地穿越一望無際的黑熔岩凍原，我幾乎可以聽到牠的靈性聲音在對我低語：「別停下來，如果我能做到，你也可以。」

在喜悅的時刻，我們可以用幸福滿溢的心
來迎接愉快的經驗，將愛帶入愛中。
在地獄般痛苦的不可能時刻，
無限的愛之海會以溫柔接納我們的痛苦，
以光明圍繞我們的痛苦，
以慈悲稀釋我們的痛苦。
愛是光的階梯，我們必須爬上階梯才能走出黑暗。

不論找到一條我們的路有多困難，不論情況看起來有多缺乏愛，不論環境有多黑暗，我們都必須做出愛的選擇，找到那最微小的一絲絲愛，然後追隨著它。

當我們這麼做的時候，它就會指引我們前進，帶領我們回家。

PART **3**

從現在起，活在愛中

LIVING IN LOVE, NOW MORE THAN EVER

第 9 章

心靈的智慧低語

「神性有一個終極的祕密，如果你的心智比日落時的薄霧更沉靜，它會在你耳邊低語：這世界的神，就在你的內心。」

——肯恩·威爾伯（Ken Wilber），心理學家

　　牡丹是我最愛的幾種花卉之一，春末夏初會盛開得妊紫嫣紅，散發充滿異國情調的濃烈香氣。在亞洲文化與藝術中，牡丹是經常可見的創作元素，尤其對中國人來說，牡丹更是富貴吉祥的象徵。我的書桌上現在就擺著一束牡丹，穠麗可愛的色澤十分令人驚豔。

　　上星期，我在市場的花卉區，很高興找到了幾束花苞還緊閉著的牡丹花，把它們放入購物車時，旁邊有個女人對我說：「那邊的桶子裡還有更好看的花，像是玫瑰。」她解釋，「你選的那種花雖然我不知道是什麼，但看起來不怎麼好，花苞閉得緊緊的，而且還是棕色的。」

　　「謝謝你，」我禮貌地回應，「你從來沒看過牡丹花嗎？」

　　「我沒看過，它們看起來好怪。」

　　「這樣啊，那我來給你上個課吧。牡丹緊閉的花苞看起來就像是被壓扁的小球，但等到它們綻放開來時，層層的花瓣會神奇地盛開到原來花苞的十倍大。」

　　「這麼有意思？」她有點懷疑地說，「但是現在，它們看起來真的好不起眼喔。」

　　「一開始是這樣，」我解釋，「**但是當它們綻放時，現在看起來不起眼的花苞，將會盛開成一大叢最不可思議、最引人注目的花朵。**」我從桶子裡

拿出另一束牡丹花給女人。「來！把這束花當成禮物，只要有耐心，很快你就會體驗到牡丹的神奇魅力了。」

　　身為真理與自由的追尋者，很多時候都會覺察到內心含苞待放的智慧與啟示，它們就跟牡丹花苞一樣，緊緊閉合著，難以窺見。我們渴望擁有更開闊、更有感染力量的感受，渴望去接通我們知道就存在於內心的指引與方向，但是，我們的心智似乎無法理解及掌握我們渴望的答案。或許，我們正迫切地尋找某個方案的靈感，卻一無所獲；或許，我們試圖為某個重要的決定找到明確的方向，卻迷失在相互矛盾的想法中出不來。「如果我能把事情弄清楚就好了！」我們哀嘆著。

　　真理、光明及智慧的無限泉源，始終存在你的內心之中，而且從來不會像牡丹花苞那樣緊緊閉合著。它始終就在那裡，完美地隨時準備給你源源不絕的真理。然而，它無法經由心智及智識來獲取，就如同我們無法讓花苞綻放一樣。**那是因為，它不是資訊，而是智慧。**

　　那麼，資訊與智慧有什麼差別呢？資訊是智識從外部來源收集到的事實，我們利用這些事實來教育自己並理解世界。但智慧不一樣，不論收集到多少資訊，都無法藉由整理心智所得到的資訊來獲取智慧。那是因為，資訊來自外在，而智慧來自內在。

> **我們可以用心智去找出資訊，**
> **但要接觸到智慧，必須深入內心，**
> **因為智慧只在心中綻放。**

　　先來看看 wisdom（智慧）這個英文字的字根，它是來自兩個古老的拉丁文：visionem（意思是「看見」）及 dom（意思是「判斷或狀態」）。**因此，智慧可從字面上直譯為「看見的狀態」，是一種我們能夠真正看見的狀態。因此，要擁有智慧，就必須活在看見的意識中，活在看見的狀態下。**

　　在此，我們所說的「看見」，不是往外看，而是往內看。我們如何去看

見自己的內在——內心深處未被照亮的地方？這又是怎樣的一個過程？

花點時間，想像一下你置身於一個暗無天日的房間裡。如果你想看到東西，需要什麼呢？你需要光源，有了光源，你就可以輕鬆地在黑暗中視物。相反的，如果你試圖在沒有燈光的情況下走動，就一定會撞上東西。

因此，要看進自己的內心深處，我們也需要光源。那個光源是什麼呢？打開光源的開關又在哪裡呢？答案是：**心的智慧，它位於你的意識深處，我們可以把它稱為你的「內在之光」。**

資訊可以帶來理解或澄清，
但它不是光，無法照明，
然而，智慧可以。
資訊可以收集而來，智慧不行；
智慧是從內而生，它是光的到來，而不是去收集光。
它會宛如太陽般，從心的地平線升起。

喚醒你內心的智慧，它的力量可以點燃你內在的光，從而打開你的內在視野。內在的光可以幫助你更清晰地看見一切，你會清楚地看見自己，也會清楚地看見他人；你會清楚地看見自己的道路，也會清楚地看見世界。

想像一下，有一天你醒來後發現，由於某種魔法，你家的院子有一座豪華的大泳池從天而降。泳池看起來是如此迷人、優雅又美麗，你立刻被清澈、閃閃發光的池水所吸引。你的心幾乎馬上就平靜了下來，覺得開闊又充實。

當你在這座迷人的泳池休息時，你莫名地意識到可以用一種更擴展的意識來看見你生命的各個面向；你的所思所想，似乎都被一種深刻的智慧照亮了。你的結論是：「這真是太神奇了！為什麼我以前不知道有這座神奇的泳池呢？它一直都在這裡嗎？」

儘管你的院子裡沒有一座神祕的泳池，但你的確有一座自己不知道的神奇泳池。它不是一座實體的泳池，所以你在外面的任何地方都找不到它。**它**

就在你的內在，一直都在那裡，盛裝的是「心的智慧」；它是你的真正本性與真正的源頭。那麼，為何你以前沒能接近這座神奇的泳池呢？那是因為通往泳池的道路一直有各種各樣的障礙物，包括你的模式、尚未解決的問題、無意識的習性、凍結的情感，以及讓你遺忘真正自我的大石頭。所有這些障礙，都讓你無法輕易地找到通往內在智慧的道路。

你的智慧一直都在那裡，
只是你一直被內在的雜訊擋了路。
一旦你把振動及情緒殘骸都清除乾淨，
要找到路前往「心的智慧」，
就會完全不費力地水到渠成了。

打開你的全宇宙定位系統

「你為什麼要讀萬卷書？沒有用的。最偉大的書就在你的心裡，打開這本取用不盡的書，你將會知曉一切，因為這是所有知識的源頭。」
　　　　　　　　　　　——希瓦南達（Sivananda），印度教精神導師

　　心的智慧，跟博學多聞的智識無關。當我們說「知道」某件事時，指的是我們擁有跟這件事有關的資訊，或是我們弄清楚了某件事。相反的，心的智慧是一種覺知力（knowingness），**不是對特定事物的知識，而是一種通達的知曉狀態，也就是覺知力。**許多先賢聖哲都描述過這種智慧狀態，這是內在一種生機盎然的靜默狀態，充滿了潛能以及神聖意識的絕對存在，並且與無限的智慧一起脈動。

　　看到「覺知力」這三個字時，我們通常會很自然將它想成是一種高層次、高覺知的心智版本，或許甚至會把它想像成一種由頭腦或部分大腦所產

生的經驗。事實上，**你無法在心智中找到這種覺知力，但它會從你的心中自行浮現出來——不是物質的心，而是精神層面的心。**

　　想想你曾經體驗過的覺知力，你的內心湧現出一種新層次的智慧。這種更高的智慧在你的心靈深處，以你能感知及察覺到的形式顯現出來，而且完全不像是你腦袋所接收到的訊息！

　　你們全都體驗過心的智慧，那是來自內心深處的靜默聲音，不透過言語表達，而是一種超越言語的知曉，是心靈深處給你的提示。**在你還沒有得到任何關於特定事件的訊息時，你當下就已經了然於心了。**「我就是知道我應該幫助這個人」、「我就是知道我應該換工作了」，或是「我就是知道一些事情」。

心靈的語言是最完美的表達，

即便沒有使用任何詞彙，

卻不可思議地讓每件事都有發聲的機會。

　　然而，我們往往會懷疑來自內心深處的覺知力，因為它似乎沒有那麼合邏輯，也可能違背了線性的因果關係。因此，我們會貶抑它，因為它無法像智識那樣「證明自己的論點」。後者總帶著大陣仗的律師與一大疊檔案，把每個證據攤開在我們眼前，振振有詞地做完美的辯護。**諷刺的是，心智才是不可靠的一方。**這聽起來似乎很奇怪，但誠如我們在本書內容所見的，這是真的。你不能盲目相信心智，因為我們的心智會受到各種影響，包括你的情緒程式、你的遺傳模式等等。

當我們認為來自邏輯心智的資訊

比心靈深處的覺知力更可信時，

很容易就會在自己的旅程中迷失方向。

於是，我們選擇了資訊，忽視及壓抑覺知力，

沒有意識到我們對於尋找邏輯性答案的執著，
最後可能會遮蔽了我們洞徹世情的能力。

心智著迷於資訊，認為會帶給它平靜。事實上，當涉及到生命中最重要的問題時，收集更多的資訊並不會帶來平靜。資訊能做的非常有限，回想看看有多少次，當你深陷情感或精神危機時，你告訴自己，如果可以找到正確的資訊，就能以某種方式結束你的痛苦？然而，試圖尋找資訊來「解決問題」的努力，最終只會分散你的注意力，讓你無法傾聽來自心靈深處要傳達給你的訊息。

我們先在這裡暫停一下，讓我澄清一點：我愛資訊！當我們要做出符合邏輯的決定時，資訊是很棒的，而且有用的。例如，獲取資訊可以幫助我們決定是否要進行某個療程，或購買什麼保險，或是吃哪一種健康食物。**然而，當我們不管碰到什麼事，都把資訊當成唯一的地圖及指南而忽視了心的智慧，我們往往會發現自己陷入了進退不得或不希望發生的處境之中。**

你是否曾經忽略了你對某件事的覺知力，後來才發現它是正確的？你是否曾經雇用某人幫你完成計畫，你手邊所有關於這個人的資訊看起來都很好，因此心智贊成你雇用這個人，但你的覺知力卻不這麼想。你的覺知力可能會這樣低語著：「不要相信這個人」或「有什麼地方不對勁」。最後，你忽視了來自內心深處的示警而雇用了這個人，沒多久，你所有無法解釋的莫名擔憂都成真了。於是，你責怪自己：「我早該聽從自己的直覺。」

這就是為什麼，當你踏上轉變的道路時，學會敞開心扉去接收心的智慧會如此重要。沒有意識、沒有覺知力，我們可能會被心智翻來覆去地折磨，而且心智未必能清楚地感知事物。相反的，覺知力是羅盤，或者以現代術語來說，覺知力的角色就像是全宇宙的 GPS 定位系統。

開車時，目的地在哪兒或目的地經常改變都不是大事；要緊的是，你車子裡的全球定位系統能夠正常運作。同樣的，在你這一生中，你經歷什麼也不重要；不論你是走在平坦路段，或是走在充滿挑戰的顛簸路段，重要的

是，你如何讓自己的旅程更順利、更輕鬆，並且避免任何可預防的「事故」發生。

你有一台全宇宙定位系統，

這是你身為人類這輛車子的標準配備。

這台內建的定位系統來自你內心的智慧，

而不是你的心智。

從僅用智識去解決所有問題，轉變成使用宇宙的覺知力定位系統，你的人生之旅將會愉快很多，也能夠避開所有的塞車情況，一路輕鬆抵達目的地！

很多人問過我這個問題：「是不是每個人都有一個內在指引？為什麼我的好像故障了？」當我們意識到內心深處永遠都存在著與生俱來的智慧時，以上的問題就必須從「我有嗎？」改成「我如何才能連結上它？」而更精準的問法應該是：**「我如何能取得覺知力？我要怎麼做才能清出通往它的那條道路？」**

這就是個人轉變的過程中，最激動人心的部分。當你越能做出愛的選擇，越常用書中的練習來校準自己的振動時，你內在的智慧就越能自發性地顯現出來。

回到覺知力的懷抱

「有某種東西靜默地存在心智之中，超越了思想，這是無法想像的至高奧祕。我們的心智與精微體都安住在其中，再無其他羈絆。」

——《慈氏奧義書》（*Maitri Upanishad*）

我們很容易就錯過心的智慧，原因很簡單：心的智慧非常非常微妙！你

的高我（你擴展的意識）不會咄咄逼人，不會喧嘩，不會令人懼怕。它很安靜，只會輕聲細語地告訴你真相。

靈魂的聲音不會大聲嚷嚷，
它會以微妙、優雅的低語向我們展示自己。

如果心的智慧總是在低語，那麼經常從內在對我們大喊大叫的，又是誰呢？答案當然是：小我！

「你今天搞砸了──最好把你犯下的錯誤遮掩好，免得被別人看到。」
「不要相信任何人，不論你做什麼，都不要讓他們知道你真正的感受！」
「你打算讓他們得逞嗎？」
「編個謊言！如果你說了實話，他們會看輕你。」

認出來了嗎？它們就是小我的聲音。這些當然不是愛、智慧或覺醒的聲音，它們頤指氣使、苛刻，壓過了覺知力的細微低語。**如果你聽過來自內在的叫嚷（除非是對危險的強烈警告），幾乎都是來自你那緊縮、褊狹的小我。恐懼會大聲嚷嚷，批判、憤怒也會大聲嚷嚷。**

心的智慧不會透過宇宙的擴音器向我們吼叫。想像一下，如果你的覺知力對你嚷嚷這些訊息：

「你有在聽我說嗎？我厭倦了一再提醒你，我要告訴你多少次，你是神的孩子？」
「給我仔細聽好了：今天就打電話給那個人，你會得到機會，好運正在等著你。我不想聽到你說自己會害怕，去做就對了！」

想到你的高我在對你大吼大叫，是不是很荒謬可笑呢？這就是重點！根據我的親身經驗，內心指引如果要提供你建議或訊息，一定會以沉靜的、充滿愛的姿態對你示意，就好像有人在你的心門前留下一份無須言語、深具智慧的贈禮：

心的智慧不會像資訊大軍一樣，

昂首闊步地入侵我們的心靈，

要求我們聽從它的指示。

心的智慧會安靜、輕巧地進入我們的意識，

就像突然出現在天空的半透明雲朵，

像突然飛進我們視野中的優雅小鳥，

或是像突然從窗戶吹進來的一陣微風。

它不會大張旗鼓地到來。

它就是這樣。

心的智慧是安靜的，因此我們也必須變得更加靜默，才能騰出空間讓它出現，傾聽它帶來的訊息。

「終其一生，你的內心住著兩個人。一個是小我，喋喋不休、要求苛刻、歇斯底里、工於心計；另一個則是隱藏於深處的靈性存在，只有極少數機會聽到或注意到它那沉靜的智慧之聲。你必須從自己身上，去找出那位充滿智慧的嚮導。」

——索甲仁波切

　　想像一下，長久以來，你內心的聲音一直在呼喚你，試圖引起你的注意，有時是小事，有時是事關重大，但你已經習慣去忽略它們。這就好像有人帶著無價之寶來敲你的門，而你卻一次次地拒絕開門讓人進來。想像這種情況持續了幾個月、幾年或甚至好幾十年，而你始終未曾去注意到你內在的覺知力。

　　為什麼我們往往無法與高我、源頭及真實的自我連上線，現在你應該了解原因了吧 ?! 除了沒有意識到它之外，長久以來我們也一直在冷落它，避免跟它產生任何交流！

當我們切斷或忽視與覺知力的連結時，
其實就是切斷了我們真正的智慧、
真正的力量以及自己的源頭。
我們沒能養成與高我持續建立連結的習慣，
等到真要去尋找它時，
我們已經忘了要如何到它那裡了。

　　你是否曾經開車去一個你以前經常去的地方，但你已經好幾年沒去過了？或許那是你小時候居住過的小鎮，或是一間你以前常去的餐廳，但自從你搬家後就沒再去過了。你告訴自己，雖然幾年沒去，但是你仍然知道要怎麼開車過去那裡，完全不需要地圖或 GPS 導航；畢竟，那條路線你已經走過無數次了。然而，某個時候你突然意識到，曾經如此熟悉、想都不用想的那條路線，已經從你的腦海中消失或變得模糊了，你不得不尷尬地承認，你忘記怎麼走了。

　　當我們不常造訪我們的心，不去回應它的邀請或不理會它所提供的智慧時，就會發生這樣的情形：我們會忘記怎麼去，一旦突然需要內在的指引或方向時，就會找不到內心裡那個確切的位置。

為覺知力騰出空間

「上帝輕聲低語而塵世喧囂，所以你要為安靜的時刻騰出時間。」

——出處不詳

事實上，返回內心的智慧相當簡單。正如我們所見，你毋須去追尋它或找出它的位置。因為內心的智慧早就在那裡，它是你的本質，從來沒有離開過你。

你不必等待內心智慧顯現，
它已經耐心地等你很久了。
當你把注意力往內轉的那一刻，
它將會歡欣鼓舞地示現予你。

保羅‧科爾賀（Paulo Coelho）是國際知名的巴西小說家，也是《牧羊少年奇幻之旅》（*The Alchemist*）一書的作者，他的寫作處處透著深奧、神祕的覺知力，對於他所說的為靈魂低語騰出空間的說法，我非常喜歡。他是這樣說的：

「獨處並不是無人陪伴，而是要讓我們的靈魂能自由地與我們對話。」

這難道不是一段優美且富有感染力的描述嗎？你可以想像自己置身於一場稱為「你的人生」的盛大派對中，然後在某個時候，大家都離開了，或者至少暫時離開，只剩下你一個人。而之前那段時間，你的靈魂始終耐心地等在後頭的房間，渴望接近你，並告訴你一些重要的事。於是，在你終於獨處的時候，你的靈魂鬆了口氣，興奮地找到你，終於跟你說上了話。

你的心什麼時候可以得到你的關注？答案是：在你安靜下來，在你脫離

心智的不斷算計、轉向靜默的時候。當我在幫助人們深入探索時，我通常只需要說：「閉上眼睛，把你的注意力轉向內在。」只要引導他們打開自己內在的沉靜大門，幾秒鐘之內，他們就可以看見、感受並了解那些他們始終無法釐清或理解的事物。

　　當然，如果不想被內心的智慧所打擾，我們可以讓自己過得非常忙碌，讓心智活動個不停，毫無喘息的機會，把注意力往外集中而不是往內。**所以，並不是我們的覺知力沒有努力地引起我們的注意，而是我們的意識太過喧譁，以至於聽不見任何沉靜、細微的聲音。**

　　想像你就站在一間人滿為患的夜店裡，或是正在一個座無虛席的演唱會現場，然後你試著去聽附近人們的輕聲低語。你可能連他們有沒有說話都不知道，更別說聽見他們在說什麼。即使有若干微弱的說話聲傳來，也被震耳欲聾的音樂聲給淹沒了。

　　這正是發生在我們身上的事。當我們的意識充滿振動的騷亂，擠滿不受約束、拉幫結派的心智想法時，想法及情緒的振動噪音就會淹沒我們的覺知力。我們或許會抱怨我們沒有與靈性、至高的智慧連上線，但其實我們有，只是我們不夠安靜到聽清楚它們在說什麼。

我們心智與情緒的騷亂噪音，

讓我們體驗不到內在的靜默與沉著。

在這麼多的振動喧鬧聲中，

我們聽不見智慧的低語。

　　智慧始終在等著填滿你，但如果你的注意力總是被拉往其他地方，就無法聽到它的聲音，也注意不到它。你越能將書中的練習付諸實踐、越常做出愛的選擇，就越容易走上通往覺知力的正確道路。

深化你與「內心智慧」的關係

以下的「重新校準練習」，包括幾個需要你仔細思考的問題。我的建議是，你要仔細看過每個問題，然後在回答之前，先聆聽來自覺知力的低語。這些指導將幫助你獲得更深刻的體驗：

1. 把問題帶進你的覺知中，然後閉上雙眼。不要試圖在心智中搜尋答案，而是深入去感受你內心的空間，並耐心等待。

2. 當覺知力指引你正確的方向時，你的腦海中或許會出現某個你認識的人，或是你人生中的某個情境。當覺知力指引你去關注某個你必須深入探索的議題時，你或許會突然對你的健康或財務狀況提高警覺。

3. 睜開眼睛後，把你腦海中剛才浮現的一切都寫下來，然後花點時間更深入地去記錄及探究你所看到的。你可能會想找個人跟你一起思考這些問題，這個人可以是你很親近的人，也可以是同樣讀過這本書的人。

我與「內心智慧」的關係

此刻在我的生命中，有哪些內在的覺知力一直被我所忽視？有哪些事是我一直察覺或感受到，或是我知道必須去處理，卻始終在逃避的？

我的心一直試圖在告訴我什麼，而我卻因為它沒有一堆合乎邏輯的事實與具體的證據，而無視於它所傳遞的訊息？

我如何切斷並阻礙了內在的覺知力？

（例如：奔波忙碌、忙著拯救他人或解決他人的問題、從來沒有獨處的時候）

我用什麼來麻痺自己，讓自己對於覺知力要傳達的訊息完全感受

不到？

（例如：藥物、酒精、食物、電視、購物）

當我察覺到內在的覺知力時，我如何切斷與它的連結？

（例如：我是否利用智識全盤否定覺知力，只因為後者沒有為它試圖告訴我的事提供「證據」？我是否在自行判斷後，決定不能信任內在的指引？）

我是否曾經拉攏其他人加入這個「反對覺知力」的陣營，讓我更有藉口去忽視它？我有想到某個特定的人選嗎？

（例如：我知道我可以仰賴我姊姊的意見，她總是能夠說服我不要去做任何會有風險的事）

我什麼時候曾經強烈感受過內在的覺知力？是什麼樣的情況，讓內在的覺知力跟我說話？

（例如：走進大自然時、冥想或做瑜伽後、祈禱時、上教堂時）

記住，這些都不是一次性的問題。就像所有的重新校準練習一樣，在你準備好獲取更深入的理解、體驗更深刻的轉變時，它們都是你隨時可以使用的工具。

愛的選擇，跟內心建立連線

以下的練習，可以幫助你與強大的內心智慧建立連結，讓你能夠逐漸熟悉接通內在源頭的那種感受。此外，它們也是簡單但強大的情緒重新校準技巧。多年來，我始終都在精進這些技巧，同時也用來教導我的學員們。

第一個練習稱為：**安住在心中**。當我帶領學員進行這個冥想時，會要求他們閉上眼睛。不過，剛入門的你可以睜開眼睛看著這些說明來練習。等到

你完全了解且熟悉這些技巧，不用再一邊看說明一邊練習後，就可以試著閉上眼睛。

▮ 安住在心中

做幾次深呼吸。眼睛放鬆、肩膀放鬆，以及放鬆全身所有的肌肉，放鬆你的心。

接著，一直維持著往內深入的意圖，讓你的覺知就像潛入水中一樣地往內心深處而去。你所要做的，就是為你的意圖指出方向並一直往內深入，然後放手，信任並依靠這個內在方向的指引，你將會開始感受到一股非常微妙的力量在牽引你、召喚你及擁抱你。

現在就試試看。要有深入內心的意圖，然後感受它的方向，並想像自己放手，信任並依靠這個內在方向的指引。

允許自己被往下拉入那個內在空間，就在心的正中央。就像你被一塊愛的磁鐵吸往內心深處。

你明白這個內在空間一直都在等你到來。現在去好好感覺它，它就像一個舒服的枕頭、一張柔軟的床鋪、一條暖和的毛毯、一個充滿愛與安全的擁抱。它正向你伸出手，召喚著你。這個內在的空間歡迎你終於回到源頭、回到寂靜，回歸到你隱藏在所有面具、焦慮情緒及各種活動之下的本質。

放手，明白它正在召喚你回到靈性的心，也就是覺知力的所在之處。

一直保持著往內深入的意圖，讓你自己潛入並落回到那個內在空間，它會接住你、支撐著你。你會感覺到舒適、安全、被認可，以及被愛。

保持著這樣的想法：「**我現在要持續安坐幾分鐘，安住在我的愛之中。**」

然後，讓你的覺知安住在你的心中，不僅僅是在你的身體內部，也要涵蓋你胸口前數十公分的外部空間。

你所要做的，就是沉靜地維持一個安住在心中的意圖，就像你潛入的是一座療癒能量池一樣，然後就待在裡頭。你什麼都不必做，就只是安住在其中。

深吸一口氣，再呼氣，然後更徹底地放手，完全掉落到那個空間中。在那裡，所有一切都融入了覺知力的平穩脈動中。

那裡只有愛。

你就是愛。

你回到家了。

這是一個很棒的練習，可以幫助你學習如何「落回」到心的內在空間，啟示、智慧、覺知力都在那裡等著你。我會以這樣的方式來設計這個練習，是因為我們的天性就是會想要前往某個地方，而不是固定待在一個地方。**畢竟，事實上，我們沒有任何距離需要去真的跨越，因為這只是一種認知上的轉變——從「有限的自我」轉變成「擴展的自我」。**

你必須記住的是，不要抱著想去知道任何特定事物的意圖。你不是提出一個問題，然後進去那個內在空間尋求答案；你也不是試圖讓某件事情發生，或試圖創造出你覺得自己應該擁有的經驗。你所要做的，就只是安住在心中。

你剛開始做這個練習時，我建議你閉上眼睛坐好，什麼也不做，這會幫助你的覺知往內聚焦。如果可以的話，練習前你可以先祈禱、點燃蠟燭，或是召喚你所認為的至高無上的任何象徵：上帝、耶穌、佛陀、濕婆、阿拉、

聖母瑪利亞等等，不過這不是必要的步驟。

一旦你在練習前先做了以上的步驟，一定要記得練習時必須徹底放掉那些念頭，並且不要試圖去觀想任何存在或是任何人。你要做的，就是待在自己的內在空間，與心的智慧在一起。

你能看出安住在心及試圖去尋找答案，這兩者之間有什麼區別嗎？截然不同。**試圖去找出答案或獲得資訊，是帶著特定目標的；而安住於心，除了字面意思（待在內在的空間，對任何可能出現的事物保持開放的意圖），沒有其他目的。**

你可以在任何地方做這個冥想練習。當你對通往內心的旅程越來越上手之後，練習時甚至不用選在安靜或私密的地方。學員們就曾告訴過我，他們是在什麼地方、什麼時候練習的：開會之前，在停好的車子裡；在辦公室充滿壓力的工作狀態下；甚至，在洗手間裡。我建議你在晚上關燈後躺在床上時做這個冥想練習，讓它帶著你輕柔地進入夢鄉。

第二個冥想練習，我稱之為**「心的智慧之旅」**，同樣是操作簡單而有效。這個冥想練習會迅速地把你跟你的心重新校準，特別適用於遇上挑戰、困惑、擔心、焦慮不安或是腦袋卡住的時候，有助於把覺知從你的心智轉移到你的心，並邀請心的智慧對你顯現。

就像先前的練習一樣，在剛開始練習時你可以睜開眼睛，一邊閱讀說明一邊做。等到你完全理解並熟悉這些技巧後，就可以試著閉上眼睛冥想。

■「心的智慧」之旅

讓自己沉靜下來並閉上眼睛。

感受你的覺知往下沉，從你的頭部、眼睛、臉，一直往下來到喉嚨及胸腔位置。

單手或雙手輕輕地放在胸腔中央的心臟部位。

將呼吸帶到心臟周圍的區域，呼氣時，想像自己融入到一個閃爍著光芒的空間。

你正在融入心的空間。

感受它有多麼寬廣，多麼完整又圓滿。

接著，對自己低語或默想：

「我的心知曉，我的心知曉」

你甚至不需要了解這意味著什麼，你的心完全知道。

把呼吸帶入心的空間，帶入你的覺知力之中。

用它帶給你的平靜填滿自己。

感謝你的心指引你。

感謝你的心對你的奉獻，感謝你的心給你自由。

感謝你的心沒有讓你忘記你的目標和你的道路。

微笑，感受這樣的愉悅感讓你記起了你的心是全知的。

花幾分鐘與你心中的覺知力在一起。

只要你安靜傾聽，它就會一直與你同在，並為你所用。

「只有在我們讓日常的喧囂靜默下來，才能聽見生命低語著對我們所揭示的真理，它就站在我們心門的台階上，敲打著門。」

——K. T. 瓊恩（K. T. Jong）

　　我愛靜默。對我來說，靜默不是空無一物，而是填滿了所有一切。它與天地萬物一起脈動，更是通往萬有的門戶。

　　在我寫作時，我渴望靜默與孤獨。我足不出戶，盡可能與世隔絕。我可以感覺到，那些尚未寫出的文字正焦急地等著我沉浸於靜默之中，好讓它們盛開成我所希望的絢麗繁花，然後獻給你，我的讀者們。

　　在靜默中，我消失了，讓路給神奇的力量自行其事。

　　在靜默中，我奔向心的智慧，宛如奔向珍愛之人的懷抱。

　　安靜下來留神傾聽，心的智慧在呼喚著你。它有你要尋找的所有答案，還有你需要的所有光——為你照亮通往覺醒、自由及愛的回家之路。

靜默會創造空間，讓該出現的東西浮現，
當你沉靜下來，你會敞開自己；
當你敞開自己，你會樂於接受；
當你樂於接受，你會變得非常柔軟；
當你變得非常柔軟，你會感受到自己的心；
當你感受到自己的心，就能找到驚人的覺知力，
你的心無所不知……

✿ ✿ ✿

第 10 章

回歸愛
愛會帶來更多的愛

「一旦心裡有了愛這種奇妙的東西，並感受到它的深度、快樂及狂喜，你就會發現這個世界已為你而改變。」

——吉杜·克里希那穆提（Jiddu . Krishnamurti）

無論你面對什麼樣的挑戰，無論你的人生道路上出現了什麼樣意想不到的障礙，無論前方的道路看起來多麼無法預期，你始終都可以做出愛的選擇。真正解決每一個問題的辦法，都可以歸結到這一點：更多的愛，而不是更少的愛。

即便確定沒有任何愛的情況下，我們仍然勇敢地尋找愛的證據。

即便確定自己不值得被愛，我們仍然會慈悲地愛自己。

在看起來像是只有爛泥的泥沼中，我們仍然堅持不懈地尋找閃爍著微光的金子，那就是愛。

這就是為愛做出選擇的意義：我們選擇了愛，而不是其他東西。每當我不知道該如何處理發生在我身上、出乎我意料的事件時，每當我覺得被恐懼、沮喪或猶豫不決的情緒給淹沒時，我都會問自己這兩個問題：

我怎樣才能把最多的愛帶入這種情況？
現在，情況看起來又是如何？

每一次，我的心都會正確地給我答案；當我跟隨著它所指引的幸運地圖走時，它總是會引領我走向解脫之路。

只有在愛的時候，我們才能獲得真正的勝利；
只有在愛的時候，我們才能真正提升到最覺醒的自我。
愛，是唯一能與人生最高目的產生共鳴的解決方案。
這就是為什麼，它始終是正確的選擇。

　　當我們來到這趟沉思之旅的最後一里路時，我們已經準備好要更深入地學習，讓愛成為我們所選擇的生活方式：愛的羅盤，將會引導我們走上正確的目的地，並讓我們不會因為迷失在只會帶給我們更多不幸及痛苦的歧路上而浪費時間。

對意外來說，永遠都不是好時機，
對失望來說，永遠都不是好時機，
對失去來說，永遠都不是好時機，
對愛來說，永遠都是好時機。

尋找有愛的地方

「清心的人有福了！因為他們必得見神。」

——《馬太福音》第五章第八節

　　在舊金山時，逛中國城是我最喜歡的幾個活動之一，只要有機會去灣區，總是會盡量安排順道一遊。幾年前，我處理完事情後，花了一個下午的時間，愉快地在中國城擁擠的街道上閒逛，買了好些紡織品、布料及禮物，在這個我一直有強烈共鳴的文化氛圍中，享受它熱鬧的景象。然後，我決定在回旅館前，找家餐廳吃一頓簡便的晚餐。

　　我開始朝上坡方向往回走時，看到兩個男人站在人行道上，用拳頭使勁

地敲門。我立刻注意到他們就站在一間顯然還未開始營業的餐廳門前，因為窗戶上就掛著「放假停業」的牌子。有個好心的路人跟他們指了指那塊牌子，但是，兩人還是繼續敲門，甚至敲得更用力了。我還可以聽見他們大喊著：「拜託，旅遊書上寫著你們現在有營業呀！都已經五點半了！我們大老遠從達拉斯來的！開門吧！」

　　一個上了年紀的中國女人走近他們，熱情地對他們比手畫腳，告訴他們這條街上至少還有二十多家餐廳，這時候都有營業，非常歡迎客人上門。只不過，這兩個男人粗魯地揮著手叫她走開，繼續敲打唯一一家在此刻大門深鎖的餐廳。一群被逗樂的中國商家老闆，開始聚集在對街指指點點，用廣東話一邊談笑一邊看著這兩個莫名固執的觀光客。在這兩個人眼裡，只看見那扇深鎖著不讓他們進去的大門，卻看不見其他許多扇敞開來歡迎他們光臨的大門。

　　當天晚上我回到旅館後，一直在想著這件事，並感謝這兩位頑固的觀光客為我做了一場實地示範：我們最常做的，並不是愛的選擇，而是把愛推開、拒它於門外，給自己帶來痛苦。

　　我們關注的焦點往往是「愛不在那裡」，而不是「哪裡有愛」。

　　我們發現一扇不打算打開的門，然後就像那兩位憤怒的觀光客一樣，我們會站在那裡沮喪又挫折地死命敲門；即便在此同時，身邊還有其他扇大大敞開的愛之門，人們站在裡頭邀請著我們走進去。但我們就是冥頑不靈地緊盯著那扇不肯合作的門，咒罵它為什麼不打開，哀嘆自己的命運，並為自己不為人所愛而感到難過。

　　這扇緊閉的大門是什麼？可能是你的朋友或是你所愛的人，讓你在情感上追著他們跑，卻不願意讓你完全進入他們的心；也可能是一個生意上的點子，即便它顯然行不通，但你就是不願放手；或許是在職場上，你和你的才華沒有受到應有的賞識，而你心知肚明，那些人永遠不會珍視你；又或者是一段親密關係，你明知道對方不會付出你要的愛，卻不承認這個事實，更別提去接受其他人願意給你的支持、關懷及善意。

你已經在這扇深鎖的大門前站了很久，但就像那兩個觀光客一樣，你拒絕離開，因為你一心只想進入這扇門。**你必須轉過身來，尋找其他扇正為你敞開、等待你進入的大門。**

不要光看著愛不在那裡，

而是要去看哪裡有愛，

如果只專注在自己為什麼得不到愛，

就不會注意到正等著進入你生命的愛。

一直追趕著那些不準備或不願愛你的人，

會讓你看不見那些在你身後已經準備好的人，

他們正伸開雙手，渴望對你獻出他們的愛。

愛永遠都在。你所要做的，就是停止只看愛不存在的地方，開始去尋找愛會顯露出來的地方。當你繼續向那些不準備或無法多為你付出的人乞求愛及感激的碎屑，你甚至不會意識到，這個宇宙還有多少美味的蛋糕與餡餅等著要送給你。

一扇門關了，不代表所有的門都關上了。

一個人無法以你所希望的方式去愛你，不代表其他人也無法深愛著你。

一家公司無法賞識並尊重你的才華，不代表另一家公司也同樣看不見你的價值。

一個朋友拒你於千里之外，不代表其他的新朋友也會把你推開。

當然，人類的天性就是如此，渴望什麼就會執著地想要得到。那兩位觀光客一心想在那一家餐廳用餐，但餐廳正好停止營業，他們就生氣了。**問題就出在，他們眼中只看見得不到的，而看不見可以得到的。**

中國城永遠都找得到一家有營業的餐廳。同理，有個地方永遠都有你可以得到的愛。

總有一個地方永遠有機會讓你體驗到愛，
或許不會是在你希望它發生的那一天，
也或許不會是你願意付出愛或接受愛的那個人，
但是，愛始終都會在。

　　每一天，愛的恩典都在試著送我們禮物；有些我們拒絕了，有些我們甚至認不出來是禮物，而有些我們完全錯過了。這些禮物以各種方式包裝：在我們感覺孤單及被忽視時，老朋友正好來電；在令人沮喪的工作天，客戶介紹你一筆生意；當另一半變得忙碌、疏忽你的時候，陌生人的一句讚美讓你的心情開始好轉。**即使這些愛及關懷，不是來自我們原本所期望的那些人，但它們仍然是愛。**

　　數年前，我最後一個毛小孩也離開了我。在香緹走了之後，十八年來我第一次過著沒有寶貝寵物陪伴的孤獨生活。雖然我一直知道這一天終究會到來，但我還是很傷心，我好懷念抱著牠們溫暖小身軀的感覺，好懷念走進房間能馬上看到牠們毫不掩飾的興奮感，也好懷念看著牠們深沉的黑色眼眸所感受到的純淨及無條件的愛。

　　日子一天天過去，我開始注意到一些異常現象。不管我去哪裡，總有狗狗朝著我跑過來，把拉著繩子的主人拖在後頭跟著跑。有一次我在公園，看到十五公尺外有一隻小狗正被主人牽著散步，突然之間，我們對上了眼睛，牠開始就朝著我跑過來。於是，我跪下來歡迎牠，而牠也興高采烈地用親吻及舔舐來問候我。

　　像這樣的情形不止一次，滿頭霧水的主人往往會困惑地說：「牠一向不喜歡陌生人，很抱歉給你帶來困擾了。」或是「除了看見其他的狗，我還真沒看過牠這麼激動地拉著我跑。」

　　我總會微笑著回答：「**你不明白，你的狗狗讓我很開心呢。我最近才失去了我最後的一隻動物夥伴，你的狗狗給了我懷念的愛與熱情，牠一定知道我很需要這些安慰。**」接著，我會感謝這隻狗狗給我帶來的驚喜。瞧！牠做得這麼棒——幫我傳達來自天堂的特別明信片，我知道那是我的寶貝們特別寄給我的。

　　日復一日，月復一月，我每天都能感受到狗狗們帶給我的愛，尤其是那些長得像我寶貝們的小型犬。有幾隻貓咪也加入了這個向我致意的活動，我養的貓咪盧娜（Luna）在八年前離開了我，至今我仍然非常思念牠。於是，這些貓開始出現在我家裡，牠們會大大方方地走進我家的大門，就像在自己家一樣。其中，有個小傢伙還會跑到我的辦公室，彷彿牠知道自己要去哪裡；然後，牠會跳上那個確切的位置，那是盧娜以往最喜愛的座位，坐在那裡陪著我。我會跟著牠下樓，坐在電腦前，愉悅地聽著牠發出舒服的呼嚕聲，溫柔地看著身邊蜷縮成一團的小小身軀。

　　慢慢的，當我最深層的強烈悲傷開始得到療癒後，這一類的情感緊急救援——來自動物界的善意——就逐漸減少了。首先，貓咪們不再來了，接著是狗狗們；偶爾還會有一隻狗狗在公園接近我，但大多數的狗狗除了在經過我身邊時會搖搖尾巴之外，就不會再為我逗留了。

　　我毫不懷疑這些發生在我身上的事：愛在我最需要它的時候，找到了我。即便它並非來自我所希望的源頭——我的比糾、香緹、盧娜，即便如此，愛仍然存在。這些動物導師們溫柔地提醒我，要關注的是哪裡有愛，而不是沉湎於愛不復存在的地方。除此之外，我還知道，這都是我那三個小寶貝的主意！

　　不論你的人生發生過什麼或正在發生什麼，你始終都能在某個地方、以某種方式找到愛。每一天，注意去尋找那些打開的門；每一天，注意並歡慶愛正以它的方式找到你，可能是透過一位朋友、一朵花、一隻動物、一首歌或一段回憶……

在這一刻，請安靜下來，

想想那些為你而來的愛。

與其責罵那些緊閉不開的門，

不如轉移目標去尋找已經存在的門戶。

與其詛咒得不到的愛，

不如轉移目標去尋找已經展現愛的所在。

問問自己：「愛在哪裡？讓我四處找找，

我知道它一定就在這附近。」

回到愛的懷抱：愛的選擇練習

我很高興能夠為各位讀者介紹更多的「愛的選擇練習」。我設計這些技巧及冥想，是為了提供你們簡單但強大的機會，讓你們每一天都能夠做出愛的選擇。

喚起愛

如果你讀過我的《靈覺醒》一書，應該對「召喚光」這個力量強大的練習很熟悉了。我根據這個冥想技巧改編成另一個稱為「喚起愛」（Calling Forth Love）的版本，幫助你喚起內在的愛之振動。每當你感覺自己被困住、情感枯竭、與內心中斷連結、不夠柔軟、需要慈悲地對待自己或他人，或單純地只是想要體驗更多的愛，這些時候，你都可以做這個「喚起愛」的簡易冥想練習。

■ 喚起愛冥想練習

閉上眼睛，做幾個緩慢、飽滿的深呼吸。

掌心朝內，雙手放在胸口的心臟部位前方，靠近身體但沒有真的碰觸到。

現在，想像一下你內心深處那無邊無際的愛之海，充滿了神聖的愛，就像一片泛著光及喜樂的遼闊大海。感受你渴望被愛之海填滿，渴望自己化身為愛之海。

等你準備好了之後，只要輕輕地保持這個念頭：

「我喚起更多的愛。」

你也可以輕聲地說出來：「我喚起更多的愛。」

不要試圖在腦海中看見或想像任何事物，只要持續保持安靜、臣服及開放的心態，讓你的覺知往內轉，因為你不是在召喚來自天上的愛，也不是在尋求身外之物。

做幾個緩慢、深沉、虔敬的深呼吸，感受自己沉浸在愛中，暢飲甜美、慈悲、充滿恩典的甘露。

時不時地想著這個平和又微妙的念頭：「我喚起更多的愛。」然後，就只要把心打開去迎接愛就行。

像這樣至少坐個幾分鐘，只要感覺可以結束的時候，雙手合十放在胸前，微微低下頭，大聲說三次「謝謝」。

做完這個冥想練習，就可以睜開眼睛。

「喚起愛」是一個威力強大的冥想練習，可以幫助你把心打開去迎接來自真實自我及真正源頭的愛。這個冥想練習能夠立即提高你的振動頻率，培養你往內而不是往外去尋找愛的經驗。

做完這個練習之後，你可能會注意到內心更為平和、柔軟、寬容，也可能會感覺到原先批判、憤怒或擔憂一類的嚴苛情緒都被軟化或緩解了。

愛的選擇：立即重新校準練習

由於愛能夠比其他事物更快地擴展我們的振動，因此，我特別設計了另一個更容易操作的練習：「立即重新校準練習」。這個練習可以在幾秒鐘之內改變你的振動。

如你所見，當你意識到自己很難感受到愛或慈悲時——不管是對某個挑戰或事件，或是對他人或自己——你都可以進行這個練習。這個技巧將會重塑及重新校準你的大腦，好能與愛的經驗同步，讓你更容易把這種擴展的振動帶入你當前的狀態中。

～愛的選擇：立即重新校準練習～

·如果你正深陷困境，找不到可以愛的目標，不妨就近在身邊找個對象來付出你的愛，比如你養的貓狗、你養的植物，或甚至是你很愛看的一檔電視節目，也就是會給你帶來快樂而不是挑戰的事物。

只要找到能讓你感受到愛的某個事物，把它放進你的覺知十五秒鐘；然後讓自己沉浸在這股愛的感受浪潮中（你對狗狗的愛，或是對那雙新慢跑鞋的愛等等），並感受這股愛的振動。如此一

來，愛的振動將會重新校準你，讓你的能量更平和、更容易親近，以及讓你更容易做出愛的選擇。

・**如果你對某個人感受不到愛，做不到寬容及接納對方，不妨想想你人生中一個你很愛的人**──可以是你的另一半、朋友、親人或導師，然後把對他們的愛放進你的覺知中十五秒鐘；你也可以打電話給他們或是聯繫上他們，簡單地聊上幾分鐘。

當你這麼做的時候，要去感受你因為愛對方所帶來的擴展感。停留在這樣的感受中一會兒，愛的振動將會重新校準你，讓你的能量更擴展、更開放，以及讓你更容易做出愛的選擇。

・**如果某個時刻，你發現很難愛自己，就去找出讓你更容易愛上自己的幾件事情**，比如回想你曾經仁慈地對待某個人、做過的一些好事，或是曾經扭轉了某個人的人生。然後大聲說出來：「我為自己感到驕傲，因為……」至少要說出一件事。

一旦你這麼做，就會在為自己感到驕傲的同時，生出一股往上提振的能量。停留在這樣的感受中一會兒，它會重新校準你，讓你的能量中帶著感激、更慈悲寬容，以及讓你更容易做出愛自己的選擇。

「愛的選擇」七個基本的日常行動

　　有哪些事情是你可以每天進行，不用花多少時間，卻能幫助你重新與愛的振動接上線？沒錯，就是這七件事！我把它們稱為「『愛的選擇』七個基本的日常行動」。正如你即將看到的，只要幾秒鐘的時間，這些行動就可以幫助你把振動頻率提到最高。

　　理想情況下，建議你每天花幾分鐘時間來練習這七個基本行動，並盡可能多嘗試幾次，以便獲取這個技巧帶給你的所有好處。當然，如果時間有限，你也可以在任何你可以或想要的時候，選擇去練習這七大行動中的任何一個。**光是找機會去練習這些行動的過程，就會成為你這一天所做的、帶有深刻意義的「愛的選擇」。**

「愛的選擇」七個基本的日常行動

1. **感謝某個你通常不會去感謝的人。**
2. **以一種出人意料的方式去表達你的愛，或是對某個並未預期你會這麼做的人表達你的愛。**
3. **為你今天做的某件事感到光榮，因為它反映出你最好的一面。**
4. **原諒你今天所做的某件事，因為它沒有反映出你最好的一面。**
5. **把你的慈悲，用於某個你慣常會去批評的人。**
6. **注意或去感受通常被你視為理所當然的事，其實有其不可思議的神奇之處。**
7. **停下手邊的事，給自己一分鐘去感謝生命中的這一天，把它視為禮物。在這一刻，想一想這個事實：光是昨天一天，地球上就有大約十五萬四千三百個人永遠離開了這個世界。**

甚至就在你做這個練習時，也有一百個靈魂離開了他們的肉體。

在他們開展新的旅程時，請為他們祈禱。

接著，雙手合十放在胸前，帶著感恩、喜悅及謙卑，把這句話說
三次：

今天，我還活著！

今天，我還活著！

今天，我還活著！

如何把愛融入生活中？

對於這七個基本的日常行動，要如何應用在日常生活中，讓你每天都能做出愛的選擇呢？

1. 感謝某個你通常不會去感謝的人。

你通常不會去感謝的人有誰？或許是你的孩子，他們每天早上會自動自發地整理好床鋪，但你已經有一段時間沒有跟他們說謝謝了。或許是為你服務的某個人，你付費給他們，所以不認為有向他們道謝的必要。不要只告訴你的另一半你愛他（或她），還要為某件你通常視為理所當然的事去感謝他（或她）。你還可以感謝某個陌生人，因為他穿了件亮色系的衣服，讓你這一天的心情也跟著明亮了起來。做這個練習只需花你十五秒，但它對你的影響卻能持續很久。

2. 以一種出人意料的方式去表達你的愛，或是對某個並未預期你會這麼做的人表達你的愛。

用不同尋常的方式來表達你的愛，會使你付出去的愛更加往外擴展，並讓你會開始去想：「我可以用什麼方式來表達我的愛？」而不是去假設時候

到了，愛意自然就會展現出來。

打電話或發簡訊給某個人，讓對方知道你愛他；給高中的老同學寫信，讓他們知道你很感激他們。在你這一生中，認識的人應該有三百六十五個人以上，因此你可以每天輪流去表達你對他們的愛。以一種新方式來對你身旁的人表達你的愛：留張便條、買束花、說些你通常不會說的話，或是做一些你通常不會做的事。好好發揮你的創意！

3. 為你今天做的某件事感到光榮，因為它反映出你最好的一面。

一天結束時，我們往往只會專注在收集自己失敗的證據，反而忽視了內在的勝利。「我不應該那樣做，我不應該那麼說，我不應該吃那個東西。」這是極度缺乏愛的表現，你今天所做的，總有某件事會讓你感到驕傲，因為它反映出你最好的一面。「我差點就要挖苦那個人了，但我深吸了一口氣，說道：『我知道這一定讓你感覺壓力超大。』」「有個女人把她的購物清單掉在地上了，我把它撿起來還給她。」「我被堵在擁擠的車流中，但我沒有因此發脾氣，而是抓緊塞車時間聽一場令人振奮的錄音講座。」

這樣做，有助於你重新與高我校準。

4. 原諒你今天所做的某件事，因為它沒有反映出你最好的一面。

每一天，我們都會做出一些希望自己沒做過的事，或是意識到自己可以做得更好的事。同樣的，與其批評或懲罰你自己，不如有意識地原諒自己。把焦點放在發生的事情上，好讓自己可以改進，但同時要給自己足夠的愛與慈悲。你所要做的，就是保持這樣的想法：不管什麼事讓你不開心或不滿意，都要抱著寬恕的意圖把這種情緒沖洗掉。

5. 把你的慈悲，用於某個你慣常會去批評的人。

幾乎每一天，你都會不可避免地碰上某些惹惱你或讓你生氣的人，比如在你前方慢吞吞開車的駕駛、電話中口齒不清的客服人員，或是脾氣暴躁的

同事。就是這種時刻，你要試著去找出可以施以慈悲心的角度來重新看待他們。記住，你可以同情某個人，但未必要認為他們所做的事是正確的。你只要想著：「我對你的不快樂深感同情，願你重新找到平靜。」無疑的，光是抱持著這樣的想法，你就能立刻提振自己，上升到更平靜且有愛的振動頻率。

6. 注意或去感受通常被你視為理所當然的事，其實有其不可思議的神奇之處。

因為我們的不在意，每天都會錯過無數大大小小的奇蹟。只要選擇其中之一，去感受它有多麼不可思議，花三十秒讓自己沉浸在這樣的感受中。例如，注意窗外那株大樹有多美；為你能走能跳而感動；看著翱翔天際的鳥兒，真心嘆服牠可以如此自由自在；逛超市時，為你有那麼豐富的食物可選擇而滿足。把注意力放在平凡無奇的事物上，從中發現它們的不凡之處，你就能立刻提升自己的覺知。

7. 停下手邊的事，給自己一分鐘去感謝生命中的這一天，把它視為禮物。

如果你忘了去做前面六個基本的日常行動，我強烈建議你試試這一項，只需花你三十秒的時間。你還可以在任何時候做這項練習，以我來說，我喜歡把它當成早上要做的第一件事，好讓至高無上的振動來展開新的一天。畢竟，每天早上當我們醒來時，都應該感謝又多了一天可以正常呼吸的生命，而且別忘了，有成千上萬的人都沒有這樣的機會。

每一次當我對自己說：「今天，我還活著！」我就與最高的真理重新校準，不論我今天的任務清單有多長，也不論等在前方的挑戰有多困難，我都已經可以從正確的角度來看待它們。

我邀請你，從今天開始練習這七個「愛的選擇」基本日常行動！僅僅是養成習慣去尋找機會來實踐每一個行動，就能改變你的振動，帶給你許多立即提振的新體驗。

　　你可以把這七個基本日常行動複製一份，放在手機或平板電腦上方便隨時查看。如果你突然意識到，你已經度過了難熬、緊張、放縱或怒氣高漲的一天，不妨從中選出一項行動來做練習，馬上你就會開始感覺你的能量改變了，你的心智沉澱下來了，而且你的心也得到了擴展。

　　愛不是一種態度，不管我們看起來或聽起來充滿了愛，都跟處於愛的狀態完全不一樣。每時每刻，我們都需要真正去做，記住為了愛所做的選擇都會讓我們更容易去做出下一個愛的選擇，而每個愛的選擇都會改變這個世界。

當你置身在愛的空間，

你身邊每個人的心都會跟著振奮；

當你處於平靜的空間，

它會以振動的方式去引導其他人更接近自己的平靜。

愛就像一道永不熄滅的光，

照亮它所觸及的所有一切，

用它自己的光去點燃每個人心中的光。

你的愛越多，就越能帶動他人跟你一樣，

然後對方又可以對另一個人付出更多愛，

以此類推，這就是你的愛療癒世界的方式。

第 11 章

以覺醒之心改變世界

「他將亮光普照在自己的四圍。」

——《約伯記》第三十六章三十節

數千年來，人們一直在尋找偉大的存在，他們與神聖一同脈動，並且似乎在召喚著我們人類身上的高我。不論是遠道參見某個靈性大師、教宗、達賴喇嘛、知名的牧師或拉比、悟道的僧侶、美洲原住民的薩滿巫師或是活著的聖徒，這些朝聖之旅都有一個共通的動機：**渴望與這些人產生連結。這些人與神聖之間已經建立了堅定不移的紐帶，因此人們希望藉由接近他們的振動，獲得其福祝或恩澤。**

這些人會散發出偉大的「靈魂之光」（soul light），從而吸引我們，就像我們在黑暗中會圍著熊熊燃燒的篝火一樣。在這些人身旁，我們會受到鼓舞，為之振奮並得到撫慰。他們的靈魂之光照亮了一切，神祕與不可見的事物不再那麼可怕。透過我們對於振動之心的新認識，我們了解到，僅僅是接近這些大師的意識，他們高層次的純淨振動就能重新校準我們自己的振動。

這種現象，我們可以用一個美麗的老梵語「達瞻」（darshan）來加以形容，這是指因為某個充滿愛與散發強烈能量的存在，讓我們本身的振動也得到提升。我在這裡直接使用這個梵語，因為它是我所知道的語言中，唯一可以清楚闡釋我們的心與愛如何改變他人的這種現象

在西方傳統中，或許可以使用賜福（blessing）二字，但意思不盡相同。

達瞻（darshan）源自梵語的 darśana，意思是「所見的事物或願景」，其字根 Dṛś 的意思是「看見」。達瞻的字面意思是「視線」或「看見」，通

常的用法是去朝見某位聖徒或偉大的宗師以接受達瞻，意思就是與大師們的神聖目光接觸，看見他們的「光」，並被這股光的能量所提振。**「擁有達瞻」或「接受達瞻」，意指在某人面前看見、窺見或感受到無盡的愛及某種至高無上的體驗。**

我第一次聽到「達瞻」是在幾十年前，當時有人告訴我，他們打算去拜訪一位知名的印度大師，接受達瞻。當時我剛踏上靈性道路，對這些概念都還不熟悉。我記得自己還在納悶達瞻是什麼意思，還猜想它是某種禮物、經過祝福的物件，或是一場特別的演講。直到後來我自己也有了這種經驗後，才明白達瞻的確是一份贈禮，而這個禮物是一種與光一同脈動的高頻振動。

達瞻是一份振動的神聖禮物，
我們與某個人相遇，體驗到對方的高頻振動，
在當下重新校準了我們，
提高我們自己的振動，讓我們到達高我的層次。

由於達瞻與振動有關，因此超越了言語與對話，甚至可以超越時間和空間。例如，一位受人尊敬的聖人可能只是從人群中走過，驚鴻一瞥到聖人的人會說：「我接受到達賴喇嘛的達瞻。」或是「我接受到教宗的賜福（達瞻）。」也可能有人會分享說，在電視上看到某個智者、讀了一本神聖的書，或甚至看到一個覺醒者的照片，都可以感覺到心中湧現出一種確切的擴展感。他們沒有真的面對面親眼見到對方，卻體驗到了深刻的內在變化，也就是光的擴展及增強。他們會這麼說：「看到他的那一刻，我覺得自己像是被一片平靜的海洋擁抱了。」或是「當她看著我時，我覺得就像是有人把愛傾注到我的心裡。」或是「只是聽他說話，我就覺得整個人都得到了擴展。」

大多數的人可能沒有機會去參見聖徒或大師，而我之所以會分享這件事有一個相當重要的原因：**事實是，當你出現在人們面前時，你身邊的人都會接受到你的達瞻。我的意思是，你的心會給他們一種振動的體驗，**他們會感

受到來自你意識的達瞻，同樣的，你也會接受他人由心發送出來的達瞻。先前提過，現代科學已證明我們的心會發出強大的電磁能量場，因此我很肯定物理學必然有個科學術語，可以用來形容你發送出去的能量波對於別人的能量場所帶來的衝擊。那麼，我為什麼偏偏喜歡使用**達瞻**這個神祕用語呢？因為這是一個存在了數千年的概念，遠在我們了解頻率、量子力學及次原子粒子是什麼之前，它就已經存在了。心能量場的振動品質會彼此影響，你與周遭每個人的能量始終都在不斷交流，彼此都會接受對方的**達瞻**。

　　現在，我們開始理解每個人是如何確實地改變彼此的振動，以及愛的選擇會對我們自己以及整個世界造成怎樣的影響。

所有人都會彼此影響，

不只是在情緒上，還包括振動頻率，

都會受到他人內在的諧振或非諧振的影響。

當我們感知到對方處於和諧與愛的高層次振動時，

不論我們的心智是否覺察到，

我們的心都能識別出這種狀態。

於是，我們之間會展開一個校準過程，

當對方覺醒的心發出高頻振動時，

我們的靈魂會試圖去配合及協調，

唱出它最揚升的旋律。

這代表我們正在接受達瞻，也就是愛的祝福。

　　追根究柢來說，你無法選擇是否要對他人產生影響，因為這是不可避免的！那麼，你想要如何去影響他人？當你出現在人們面前時，他們會感受到什麼樣的達瞻？

　　他們感受到的達瞻是來自你的高我，或是你自我設限的小我？

　　他們感受到的達瞻是出自你的愛與慈悲，或是你的批判與未解
決的情緒問題？

　　他們感受到的達瞻是源自你內在的平靜與和諧，或是你的焦慮
與不安？

　　我始終希望在我出現時，周遭人們所接收的達瞻是出於我的愛、我的光
以及我的高我。讓人們因為真正的我而感覺更美好、更崇高、更快樂，這難
道不是大家渴望的嗎？

　　活在愛的振動中，這樣的你就像行走的祝福，你甚至一句話都不用說，
不必讓人留下深刻的印象，不必偽裝，也不用自我調整修正。你或許是在超
市購物，或跟朋友坐在一起，或是在擁擠的街道上與陌生人擦肩而過，你那
顆向外敞開的心所散發出來的達瞻，都會以某種看不見的神祕方式，去祝福
你沿途遇到的每個人。

做出愛的選擇，
你會化身為一個強大的愛之場域，
那樣的愛，將會成為一種振動的祝福。
愛的振動會產生共鳴，
當你在愛中，他人也會跟著進入自己的愛中。

　　做出愛的選擇所帶來的深遠影響，會體現在你如何工作、如何生活以及
如何對待他人上面。愛的選擇不同於「我應該去愛」的態度，因為真正的愛
無法遏制，也不需要哄騙。真正的愛取之不盡、用之不竭，你不用撙節用
度，它永遠都是多到滿溢出來的。

「當天使來拜訪我們時，我們聽不到翅膀的窸窣聲響，也感覺不到鴿子胸脯般的羽毛觸感。然而，透過祂們在我們心中所創造出來的愛，我們知道了祂們的存在。」

——瑪麗‧貝格‧愛迪（Mary Baker Eddy），基督科學教會創辦人

有一次，在我每週的廣播節目中，有位聽眾打電話進來告訴我，她一生都在試圖聯繫天使，渴望知道她的守護天使是誰，以及她要如何獲得祂們的祝福與保護。雖然有些具備美好天賦的人有過這一類生動的超凡體驗，但大部分的人都沒有這種機會。此外，從這名聽眾告訴我的內容來看，她已遠離了她的本性，也不再做其他的努力，與他人的互動也非常不健康。

「我一直在尋找，」她抱怨道，「但即使是禱告或冥想，我都找不到任何天使，我想祂們是拒絕了我。我該怎麼做呢？」

答案從我的心中自然地冒了出來，沒有經過智識或專業知識的任何提示。我回答她：**「或許，你應該停止尋找天使，而是讓自己成為天使。」**

這些話語，在我的意識中引發了強烈的共鳴（誰知道呢，或許是我自己的天使給了我這個訊息）。不論答案從何而來，都是送給我們每個人的一個智慧大禮：我的確相信，我們來到世上是為了要在彼此身上體現至高無上的愛、慈悲以及智慧，並幫助提升地球的振動，使它成為一個和平與和諧的星球。這個答案強化了我們堅定不動搖的承諾，讓我們時時刻刻做出愛的選擇，並且盡一切可能地讓自己的振動轉化為最高頻率。這就是我們為這個世界服務的方式。

你會在這裡，是為了體現神聖的愛，
扮演天國與人類之間的橋梁。
當你在愛的能量場覺醒並活在其中，
你就成了其他人與這個世界的美好祝福。
不用去尋找天使，讓你自己成為天使吧。

療癒這個世界的傷痛

「在這種時候，我覺得離家好遠。」

——芭芭拉‧安吉麗思

　　你是否有過這樣的日子，覺得自己一定生錯了星球？或許你會納悶，有些人是不是來自其他進化程度較低的世界，而他們被蓄意放在地球上的目的，就是為了惹惱你、激怒你、讓你心煩意亂。你總是跟這些心胸狹窄、抱持偏見、麻木不仁、無知、殘忍苛刻、毫無教養的人發生衝突；你會目睹或聽到某些完全無法理解的可怕事情，然後你會想：「肯定是出了什麼差錯，我怎麼可能跟這些糟糕的人類一起放在同一個宇宙教室呢？」

　　幾年前的某一天，當我也有了這樣的經歷時，剛好看到一幅海報被貼在當地一家健康食品商店的布告欄上，上面寫著：**「說真的，我不知道幽浮到底是什麼時候降落地球並把這些笨蛋遺落在地球上的，他們顯然是不打算回來把這些人帶走了。」**

　　雖然內容寫得很有趣，但它所傳達的問題，正是許多走在靈性轉變道路上的人，經常要努力解決及對付的問題。

　　　　我們是夢想家，因為我們還記得，自己始終夢想著要貢獻一己
　　之力，建立一個更美好的世界。
　　　　我們是理想主義者。
　　　　我們強烈渴望真理、自由，渴望提升自己及這個星球。

　　然而，因為自己與他人的失敗，這些理想不斷與失望及懷疑發生碰撞。「這些人到底怎麼回事？」我們深感不解。我們身上某個古老或更高層次的部分，知道一切應該跟現狀不一樣才對，因此我們既傷神又活在莫名的鄉愁之中；而我們確實離家好遠。

在我這一生當中，我曾經為自己、為我所珍惜及失去的人流下無數淚水。但是我最傷心欲絕的眼淚，往往是為這個世界的殘忍與冷酷而流。

我們的眼淚為自己而流，也為世界而流；

前者是個人的哀傷，後者我稱之為宇宙哀傷，

我們不僅為自己心碎，也為這個星球心碎。

我最早的一些記憶，就是被這種宇宙哀傷的浪潮淹沒的經驗，這是一種了然於心的覺知力，你明明知道這個世界可以更好、也應該更好才對。**隨著年齡增長，我開始踏上有意識的靈性旅程**，也意識到我本來就是這個世界的一部分，不該與它分離。我必須專注在如何盡可能地去愛，以及讓自己變得更有覺知。

即便我們承諾要做出積極的正向改變，我們這些幫助者、療癒者及提升者（也包括我）還是不免有過這樣的時刻：當我們環顧周遭，看到這個星球上有這麼多人被痛苦及無知淹沒，不禁會想：「**我能不能逃到小島上獨居，把那些要毀滅這一切的人留下來互相殘殺？我做得還不夠好嗎？為什麼我要去當那個解決及矯正問題的人呢？**」縱觀歷史，即使是偉大的聖徒、大師、人道主義者及夢想家，也都曾因為這個世上的黑暗力量而感到沮喪，感到不堪負荷。

在我撰寫本書之際，我們正處在一個動盪不安、令人驚懼的時代。我一邊探討愛的選擇、慈悲以及心的療癒力量時，一邊也震驚地意識到周遭的黑暗力量一直在增強。就像過去幾週，每當我打算休息一下看個電視時，都會被屠殺、攻擊、謀殺或爆炸的新聞連番轟炸到目瞪口呆，然後為下一場夢魘流下不可置信的眼淚。我不斷詢問自己同樣的問題，而這些問題對每個有意識的追尋者來說可能都不陌生：

人們怎麼能墮落到如此充滿仇恨與暴力的地步？

人們怎麼能如此殘酷無情地對待其他人類？

人們怎麼能袖手旁觀地任由恐怖主義、獨裁暴政、貪汙腐敗、不人道的行為一再發生？

流瀉於這些頁面上的文字，給了我一個答案：**不承認「人類是一個共同體」，選擇「我」而不是「我們」，讓邪惡得以在這個世界生存。**

> **所有分離的錯覺，以及否認我們彼此之間**
> **在靈性及振動上的根本關係，**
> **正是世界上所有黑暗得以存在的原因。**
> **從不友善、偏見的小舉動，**
> **到所有的戰爭及暴行，**
> **每一個難以想像的不人道表現，都是這樣的惡果。**

否認「我們」而強調「我」的人宣稱：「你我之間沒有關聯，因此你不是我的一部分。你不是我，也不屬於我，因此我要聲討你。因為我們之間不存在著任何的綑綁關係，所以我可以不當一回事地迫害你、凌辱你、殺害你，因為你對我來說什麼都不是。」

這段話讀起來是不是令人膽戰心寒？對我來說，只是寫出來就讓我不寒而慄了。當然，你們都不是這一類人。無法揣測黑暗有多深畢竟是好事，因為這意味著你已經從「我」的意識進化到「我們」的意識了，因此，把其他人非人化的想法完全不可能出現在你的腦海裡。儘管如此，我們每個人仍然必須抵抗誘惑，不封閉我們的心，不陷入某種隱晦的、不會立即致命，但仍然不健康的分離狀態，以及不會對周遭和內心所發生的事漠不關心。

這意味著什麼？這意味著，我們必須有足夠的勇氣去正視，是什麼讓我們沒能做出愛的選擇。

頑固地堅持著彼此分離的錯覺，即使是高階的靈性旅人及真理追尋者也

會無意識地逐漸漂離了愛。雖然我們沒有真的逃到荒島上，但如果無法認同「我們是一體的」，就是在給自己一個託辭：對這個世界，對我們所愛的人、一起工作的人，以及家人和朋友，我們不需要那麼在意，也不用展現慈悲。這種做法，有可能會帶來覺醒嗎？會得出開悟的結果嗎？

「人道之心可以觸動所有心弦。」

——艾利馮斯・李維（Éliphas Lévi），法國神祕學家

上個星期的每週例行電話教學，講的正是這個主題。當時，一個學員如此評論：「世界上的負面事物實在多到令我難以承受，因此我決定置身事外，不去蹚這趟渾水。」我聽了之後，大笑著回答：**「但是，親愛的，那是不可能的，因為沒有置身事『外』這回事。」**

你不可能不與靈性／源頭／上帝合一，
你不可能不是整體的一部分，
你不可能不是來自同一個源頭，那就是愛；
你也不可能不置身事「內」，
因為我們都是一體的，沒有「內外」之別。

在此我想分享幽默作家安德魯・博伊德（Andrew Boyd）幾段鞭辟入裡、兼具洞見及詩意的文字：

「當你覺得自己與萬物連結在一起時，你也會覺得對萬物負有責任。你無法轉身離開，因為你的命運與他人的命運息息相關。你要麼學會扛起宇宙，要麼被宇宙壓垮。你必須變得足夠強大到去愛

這個世界，但也要足夠謙虛到能與最糟糕的事共處一室。」

　　「所謂的開悟就是尋求毀滅、重生，以及擔起責任。你必須準備好去觸碰天堂與地獄，也被它們所觸碰。」

　　「我與宇宙是一體的，這讓人痛徹心扉。」

　　這些動人的文字優美流暢又充滿了智慧。「我與宇宙是一體的，這讓人痛徹心扉。」然而，有什麼替代的選擇嗎？對我來說，從來就沒有別的選擇，我無法不去關心、不去服務，也無法遠離這一切。事實是，我們沒有人可以倖免。

　　我相信，治療心痛的藥物，就是我們在「愛的選擇」旅程中所烹調的一道食譜，包含了三種主要原料：**愛、慈悲及謙卑。**

> **我們找到了愛自己與他人的方法，**
> **我們用慈悲心對待自己、世界以及它的所有苦難，**
> **我們會記住，身為一個清醒的靈魂，**
> **我們享有不可估量的特權，**
> **並且會謙卑地履行我們造福他人的責任。**

「在彼此身上得見神。」

　　　　　　　　　　　——斯瓦米・穆克塔南達（Swami Muktananda）

　　斯瓦米・穆克塔南達是二十世紀最偉大的聖徒之一，也是悉達瑜伽（Siddha Yoga）靈性之道的創辦人，他在一九七〇年代從印度來到西方世界。正如他的信徒給他的稱號，「巴巴」（Baba）這位他們最親愛的神聖父親，也承襲了我有幸跟隨學習的所有靈性導師的傳承。多年之前，當我還

是青少年時，我就承諾自己要走上靈性道路，並致力成為一位冥想老師。那時候，我第一次聽到巴巴的知名教誨：「在彼此身上得見神。」

我愛死了這個概念，但它卻經常跟我的經驗牴觸。在某些事情激怒我或讓我心煩意亂時，我都會覺得很愧疚。「我敢肯定地說，我在那個人身上沒有看見神，我只看到了神智不清、頑固、自私及愚笨。我想，一旦我看不到這些時，我就會知道自己開悟了。」

當然，隨著我在靈性上逐漸成熟，也開始了解到，在彼此身上得見神並不意味著只看得見彼此至高無上的部分，而忽略其他的一切。**我的經驗是，在我們的意識擴展後，就能自然而然地感知到某人至高無上的部分——上帝／光／純淨的靈魂，即便它們部分被遮掩、彎曲、堵塞、扭曲成其他形狀，使得它純淨的本質無法清澈地反映出來。**

做出愛的選擇，意味著選擇去看見所有一切。
「在彼此身上得見神」並不等於
「只」在彼此身上看見神，
它的意思是，不要忘記在看見神的同時，
也要看見其他的一切。

就怕沒有愛，不要小看你的影響力

「我們的任務不是一次就要拯救全世界，而是去修補力所能及的部分。一個靈魂能為另一個靈魂所做的任何微不足道的小事，都能幫到這個苦難的世界，這就是極大的助益。」

——克萊麗莎・平蔻拉・埃思戴絲（Clarissa Pinkola Estés），榮格分析師

在此，要分享一個我一直都很喜歡的印第安寓言故事。

有一天，一向平靜的大森林突然發生了火災，大火呼嘯著穿過樹林，驚慌失措的動物們在熊熊烈火中紛紛逃離了家園。牠們氣喘吁吁地跑著，最後渾身發抖地來到了河邊。牠們站在一起，傷心地回頭看著大火正在摧毀牠們的家園。

牠們注意到一隻小蜂鳥在水邊盤旋，接著向下俯衝，嘴裡啣起了一小滴水，然後飛回熊熊的大火中，把水滴灑在火上。「停下來！」有些動物對著蜂鳥大叫，試著警告牠，「你的翅膀會被烤焦，你會死的。」

「牠有什麼毛病啊？」其他動物大笑。「真是個傻瓜！牠真的以為牠能改變什麼嗎？」

蜂鳥一次次地不斷來回飛著，每次都帶著一小滴河水去滅火，無視其他動物的叫喊、嘲笑與奚落。

等蜂鳥再次飛回河邊時，看到一隻老鷹朝著牠飛過來，然後在牠身旁俯衝而下。「小鳥，你在做什麼？」老鷹問道。疲憊的蜂鳥抬頭看著老鷹回答：「我只是做我能做的事。」

我很喜歡這個寓言故事，當我們在思考如何造福他人及地球時，這個故事為我們上了好幾課。**我們常常會認為自己微不足道，對世界的貢獻也微不足道。**我總能遇到一些很棒的人，但他們自己卻不覺得，因為即便他們擁有令人豔羨、可以造福他人的事業，卻沒有名氣；我也遇到過一些人，他們對家人、群體或組織犧牲奉獻，卻覺得自己有點小失敗，因為他們的愛與服務的對象有限。

我們生活的這個時代，被許多研究人員與心理學家視為數位自戀時代，充斥著大量的真人秀、實境秀，還有一夕爆紅的各種網路紅人，從天才到奇葩，每個人都有自己的 YouTube 頻道，沉迷於自拍、社交媒體和上網。**大眾普遍的態度是，如果沒有人看到你做了什麼，你所做的事就沒有多少價**

值。或許，「假如一棵樹在森林裡倒下，但沒人聽見，它有發出聲音嗎？」這個謎團所帶出的哲學議題，可以被取代為「如果我做了某件事，但我沒有把它放上推特／Instagram／上傳／分享它，這件事發生了嗎？這件事能算重要嗎？」

數位時代是個奇蹟，它創造出了無限的可能性，並且正在以有益的方式去改變世界。**然而，用外界大量且持續的認可來做為評量焦點，這種觀點卻影響了我們所有人。我憂心這種方式，會在情感上與心理上助長一種讓人們認為自己微不足道的流行病。**

為什麼對你來說，改變一個人是沒有意義的？就因為你改變的不是一千個人嗎？為什麼對你來說，幫助朋友敞開心房、療癒她的心，或者照顧親人直到康復，或者自願教一個孩子跳舞或打球，是那麼無足輕重？難道是因為你沒有因此名利雙收嗎？還是因為你沒有出書談你的奮鬥史？

以線性的因果關係來衡量你的服務，將會貶低你的服務並剝奪你純粹的快樂，而這種快樂只有在以一顆純粹和奉獻的心去做時才能獲得。你可能永遠都不會知道，你的愛、關懷及慈悲的行為，如何深刻地改變了那些接受這些禮物的人。

盡你所能，做你力所能及的，因為涓滴也能成河。

從大處思考，從小處著手，
你所做的每件事都很重要。
雖然你無法解決所有問題，
但不等於你什麼都沒做。
你的關懷、慈悲及服務一旦有大愛，
即便是點滴善行也會變得偉大。

用愛來對抗黑暗

「在這艘地球號太空船上沒有乘客，我們全都是機組人員。」
——馬素·麥克魯漢（Marshall McLuhan），媒體理論家

當我們每個人都逐步成長為「靈性上的成年人」時，我們必須面對一個遺憾的現實：儘管我們有很多方法可以造福他人及世界，卻有更多是我們無能為力的。我們越能慈悲地對待自己與他人，就越能理解其中的差異。**然而，不論在什麼情況下，我們始終可以做一件事，那就是：給予祝福。**

我用來自我練習的方法之一，就是每天看新聞。有些人聽到我這麼說時都會大吃一驚：「你是個靈性導師，看新聞不會讓你暴露在大量的負面能量中嗎？」還有些人會耐心地跟我說明：「我不想為了正在發生的悲劇感到沮喪或憤怒，毀了平靜的心情及情緒，所以，我會避免去看新聞報導或電視新聞來保護自己。」

對於如何過自己的生活，原則上我尊重每個人的自由。**然而，我不認為讓自己遠離周遭發生的事，會是一個愛的選擇；很多時候，這只是一種逃避的選擇、背棄的選擇，以及冷漠的選擇，不帶有絲毫的保護、好處及善意。**

每一天，我的選擇都是去了解自己的國家與這個世界正在發生什麼事，因為我認為自己有義務去了解我在世界各地的靈性親朋好友要面對的事。我看到有人受到傷害及驚嚇，我看到有人悲傷、心碎，或面對無法想像的不幸災禍——上帝保佑，願我們大部分的人永遠都不會被迫去承受這些災難。了解正在發生什麼事，可以讓我知道哪裡需要我的「服務」：我的慈悲、我的祈禱以及我的愛。

這些時刻，我應該做些什麼？我會如何提供我的服務呢？

首先，我會把心打開，讓自己充分去感受看到或讀到的事件，不管它們會讓人感覺多麼不適或不安。

接著，我會閉上眼睛去想像事件的相關人等，可能是一個人，也可能是

成千上百人；然後想像我用最溫柔、最慈悲的愛，給予他們一個大大的擁抱。我會跟著他們一起哭，為他們而哭；我會一遍又一遍地輕聲說「我為你們感到難過」；我會盡我所能地傾注所有關愛與安慰的能量，想像這些能量像一道金色光芒，穿透、滲入他們的靈魂深處。

最後，我會為他們祈禱，為那些被殺害或受到傷害的人，為那些在火災、洪水、饑荒、地震或意外中失去家園的人，為那些痛失摯愛或親人而深陷悲傷的所有靈魂。我祈求，祈求他們能得到安慰，能被指引走向平靜與仁慈的療癒道路，能被包圍在神聖的愛中、沐浴在慈悲的恩典下。

我相信這些祝福的能量會以某種隱晦、微妙的方式傳送給人們，這些從我們心中寄出去的「振動補給包」，會經由將所有人都緊密串連在一起的無形網絡來遞送。

只管過好自己的日子，
不讓地球上的各種悲劇干擾我們的「平靜」，
不讓討厭的現實汙染我們的「寧靜」，
當然會愉快得多。
但是，如果你必須時時保護好自己的意識狀態，
讓它不受真理風吹雨打，這樣的狀態能有多穩定？
如果你的心海中沒有任何空間，
連抽出五分鐘去擁抱一個陌生人、撫慰他的痛苦都做不到，
你的心海能有多開闊？
如果你害怕凝視黑暗，哪怕只有片刻，
你的光能有多明亮？能有多堅定？

地球是我們的家，我們全都以振動的形態相互連結，不管是否願意承認或甚至能否意識到，事實都是：我們可以感受到來自全世界的痛苦浪潮。因為「我們是一體」的，所有發生在每個人身上的事都會牽動到你我。誠如馬

素・麥克魯漢所說的：我們全都是地球號太空船上的機組人員。

我知道有些靈性圈子會教導人們：不該讓自己暴露在黑暗中，以免自己的情緒能量跟著消沉低落。**但我的看法不一樣，我認為如果你是一個有覺知的存在，而且幸運地擁有各種慰藉、安全感及好運氣，那麼你就更有義務去祝福那些沒有這些體驗的人。**

如果你今天過得很不錯，有個今天處處不順的人會需要你的祝福。

如果你的人生一帆風順，有個正遭受人生風暴的人會需要你的祝福。

如果你平靜又專注，有個深陷恐懼及痛苦的人會需要你的祝福。

如果你已經讓痛苦逼到快窒息，難道你不希望有某個人在某個地方為你祈禱、為你祝福以及愛著你嗎？

「如果你生性敏感，只是走出去就會讓你心碎。」

——莉琦・李（Lykke Li），瑞典創作歌手

上個星期，我接到一封信要求我更新在國際特赦組織的會員資格。這個國際性的非營利組織，致力於推動全球人權的發展、釋放良心犯[1]、停止針對婦女的暴力行為，並為任何尊嚴或自由受到威脅的人發聲。他們最令人感動的活動之一，就是找到了傳遞希望便箋給政治犯的方法，這些人因為身陷囹圄多年，往往會擔心再也沒有人會記得他們；而這些訊息，可能就成了支撐因為直言不諱或爭取正義而被拘留的人的唯一希望。

在這封國際特赦組織寄來的信中，有一句話打動了我：**「我們深信，自由的人必須記住被遺忘的人。」**

1　編按：良心犯是國際特赦組織自創的名詞，是指沒有做出國際人權組織所認定的犯罪行為，往往是因為種族、宗教、膚色、語言、性取向或信仰等問題而被拘禁。

如果你是自由之身，如果你感受到任何力量、希望或是光，一定不能忘記那些在絕望、迷失中掙扎，以及害怕被遺忘的人。

不要逃避這個世界的黑暗，

勇敢地轉向它、看著它、感覺它；

然後，用「愛的選擇」來對抗它。

愛是至高無上的服務

「當我們在精神意識中成長，就會認同世界上的所有一切，不會有任何剝削。我們幫助的是自己，療癒的是自己。」

——文卡塔斯瓦米（Govindappa Venkataswamy），印度眼科醫生

你能為他人及世界提供的最好服務，就是學會活在自己的最高振動狀態下。因此，做出愛的選擇就是一種最強大的服務。不論是哪種情況、哪個時刻，你都可以做出愛的選擇。你可以在辦公室度過美好的一天，也可以度過糟糕的一天；你可以在家中擁有美好的一天，或糟糕的一天。不管怎樣，你始終都有機會活出你設定的最高目標。

從愛出發，你可以真正了解並與自己內在的愛與良善建立連結；從真理出發，你可以看見他人的愛與良善。當你以高規格去期許他人，他們就能立刻提振起來，而你也盡你所能地以最棒的方式去利益他人。

你怎樣才能每天為世界提供服務？

你為世界提供的服務，就是打開你的心。

你為世界提供的服務，就是以慈悲來對待他人及自己的痛苦及苦難。

你為世界提供的服務，就是活在愛的振動空間中，不論去到哪裡，都帶著愛的神聖場域，**讓自己成為愛的通道，每時每刻都是愛的大使。**

愛是服務的最高形式，

你的力量與真正的影響力，來自你的愛，

來自你鼓舞他人的能力，

來自你為遇到的所有人提供避風港的能力。

這就是你的服務方式。

你送給世界更棒的禮物，

就是不論人在哪裡，都有一顆敞開的心。

　　以下是我最喜愛的「愛的選擇練習」之一，也是我一開始就會教導學員的幾個冥想技巧之一。這個練習很簡單，但威力強大，你可以在任何情況下用在任何人身上。我當初在設計時，使用了非常具體的措辭，讓它可以立即並自然而然地幫助你做出愛的最高選擇。

～愛的選擇練習：我如何用愛來利益他人？～

跟某個人在一起時，如果想確定自己是否做出了愛的選擇，不妨問問自己：

「現在，我如何用愛來利益這個人？」

調到「心的智慧」頻道，傾聽它的答案。如果你花點時間閉上眼睛，或許會更容易些。切記，正確的答案不是來自你的智識，你的智識會提出一個截然不同的問題：「我可以為這個人做什麼？」當你完全按照我所寫的問句提問時（務必要把「用愛」這兩個字放進去），你會對得到的回應感到驚訝。

例子 1：你先生辛苦工作一天回到家時，整個人看起來似乎很煩

躁、緊繃。「現在，你怎樣才能用愛來利益你的先生呢？」你可以聽見你的心在說：「你可以讓他一個人靜一靜，給他一些獨處的時間。」雖然你的腦袋一直在指導你，要跟他談談、要了解更多細節、要提供建議給他，要告訴他如何讓自己的感覺變好。在當下，你會覺得不給他一點「幫助」，似乎違反了你的直覺；但事實上，你所要做的就只是陪著他、不強迫他解釋，對他的幫助反而更大。

例子 2：你的員工因為要照顧年邁的雙親而壓力很大，在處理帳目時出了錯，讓你相當苦惱。「現在，我該如何用愛來利益我的員工？」你或許會聽見你的心在說：「指出她的錯誤，要求她更正，但要簡明扼要。她今天的情緒負擔太重了，恐怕聽不進去太多回饋的意見。過幾天再說吧。」雖然你的邏輯心智可能會告訴你，要讓她知道你的不滿，給她下最後通牒；但是，這種做法對於改變現況無濟於事，而且可能會旁生枝節。

一開始，你可能必須問自己這個問題好幾次；而當你得到正確的指引時，它會與你內心深處的覺知力產生共鳴。

用愛來利益他人的方法多不勝數。有時候，用愛來利益他人通常採取的方式是聆聽，或者在連他們自己都看不清的時候，帶著期許去發掘他們最棒的一面。有時候，用愛來利益他人意味著告訴他們，當你看到他們任由別人傷害或輕蔑時，你有多傷心。有時候，用愛來利益他人意味著幫他們做點事、跟著他們一起笑，或是陪著他們一起哭。

你如何知道用愛來利益他人的最佳方式是什麼？你的心會知道，這就是為什麼你必須問它，而不是問你的大腦。

有時候我們知道，無法讓自己渴望的改變發生，也沒有哪些具體的事情可以使得上力；但即使是這樣，也要提醒自己，我們始終可以做的一件事，就是保持並散發出愛的高頻振動，獻出我們最慈悲、最覺醒的達瞻，這就是一種最神聖的服務形式。

做出愛的選擇，就是選擇以大大小小的方式，

把我們的愛傳出去。

我們或許無法利益所有人，但可以利益某些人。

每天，以各種不顯眼的微妙方式，

我們可以讓世界一天比一天更美好。

「有時候，我們的光會熄滅，但與另一個人相遇時，又會再次迸發光芒。」

——史懷哲（Albert Schweitzer）

去年，一對歷經挑戰的夫妻來參加我的研討會。「我那個了不起的妻子一直在跟病魔奮戰，」丈夫站起來分享給大家聽：「而我覺得自己幫不上忙，一無用處，覺得非常沮喪。她是個虔誠的教徒，一直依靠信仰去度過難關，她花許多時間祈禱，向上帝祈求力量與療癒。我只是一個凡人，無法給她任何奇蹟。我很怕只有上帝可以給她所需要的一切，而身為丈夫的我卻一籌莫展。我該怎麼做呢？」

「你可以做上帝做不到的事，」我回答他，「你可以把妻子抱在懷裡，可以為她沖泡一杯咖啡，可以幫她梳頭，可以親吻她的臉頰，可以在她悲傷時擦乾她的眼淚，可以說些她想聽的話。上帝及任何神明都無法這樣陪伴她，你只需要做這些。」

「這就是思考這件事的一個美好方式。」我繼續說，**「問問你自己，如**

果上帝可以跟你的妻子說話，祂會說什麼？如果上帝可以為你的妻做某件事，祂會做什麼？你必須成為傳遞上帝之愛的橋梁，這不就是一份很美好的工作嗎？」

最後，這對夫妻含淚相擁。她想要的，只是丈夫的平凡之愛。他所希望的，只是找到一個方法來幫助妻子。他只是需要有人提醒他，他不必成為一個完美的容器，才能盛裝完美的愛。

愛永遠是你的救贖。

愛會提振你，使你超越自己的有限經驗，

愛會擴展你，將你推到最高的境界。

它會讓你連結到愛的源頭，

它想讓你成為某個人的奇蹟。

世界正在等待你的愛

「愛知道，除了更多的愛，我們什麼都不需要。我們用心去做，而且也對他人影響最大的一件事，就是愛。愛不是肢體動作，也不是思想的語言，而是心與心的交流。」

——瑪哈禮希·瑪赫西·優濟大師（Maharishi Mahesh Yogi）

現在，有人在某個地方正在等待你的光，等著被你感動、被你療癒、被你改變、被你鼓舞、被你啟發。他們不是在等著你變完美，也不是在等著你給他們留下深刻印象，**他們是在等待著你出現，等待著你的愛。**

因為他們，你正在閱讀這些文字；因為他們，你才有足夠的勇氣去療癒及打開你的心；因為他們，你正在學習如何做出愛的選擇。

愛想把你當成它的信使，你怎麼能說自己不符合資格呢？請接下這份宇

宙的工作，並且說：「**我準備好要服務了，在需要我的地方用我吧，願我成為聖靈的聲音與雙手，願我成為一顆滿溢著愛的心。**」

如果每一天，你一遍遍地做出承諾：
不管今天有什麼狀況，不管代辦事項上有什麼事，
你都會做出愛的選擇，
那麼，會發生什麼事呢？
如果你就只做這一件事，
將會發現自己以及身邊的人
都神奇地改變了。
切記：你不是只為自己而來，
這個世界正在等待著你的愛。

第 12 章

愛，一日比一日更豐盈

「一旦心裡有了愛這種奇妙的東西，並感受到它的深度、快樂及狂喜，你就會發現這個世界已為你而改變。」

——吉杜．克里希那穆提（Jiddu Krishnamurti）

在我們這一生中，總有一些時刻是沒有道理可言的，讓我們納悶世上是否還存在著任何秩序或意義，或者我們只是被隨意地扔進了某個瘋狂的宇宙遊戲之中。但人生也有充滿恩典的時刻、透澈的時刻、啟示的時刻以及愛的時刻，讓我們得以一窺神聖意識錯綜複雜的神奇運作，突然之間，一切都有了崇高的意義。

某個星期三，在我每週的賀屋電台（Hay House Radio）廣播節目中，我接到了一位新斯科細亞省（Nova Scotia）名叫譚雅的女人來電。其實，當時所有線路都滿了，全是聽眾在線上等著要跟我通話，但因為某種莫名的原因，我先接起了譚雅的電話。「我是打過來感謝你救了我一命的。」她用顫抖的聲音說。

我以為她只是比喻，讓我知道我的教導對她有很大的影響，但我錯了。**「我的意思是，你真的救了我一命。」**她繼續說道，接著分享了一個我永難忘懷的故事。

譚雅說，一年前，她經歷了一場相當痛苦的精神危機，感覺到徹底的失落、沮喪、絕望和孤單。為了理解她那死寂般的絕望從何而來，她做了能做的一切努力，但最後都失敗了，這讓她幾乎發狂。「因此，」她說，「我決定結束我的生命。」

「我很清楚自己該怎麼做，」譚雅告訴我，「我處理好所有需要做的事，這樣我走的時候就不會弄得兵荒馬亂；而且，我還確實計畫好要如何去死。當這天終於到來時，我開車到山上一個荒涼的瞭望點，準備從那裡跳下去。我走到岩石突出處停下腳步，鼓起勇氣去想接下來要做的事。我心裡知道，我準備好了，我想要解脫。

「突然間，我從眼角瞥見一個紅色的東西，引起了我的注意。我無法告訴你為什麼，但是出於某種原因，讓我轉過頭去看那是什麼。然後我發現到有人把一本書留在長椅上；從我站立的地方，可以看到那個引起我注意的紅色東西是一本書的封面。**我無法解釋為什麼，但在那一刻，我強烈地被吸引了，所以我爬下打算往下跳的岩石，走過去查看那本書。**」

譚雅停頓了下來，我可以聽到她在電話那頭喘了一口氣。

「當我走過去時，芭芭拉博士，我看到的第一個東西，就是你的臉正在對著我微笑。在這個杳無人煙的地方，在我即將自殺的地點附近，有人把你那本紅色封面的書《靈覺醒》留在長椅上。」

「我完全無法抗拒，也不知是怎麼回事，但我就是覺得自己必須拿起那本書，打開它。我讀到的頭幾句話是：

> 我的高我歡迎你的高我來到這趟覺醒的偉大旅程！
> 我非常高興你記得我們彼此的約定。更重要的是，你守住了和
> 自己的約定，也守住了開啟情緒自由與靈魂自由的約定。

「芭芭拉博士，當我讀到這些字句時，覺得自己就像是被人從黑暗中拉出來一樣。我立刻知道，我不但不應該自殺，而且出於某種奇蹟，我找到了一位指引者、一位導師。某個天使，我不知道他是誰，把那本書放在那裡讓我找到。」

我坐在聖塔芭芭拉的辦公室，聽著這個令人震驚的故事，淚水流淌過臉頰。後來，我收到了來自世界各地其他聽眾的發文及簡訊，說他們在聽了譚

雅的故事後也忍不住熱淚盈眶。

譚雅說，她坐在長椅上開始讀起了那本《靈覺醒》，一直到暮色低垂才離去。接下來幾個星期，她都帶著那本書開車回到山上，一遍遍地閱讀。她以前從來沒聽說過我，但是後來得知我的廣播節目，就成了我的忠實聽眾。

「**那是一年前的事了，**」她輕聲說，「**我已經完全改變了，那本書的前幾頁給了我一直在尋找的答案，說明了我一直不了解的靈性掙扎。芭芭拉博士，如果那本書當時沒有出現在那裡，我已經跳下去了。**」

很難描述我聽到譚雅的故事時，那種百感交集的感受。那本書就和這本書一樣，組成內容的不只是文字，更是愛的獻禮，是對某種療癒與覺醒的振動邀請。我在寫作時，會把所有心思都灌注到每一個字、每一個設計以及每一個細節上面，然後就放下。我不知道每一冊書最後的落腳處，或是會被誰找到。**但我祈禱，不論是誰看到它、接觸到它，尤其是閱讀它，都能從中感受到一波波的療癒之愛。**

譚雅感受到了。在新斯科細亞省某個荒涼的山頂，在暮色蒼茫中，那本書神奇地出現在那裡等待著她的到來。當她站在懸崖邊上時，那本書呼喚著她，把她從死亡邊緣拉了回來，重新回到了她的人生。

我可以毫不保留地說，是愛的選擇拯救了譚雅的生命；是愛的選擇從我的內心對我說話，引導我選擇《靈覺醒》做為我的下一本書；是愛的選擇促使我努力向編輯爭取，讓我的文字盡量保持原狀，讓我的故事不被刪減；是愛的選擇給了我封面的靈感，以某種不可知的方式在某天深夜，指導我使用家裡的布料設計出這個封面，並花了數天時間挑選出可以引起譚雅注意的那種深紅色澤；是愛的選擇迫使我盡一切努力去說服出版商，同意採用我的封面設計。

當我在寫《靈覺醒》這本書時，我不知道譚雅是誰，但我知道她就在世上的某個地方；當我寫作時，可以感覺到她以及其他所有人都在等待著接收我的話語，就像我在寫這本《深愛覺醒》一樣，也可以感受到你的存在。

每當我完成一本書時，都會把原稿捧到心臟位置，盡我所能地為它注入

恩典，祈禱這本書可以成為媒介，讓每個找到它的人都能感受到至高無上的愛與覺醒能量。**我祈求、祝福他們能夠獲得解脫，生活過得充實又有覺知。**

　　在我寫完《靈覺醒》的那個晚上，我為當時還不認識的譚雅以及每個會收到這本書的人祈禱。而現在，再過幾個小時，當我終於寫完這本書的最後幾頁時，我也會為你做同樣的祈禱。

　　譚雅覺得我給了她一份無價的禮物，但事實上，我覺得她也對我做了同樣的事。她的故事提醒了我一個至高無上的真理，身為追尋者的我們，都必須時時銘記在心：

> **誰都不知道，我們所做出的貢獻**
> **最後會帶來怎樣的結果。**
> **我們無法預見，也無法加以揣測，**
> **它是創造之謎的一部分。**
> **儘管如此，我們仍被要求去付出、去服務、去愛，**
> **然後放手讓它自行運作。**

　　那個把書留在長椅上的人，代表了某種毫無保留的無條件付出，也是這個神奇故事中最完美的一個組成要素；因為最真實的愛，永遠都是無條件的。愛從我們內心湧現、往外溢流，因為它必須如此，它的目的就是給予祝福。**正是愛，使我們得以昇華至最崇高的人性，因為它激勵我們不為獲取回報或榮譽去愛，也因為不論什麼時候當我們去愛時，都是在跟我們的基本神性大團聚。**

　　那天我在廣播節目中與譚雅談過話不久，她發來了這條訊息，我將永遠珍惜並銘記在心：

「在某個珍貴的時刻，你永遠改變了我的生命。我的翅膀折損、心已破碎，但就像神聖的魔法，頃刻間，你的話語療癒了我的翅膀，足以阻止我的墜落。我的心充滿了溫暖，足以讓我做出截然不同的人生選擇……為我的生命所做的選擇。從那一刻起，我就一直沉浸在你的教導與智慧之中，拉回一層又一層的我，重新連結到真正的我所在的地方。我永遠愛你，你是我的守護天使。」

譚雅這封行文美麗的訊息，不僅是給我的，也是給你的，我親愛的讀者：

當你做出愛的選擇，你的話語也會幫助他人療癒他們折損的翅膀。

當你做出愛的選擇，你的愛也會幫助人們記起自己心中的愛，好讓他們能為高我做出肯定生命的選擇。

當你做出愛的選擇，你也會成為他人的守護天使、愛的信使，以及活生生的例證，為他們證明活在這個世界是有意義的。

我分享這個故事，不僅是為了向勇敢的譚雅致敬，也要向那位無名的陌生人致敬，不論他或她身在何處。他們不知道自己拯救了一條性命，不知道他們把書留在長椅上的舉動觸動了我的內心深處，不知道全世界有成千上萬個聽我廣播的人都一起見證了他們在這個奇蹟中所扮演的角色，甚至不知道我現在正在寫他們。或許，他們永遠都不會知道。

以下是我最後一個、或許也是最重要的一個愛的選擇：

把你的書留在長椅上。

把你的愛留在每個地方。

無論在何處，都要付出愛。

你的「書」是什麼呢？是每個時刻從你內心深處湧現的一份振動禮物，也就是你的**善意之書**、**感謝之書**、**智慧之書**、**慈悲之書**、**寬恕之書**，以及**自始至終的愛之書**。把這本書放在某人心中的長椅上，他們可能會馬上發現

它，也可能不會注意到它；它可能會拯救他們，或只是安慰他們，或者什麼也沒做。沒有關係，不管怎樣，把它留下來就對了。

> **把你的愛留給更多的人，放在他們心中的長椅上，**
> **沒有任何付出的愛會被浪費；**
> **最終，它都會找到方法進入某人的靈魂深處，**
> **即使他們打開這個包裏時，你並不在場。**

為愛做好準備，準備好好去愛

「醒醒，親愛的，請善待你沉睡的心；把它拿出來，放到光的遼闊場域，讓它呼吸。說：『愛，把我的翅膀還給我，把我舉起來，讓我更靠近你。』」
　　　　　　　　　　　　　　　——哈菲茲（Hafiz），波斯抒情詩人

　　我有一個美麗的印度大石雕噴泉，就擺放在後院正中間。這是我們社區一些跟了我很久的學員送我的禮物，我很珍惜。從我打電腦的座位上，可以看到這個噴泉，還可以聽到潺潺水流潑濺到盆檯上的舒緩聲音。

　　我的院子經常聚集著各種鳥類，部分原因是我每天早上都會為牠們放些鳥食，但也是因為我與鳥兒有種極為親密的神祕關係，我相信我們是以某種神奇的方式互相為對方服務。在我寫這本書時，我一邊欣賞著一小群鴿子飛降在桌子上、蜂鳥啜飲著花蜜，聽見露台外的那棵大樹上有幾十隻小八哥愉悅地歡唱著；還可以瞥見一對紅尾鴛，優雅地翱翔過天際。

　　這些鳥兒非常喜歡我的噴泉，經常在那裡飲水。我總是盡最大的努力讓噴泉的水保持乾淨，但當天氣暖和，風特別大的時候，水會蒸發得特別快。每每在這些時候，我總是會看到鳥兒飛落盆檯的邊緣，疑惑地看著這座石砌容器。牠們知道水在那裡，也看得見水，只是水位下降到牠們的小喙嘴無法

輕易喝到的位置。

　　偶爾會有一隻喜歡冒險的小鳥，為了喝到水而俯身前傾，卻因為過於傾斜而不慎掉進水裡，氣憤地在水中撲打著翅膀，弄得水花四溢，直到找出方向飛走為止。但是大多數情況下，鳥兒們都會等待，牠們或許不了解怎麼回事，但都希望噴泉可以很快就注滿水，讓牠們能喝到水。

　　誰也不知道，哪一天有誰會突然出現，需要從你心池的噴泉中喝水？

　　誰也不知道，哪一個乾渴的靈魂會向你尋求慰藉或慈悲？

讓你的心滿溢著愛，

別讓人們要竭盡全力才能接近你，

讓你的心滿溢出去，

淹沒每件事、每個人、每個地方。

讓你自己準備好去愛，

讓你自己為愛做好準備。

　　每一次你療癒並捨棄了一個舊模式，你不僅是做出了愛的選擇，也是在為更多的愛做準備。

　　每一次你練習我所提供的那些技巧，就是在為更多的愛做準備。

　　讀過這些文字的你，已經為更多的愛做好了準備。

　　為愛做好準備並準備去愛，在某個地方，愛已經在等候著你了。

你想在這世上留下什麼足跡？

當你在地球的時日走到盡頭，

你將如何改變它、

促成它、提振它，以及祝福它？

走上心的道路，

只留下愛，只選擇愛。

「我將會行走在你靈魂深處。」

　　——奧克拉荷馬州切羅基族（Cherokee）的愛情咒語

　　現在，是時候讓我把這本書留在你心中的長椅上了。

　　我把它留在這裡，帶著我最深沉、最甜美的滿足感，讓它透過我，找到通往你的路，你是它渴望已久的目的地。

　　我把它留在這裡，帶著我最深切的敬意，感謝你在此生醒來，為了踐行在這一世用你美好、擴展的心來療癒世界的承諾。

　　我把它留在這裡，帶著我最真誠的祝福，為了你有勇氣去展開你的靈魂之旅。

　　我把它留在這裡，帶著我至高無上的感激，為了你給我這個神聖的機會來愛你。

　　今日更甚往昔，你的愛被如此需要著。

　　今日更甚往昔，唯一可能的選擇就是愛的選擇。

　　今日更甚往昔，願你找到勇氣堅守愛的火炬，願它點亮你通往覺醒與自由的道路。

　　今日更甚往昔，願我們的祈禱、我們的光與愛能療癒這個世界。

　　　　你是勇敢的、閃耀的、壯麗的愛之浪潮。

　　　　感謝你信守承諾。

　　　　感謝你沒有轉身離開。

　　　　感謝你傾聽心的智慧，找到這本書、找到我。

　　感謝你允許我用文字、我的心，以及最重要的，我的愛，來為你服務。

　　　　只有一個愛的場域，

　　　　只有一座光的海洋，

只有一個無限的心，容納了我們所有人的心。

我們都行走在彼此的靈魂之中。

在光芒四射、永恆的愛之場域中，

我們的心永遠合一，

我們一起回到了家。

致謝

在此，我很榮幸分享在我撰寫本書時，所有愛我、啟發我及支持我的人。

感謝我在這個世界以及這個世界以外的靈性導師、指導者以及保護者：神聖的瑪哈禮希‧瑪赫西大師以及古魯馬依‧契瓦拉沙南達（Gurumayi Chidvilasanda），感謝他們賜予我覺醒、解脫以及無盡的恩典；假如沒有這些，我必然無法實現這一世的承諾。

我摯愛的母親費莉絲‧葛許曼（Phyllis Garshman），感謝她在世時為我體現了何謂愛與奉獻，去彼岸時更成為我明確無疑的指引與保護。

我所珍愛的動物同伴，如今已去到天堂的比糾、香緹及盧娜，感謝你們成為我永遠的天使，教導我什麼是無條件的愛。

所有神聖的無形存在，雖然我不知道祢們的名字，但我可以感覺到祢們始終與我同在。我謙卑地成為祢們永恆智慧的載體。

衷心感謝我的支持者、治療師和我的家人：莉娜‧華格納（Lenna Wagner），我親愛的朋友、姊妹、母親以及學生；感謝你成為我的避風港，也是我堅定、珍貴的心靈夥伴。瑪麗莎‧摩林（Marisa Morin），你是我通向至高無上的愛與光的橋梁，始終提醒我永恆的真理。「神聖空間」（The Sacred Space）的蘿絲‧赫爾修恩（Rose Herschorn）與傑克‧赫爾修恩（Jack Herschorn），感謝你們始終對我與我的學員們展開雙臂，並成為我在聖塔芭芭拉的珍貴家人。

感謝 Wayne Dyer、davidji、Anita Moorjani、Aviv Siegel 及 Relli Siegel，你們給予我支持、友誼以及共同願景的特別贈禮。

感謝 Anita Fisher、Pek Lee Choo 及 Nina Bregyin，你們是我最初的支

柱，十年來給予我無條件且不間斷的愛。

感謝 Bill Gladstone 及水岸製作公司（Waterside Productions），為我提供可靠而明智的建議，並相信我、我的書以及我的使命。

感謝整脊治療醫師 Monika McCoy，為我的身心靈提供直覺及愛的支持。

感謝中醫師韓偉東（Weidong Henry Han）無微不至的照護及出色的療癒，直至今日，我仍然無法相信那讓人無法理解的惡劣罪行會發生在你與你的家人身上。

感謝賀屋出版（Hay House Publishing）的傑出工作人員，你們一直在本業上兢兢業業，特別是 Reid Tracy，感謝你再次給我機會與如此多人分享並傳播本書的訊息；Patty Gift，感謝你榮耀了我的文字與智慧；Margarete Nielsen，感謝你對我展現了深度理解的支持與熱誠；Perry Crowe 及 Riann Bender，感謝你們提供了編輯與設計的神奇魔法，也是合作愉快的工作夥伴；還有 Louise Hay，感謝你用豐富的心靈改變了世界。

感謝為我的夏克提傳播公司（Shakti Communications）工作的同仁，以及與我們合作的每一個人，你們一向不吝付出，並始終在這條道路上與我並肩前行。尤其是親愛的 Deanne Rymarowicz、Justine Murray、Linda Prain 以及 Diane Johnston，你們全心全意地投入我們的使命，有幸獲得你們的忠誠及無價的服務，我銘感於心。

我「通道之旅」（Gateway Journey）的家人們，感謝你們讓我成為你們的靈性教母、指引及導師，感謝你們成為我最大的喜悅，也感謝你們堅守對我的承諾，讓我也能堅守我對你們的承諾。

還有最重要的，我要對我摯愛的學員及讀者致上最深切的謝意，包括過去、現在以及來自世界各地的你們。你們是我來到這裡的原因，為了你們，我不斷地探索、教導、寫作及服務，我的心也因為你們而欣喜。

愛，是無限的神聖能量，
是世間萬物的解藥，
是最不可或缺的振動。
唯有回歸愛，你才能時時刻刻保持覺知，
充實自己，自我療癒。

國家圖書館出版品預行編目資料

深愛覺醒：擁抱自己及一切美好關係的高振動訊息 /
芭芭拉 . 安吉麗思作 . -- 初版 . -- 臺北市：三采文化
, 2020.03　面；　公分
譯自：The choice for love : entering into a new,
enlightened relationship with yourself, others &
the world

ISBN 978-957-658-297-4（平裝）
1. 愛 2. 自我實現 3. 兩性關係

884.157　　　　　　　　　　　109001202

◎封面圖片提供：
Dotted Yeti ／ Shutterstock.com

suncolor
三采文化集團

Spirit 22

深愛覺醒：

擁抱自己與一切美好關係的高振動訊息

作者｜芭芭拉・安吉麗思 Barbara De Angelis　　譯者｜林資香
企劃主編｜張芳瑜　　特約執行主編｜莊雪珠
美術主編｜藍秀婷　　封面設計｜高郁雯　　內頁排版｜曾綺惠　　校對｜黃薇霓

發行人｜張輝明　　總編輯｜曾雅青　　發行所｜三采文化股份有限公司
地址｜台北市內湖區瑞光路 513 巷 33 號 8 樓
傳訊｜ TEL:8797-1234　FAX:8797-1688　　網址｜ www.suncolor.com.tw
郵政劃撥｜ 帳號：14319060　戶名：三采文化股份有限公司
初版發行｜ 2020 年 3 月 27 日　定價｜ NT$450
　　3 刷｜ 2023 年 5 月 20 日